PAPIERS

ET

CORRESPONDANCE

DE

LA FAMILLE IMPÉRIALE

II

PARIS. — IMP. SIMON RAÇON ET COMP., RUE D'ERFURTH, 1.

PAPIERS

ET

CORRESPONDANCE

DE

LA FAMILLE IMPÉRIALE

ÉDITION

COLLATIONNÉE SUR LE TEXTE DE L'IMPRIMERIE NATIONALE

———

TOME SECOND

———

PARIS

GARNIER FRÈRES, LIBRAIRES-ÉDITEURS

6, RUE DES SAINTS-PÈRES, ET PALAIS-ROYAL, 215

—

M DCCC LXXI

PAPIERS

ET

CORRESPONDANCE

DE

LA FAMILLE IMPÉRIALE

I

LETTRES DE JOSÉPHINE BONAPARTE AU CITOYEN BOTOT,
SECRÉTAIRE DE BARRAS[1].

1

Bonaparte est arrivé cette nuit; je vous prie, mon cher Botot, de témoigner mes regrets à Barras de ne

---

[1] Ces deux lettres ont été, au mois d'avril dernier, envoyées à l'Empereur par le fils même de M. Botot, ainsi que le prouve la lettre suivante, qu'il a adressée à M. Conti :

« Monsieur le Sénateur,

« Conformément à votre lettre du 13 avril courant, j'ai l'honneur de « mettre sous ce pli, à votre adresse, neuf pièces, au nombre desquelles « se trouvent les lettres de la main de S. M. l'Impératrice Joséphine à « M. Botot, mon père.

« Permettez-moi, Monsieur le Sénateur, de saisir avec empressement « cette occasion pour vous remercier, du fond de mon cœur, de toute « votre bienveillance.

« Veuillez agréer, Monsieur le Sénateur, l'assurance de ma profonde « reconnaissance, avec l'hommage des sentiments les plus respectueux « de votre très-humble et très-dévoué.

« Botot,
« Rue de Lille, 9.

« Paris, 26 avril 1870. »

pouvoir pas aller dîner chez lui[1]; dites-lui de ne point m'oublier. Vous connaissez mieux que personne, mon cher Botot, ma position.

Adieu. Amitié sincère.

LAPAGERIE BONAPARTE.

Au citoyen Botot, secrétaire du directeur Barras, au Luxembourg.

———

2

Ce 23 floréal an VI (12 mai 1798).

J'ai écrit avant-hier, citoyen, au directeur Barras pour lui demander une lettre de recommandation auprès du ministre de la marine[2] pour mon mari. Il l'attend avec impatience pour se présenter chez lui. Je vous prie en grâce de me rendre le service de lui en parler. Ma nièce m'a chargée de remplir une dette sacrée : il lui en a bien coûté de partir sans l'avoir acquittée. Je ne désire que d'avoir la facilité de remplir ses intentions. Une lettre du directeur qui dise simplement qu'il prend intérêt à nous est tout ce qu'il nous faut.

Salut et meilleure santé.

LAPAGERIE BEAUHARNAIS.

Rue Saint-Honoré, vis-à-vis la caserne des grenadiers de la Convention.

Au citoyen Botot, au Directoire, à Paris.

---

[1] Il s'agit probablement de l'arrivée soudaine à Paris de Bonaparte, revenant de la campagne d'Italie, le 5 décembre 1797.

[2] Bruix, qui occupait le ministère depuis le 28 avril. L'impatience de Bonaparte était concevable, car il allait partir pour Toulon, où il devait prendre le commandement de l'expédition d'Égypte, qui mit à la voile le 19 mai.

II

1

Élysée-National, le 26 avril 1851 [1].

Je reconnais avoir reçu aujourd'hui de M. le maréchal duc de Valence la somme de cinq cent mille francs, que je lui rembourserai avec intérèts de cinq pour cent l'an, payables par semestre, dans un délai de cinq ans, et par cinquième d'année en année, si je n'ai pu la lui rembourser plus tôt.

Louis-Napoléon Bonaparte.

2

Paris, le 2 juin 1852.

J'ai reçu de M. Bure, intendant général de la maison du Prince Président de la République, la somme de cinq cent mille francs en un mandat de virement sur la Banque, de fr. 300,000, et deux bons sur sa caisse de fr. 100,000 chacun, payables, l'un au 1er juillet prochain, l'autre au 1er août suivant; ladite somme de 500,000 francs destinée à M. le maréchal duc de Valence, dont je remettrai très-prochainement la quittance en échange du présent reçu provisoire.

J. de Grimaldi.

[1] Trois mois auparavant, le maréchal Narvaez était encore chef du ministère espagnol, qu'il dirigeait depuis le 21 octobre 1849. — La somme comme on le voit, lui fut remboursée six mois après le coup d'État.

III

PRÉFETS A RÉVOQUER.

(Un astérique indique les révocations urgentes et indispensables
à faire.)

DÉPERCY (Vosges). — Ancien commissaire du Gouvernement provisoire, ancien cavaignaquiste des plus pro-
noncés, aujourd'hui ultra-napoléonien. Il n'a dans son
département ni force, ni considération, ni influence.
La nature de son esprit et de sa personne, très-vulgaire,
explique cette situation, que complique encore un intérieur déplorable. M. Dépercy a épousé sa domestique,
et c'est là pour un préfet un embarras capital. Il serait cependant injuste de ne pas tenir compte à M. Dépercy des efforts qu'il a faits depuis le 10 décembre et
de la franchise avec laquelle il a rompu avec ses anciens amis, qu'il n'a pas hésité à combattre à outrance;
mais c'est dans un tout autre poste que celui de préfet
qu'il y a lieu d'utiliser son intelligence et son activité.

* JAUBERT (Landes). — Administrateur incapable, manquant de tact, d'habileté, de jugement et de sens politique, il a contre lui l'antipathie de tout son département; son caractère cassant et tracassier, loin de rallier

[1] Ces notes, dont nous ne connaissons point l'auteur, ont été rédigées
entre le mois de juillet et le mois d'octobre 1852, ainsi que le prouvent certaines particularités qui y sont mentionnées. La pièce porte en
tête : *Ministère de la police générale.*

les hommes dissidents, divise les populations et crée au pouvoir des ennemis dans les lieux où il n'y en a réellement pas. Sa situation est devenue impossible dans les Landes. C'est, du reste, un homme trop âgé pour qu'on puisse attendre de lui des services, et qu'il importe, à tous égards, de mettre à la retraite.

* FOURNIER (Basses-Pyrénées). — Caractère grossier, manières cassantes qui ont éloigné de lui tous les fonctionnaires et les hommes du monde. Son dévouement est problématique : il a su se faire ménager de Ledru-Rollin. Intelligence et capacité des plus médiocres, sens politique nul, crainte continuelle de se compromettre. Sa situation dans son département est mauvaise, et il y a tout lieu de penser qu'elle ne serait pas meilleure dans une autre préfecture. Il n'y a aucun service réel à attendre de lui.

* BERGER (Indre). — Dévoué, mais incapable ; sans intelligence, sans expérience administrative. Il n'a su gagner ni la confiance ni la sympathie de ses administrés. Il n'a point d'entourage. Caractère violent, manières cassantes, manque de tact et aliénant au Gouvernement, par sa maladresse et son incapacité, les hommes qui ne demanderaient pas mieux que de se rallier. Il n'a, à aucun point de vue, l'étoffe d'un préfet.

D'ORNANO (Yonne). — Dévoué, formes douces et bienveillantes, accès facile. On dit de lui que c'est un bon garçon, mais ne se doutant pas de ce que c'est que l'administration ; manquant de tact, d'expérience, et ne paraissant pas susceptible d'en acquérir. Il n'a dans son département aucune consistance ; il y a même une situation déplorable, et tout en lui est de nature à faire penser qu'il ne réussirait pas mieux dans un autre département. C'est un homme apte à toute autre chose qu'à l'administration.

PRÉFETS A CHANGER.

(Un astérique indique les révocations urgentes et indispensables à faire.)

* De Saulxure (Ardèche). — Nature médiocre et vulgaire ; s'est créé, par ses maladresses et ses manques de tact, une situation qu'il y a pour le Gouvernement inconvénient à prolonger dans l'Ardèche.

* Didier (Ariége). — Ne manque pas d'intelligence, mais bien d'expérience administrative. Ses habitudes sont trop peu laborieuses. Aussi la direction administrative de l'Ariége incombe-t-elle en grande partie au secrétaire général, des sentiments duquel je ne serais pas disposé à faire l'éloge. M. Didier a les plus regrettables embarras de fortune ; depuis qu'il est dans l'administration, ses appointements ont été souvent saisis. Ces fâcheux incidents ont entamé sa situation et lui ont enlevé le prestige qui doit entourer un administrateur. Je ne crois pas qu'il ait réussi dans l'Ariége, où il est fort isolé et où la prolongation de sa présence pourrait créer au Gouvernement des embarras sérieux. En envoyant M. Didier dans un autre département, il serait très-important d'exiger de lui qu'il réglât ses affaires de fortune, ou qu'il se mît du moins à l'abri des poursuites de ses créanciers.

* Petit de Bantel (Aube). — Intelligent, administrateur expérimenté, d'un accès facile et ayant les meilleures intentions. A fait néanmoins, et dans ces derniers temps notamment, complétement fausse route dans son département, et s'y est créé une situation qu'il n'est ni de l'intérêt du Gouvernement ni du sien de continuer. Il peut rendre de très-grands services dans une préfecture importante.

De Suleau (Bouches-du-Rhône). — Intelligence supérieure; loyales intentions de dévouement; intelligence et expérience administratives supérieures; situation très-compromise par ses embarras matériels, et servant, par ses affinités légitimistes, de point d'appui à ce parti. M. de Suleau serait un excellent conseiller d'État.

Rivière (Charente). — Dévouement équivoque, administrateur intelligent et laborieux. Mauvaise situation dans son département.

Briant (Charente-Inférieure). — Dévouement sincère, mais préfet de la vieille école; intelligent, mais sans grande capacité administrative. Il manque d'habileté, laisse prendre trop d'empire dans son administration à son conseil de préfecture, qui en abuse et compromet la situation du préfet. L'influence qu'il a laissé prendre sur lui par des coteries peu sympathiques au Prince font vivement désirer, dans l'intérêt du Gouvernement, qu'il soit envoyé dans une autre préfecture.

De Calvimont (Dordogne). — Situation très-diversement appréciée; dévouement mis en doute et que je serais disposé à croire sincère aujourd'hui. Ne manquant pas d'intelligence ni de valeur administrative. Il a le grand tort pour le département d'être du pays; a contre lui des animosités violentes, les unes fondées, les autres injustes; il a certainement des fautes à se reprocher, mais pas assez graves cependant pour lui valoir une disgrâce. Le parti le plus indiqué est celui d'un changement, sans préjudice pour ses intérêts.

De Lapeyrouse (Doubs). — Dévouement absolu, mais qui n'est servi ni par l'intelligence, ni par le tact, ni par l'expérience des hommes et des choses. C'est malheureusement cette dernière opinion qu'on a de lui dans son département, où il n'a par conséquent ni prestige ni autorité.

Marquis de Sainte-Croix (Eure). — Dévoué : son attitude, au 2 décembre, a été énergique et résolue, comme l'est son caractère lui-même; mais il a le défaut de cette qualité : il apporte quelquefois de la violence dans son administration. Les gens de désordre le craignent, les gens d'ordre ont confiance en lui, mais il n'a pas les sympathies. Intelligent et capable, il n'a pas su prendre cependant une bonne situation dans son département, où ses habitudes tranchantes ont excité un mécontentement général, et éloigné de lui des hommes dont il aurait pu tirer parti.

Chambaron (Loir-et-Cher). — Nature vulgaire, ne manquant pas cependant d'une certaine intelligence et faisant de consciencieux efforts pour répondre à la confiance du Gouvernement. Il pèche par manque de tact, d'expérience, d'élévation dans l'esprit, et par une roideur qui lui a créé dans son département des antipathies assez nombreuses. M. Chambaron n'était pas fait pour être préfet.

* De Sivry (Meurthe). — Dévouement complet, intentions pleines de droiture et de loyauté; certaine valeur administrative, mais nature trop ardente, péchant par excès de zèle, voyant partout des ennemis du Gouvernement, et s'étant créé dans son département une situation si fausse, qu'il est grandement de l'intérêt du Gouvernement et du sien de l'y soustraire. M. de Sivry peut rendre des services dans un département calme; il paraîtrait sévère pour lui d'en arriver à une révocation qui aurait d'ailleurs dans le département le fâcheux effet de donner satisfaction pleine et entière aux ennemis du Gouvernement.

Malher (Moselle). — Dévoué, mais timide; peu intelligent, peu capable, se perdant dans les détails de l'administration, et laissant de côté les questions politiques. Très-parcimonieux et ne représentant pas l'autorité d'une manière suffisante, à aucun point de vue, dans un département aussi important que celui de la Moselle.

* Petit de la Fosse (Nièvre). — Nature assez vulgaire; se conduit comme un homme dévoué; ne manque pas de mérite administratif. Ses habitudes sont un peu parcimonieuses; il est usé dans son département, il le reconnaît lui-même, et il serait à désirer qu'il pût être appelé à une autre préfecture, dans laquelle je le crois

1.

très-apte à rendre de bons services au Gouvernement.
Il désire être placé dans les environs de Paris, et il n'y
a rien que de très-légitime dans sa prétention, qu'il serait à désirer qu'on pût satisfaire.

* De Crèvecœur (Puy-de-Dôme). — Il est de l'ancienne école préfectorale; il a de l'expérience administrative, une bonne valeur d'intelligence. Je le crois orléaniste au fond, mais assez franchement rallié au
Prince. Il a agi sans hésitation et avec résolution au
2 décembre. Ce serait lui rendre service que de l'envoyer dans un autre département, où il pourrait prendre
une attitude plus napoléonienne que celle qu'il a dans
le Puy-de-Dôme, où il sert involontairement de point
d'appui aux partis monarchiques.

West (Bas-Rhin). — Capable, intelligent; je ne ré-
pondrais pas de son dévouement. Énergique : a fait
preuve de courage lors des inondations du Rhin. Caractère roide, inquiet et altier, et qui le rend antipa-
thique. D'une parcimonie exagérée. Atteint d'une maladie du larynx qui ne lui permet pas toujours de vaquer
aux exigences du service. Plus préoccupé de sa situation personnelle que des intérêts du Gouvernement, il
n'a eu en vue, dans les dernières élections départemen-
tales, que de faire entrer au conseil général des hommes
qui lui fussent personnellement dévoués. La mauvaise
influence du sieur Hudez, ex-notaire, rédacteur de
l'Alsacien, homme peu honorable, a pesé en cette circonstance sur les déterminations du préfet, dont la
situation est aujourd'hui fort difficile. En somme, situation mauvaise dans son département, où le Gouverne-

ment aurait tout à gagner à placer un autre administrateur.

* De Magnitot (Seine-et-Marne). — Intelligent et
ayant une certaine expérience administrative. La roideur de ses manières et l'isolement dans lequel il s'est
placé lui ont créé des antipathies nombreuses. Il a manqué de tact en beaucoup de circonstances ; n'a pas su
comprendre l'esprit de son département et s'y est fait
une situation qui, si elle se prolongeait, serait de nature à créer au Gouvernement des ennemis. M. de Magnitot est cependant un homme dont on peut utiliser la
valeur dans un autre département.

Baron Jeannin (Vienne). — Nature ordinaire, manquant de netteté dans son administration comme dans
sa politique, malgré son dévouement, que je crois sincère ; manque de tact et d'affabilité, et s'est créé par
ce double défaut des antipathies nombreuses. Sa vie
privée, qui laisse beaucoup à désirer comme moralité,
est dans son département l'objet d'une appréciation sévère. La position de M. Jeannin est mauvaise dans la
Vienne ; il y a tout intérêt, pour lui et le Gouvernement,
à l'envoyer dans un autre département.

Haussmann (Gironde). — M. Haussmann est un administrateur intelligent et capable, et d'un dévouement
loyal au Chef de l'État ; mais la rudesse de ses formes
le rend peu sympathique. Il a été successivement, dans
le même département de la Gironde, conseiller de préfecture, sous-préfet et préfet : c'est évidemment un *inconvénient*. Il s'est marié dans le pays ; quelques diffi-

cultés lui viennent encore de là ; il a eu, dans le
département, des affaires d'argent très-fâcheuses, qui
ont atteint sa considération. M. Haussmann est l'homme
de M. Lagrange, qui est on ne peut plus impopulaire
dans la Gironde. Le préfet participe de cette impopula-
rité ; il ne fait point d'amis au Prince, et est au contraire
un obstacle pour bien des gens qui veulent s'allier au
Gouvernement. C'est, en somme, une situation mauvaise, je n'hésite pas à l'affirmer, quoique je sache
l'opinion contraire soutenue avec vivacité. Je ne doute
pas que tôt ou tard on ne reconnaisse la nécessité de
donner à M. Haussmann la direction d'un autre département. Si M. de Suleau quittait Marseille, M. Haussmann serait un successeur bien choisi, et on le rempla-
cerait très-avantageusement à Bordeaux par un homme
aimé, M. Dubessey, par exemple.

PRÉFETS DONT LA SITUATION NE PARAÎT COMPORTER ENCORE AUJOURD'HUI
NI CHANGEMENT NI RÉVOCATION, MAIS QUE L'UNE OU L'AUTRE DE CES
DEUX NÉCESSITÉS NE TARDERA PAS A ATTEINDRE.

ROGNIAT (Ain). — Péchant par inexpérience et ne ra
chetant pas ce défaut par son intelligence. Préfet très-
médiocre.

DE BEAUMONT-WASSY (Aisne). — Très-dévoué et intelligent. A fait dans son département des fautes d'inexpérience qui ont un peu entamé sa situation, et qui pourront *plus tard* l'y compromettre gravement. Je ne doute
pas qu'il réussisse dans un autre département.

MICHEL (Corrèze). — Très-dévoué, mais manquant
totalement de tenue et de consistance ; n'étant pas pris

au sérieux dans son département, où on tolère ses défauts en raison de ses bonnes intentions; il n'en serait probablement pas de même dans un département autre que celui de la Corrèze, où les habitants ne sont pas, en général, très-gâtés en fait de préfets.

Rivaud (Côtes-du-Nord). — Nature essentiellement médiocre; nouvellement arrivé dans son département. Il paraît difficile qu'il réussisse là plus qu'ailleurs.

Dulimbert (Gard). — Intelligent, assez dévoué; froid et énergique; nature très-bonne dans son ensemble, mais trop peu laborieux, et commençant à subir dans son administration cette déplorable influence sous laquelle succombent presque tous les préfets du Gard, l'influence légitimiste. Il a fait dans le Gard de très-bonnes choses en regard de mauvaises.

Chapuys-Montlaville (Haute-Garonne). — Très-dévoué, très-intelligent, mais trop ardent, et souvent compromettant (surtout dans ces dernières circonstances) par excès de zèle; nature malheureusement trop excentrique.

Durand-Saint-Amand (Hérault). — Dévoué, administrateur intelligent. Sa situation politique a des difficultés qui tiennent à des revirements qu'il a apportés dans son mode d'administration. Il manque de la distinction personnelle et de l'habitude du monde, qui seraient nécessaires dans une ville comme Montpellier.

Bérard (Isère). — Intelligent, mais trop faiseur. Caractère difficile, qui lui a déjà créé dans son département des difficultés qui ne feront que s'aggraver.

Ponsard (Loire). — N'ayant ni qualités brillantes ni défauts saillants. A fait récemment dans son département des fautes qui prouvent un manque de tact politique qui compromet sa situation dans la Loire.

Vicomte de Charnailles (Mayenne). — Ne manque pas d'intelligence, mais d'un esprit étroit, inquiet et irrésolu. D'une nature maladive. Se crée partout, par maladresse, des difficultés qui rendent son administration pénible.

Boulage (Morbihan). — Je ne garantirais pas son dévouement, quoiqu'il n'y ait pas de raisons sérieuses de le mettre en doute. Il a de l'expérience administrative et une certaine intelligence qui se cache sous un extérieur épais.

Massy (Hautes-Pyrénées). — Nature ordinaire, esprit sans portée; préoccupé avant tout, dans son administration, de sa situation personnelle. Situation médiocre à tous égards.

Bret (Rhône). — Très-dévoué, assez intelligent, assez bon administrateur, mais nature molle, esprit un peu léger, fait pour être bureaucrate, n'ayant aucune des qualités nécessaires à un homme politique et à un préfet de Lyon. Cette opinion, que je crois parfaitement exacte, se répand déjà sur son compte dans son département, et y entame fàcheusement sa position.

Dieu (Haute-Saône). — Intelligent, cherchant par excès de zèle à effacer un passé assez compromettant; manquant de tact, d'expérience des hommes et, je le crains, de sens politique; pèche, au premier chef, par l'absence d'éducation première.

. DE ROMAND (Saône-et-Loire). — Très-dévoué, très-zélé, mais peu intelligent et très-peu administrateur.

Comte GUYOT (Allier). — Nature médiocre, bonnes intentions. Dévouement complet, expérience et capacité administratives. A réussi dans son département.

DE BOUVILLE (Basses-Alpes). Intelligent et dévoué, mais trop d'ardeur : manque encore d'expérience et de tenue, et pèche par excès de zèle.

LAUNAY LE PRÉVOST (Hautes-Alpes). — Nouvellement nommé, très-jeune, manquant encore d'expérience, mais ayant de l'intelligence et pouvant se former.

FOY (Ardennes). — Dévouement absolu, caractère loyal et franc, sens droit. Actif et laborieux : connaît à fond son département, dont il est aimé et estimé.

DUGUÉ (Aude). — Très-sincèrement dévoué, quoi qu'on en eût dit. Préfet de l'ancienne école ; bon administrateur, esprit conciliant et cependant énergique. Il a su conquérir une situation d'estime et de considération. Son attitude au 2 décembre a été des plus nettes.

RAMPAND (Aveyron). — Assez intelligent, assez bon administrateur. Bien posé dans son département.

PIERRE LEROY (Calvados). — Ancien secrétaire général

de l'Intérieur ; très-faiseur ; pèche par excès de zèle, n'a pas su prendre une très-bonne position dans son département.

BOURLON DE ROUVRE (Cantal). — Très-dévoué, administrateur intelligent et expérimenté ; a rendu, aux événements de décembre, des services réels dans le Cantal.

PASTOUREAU (Cher). — Très-dévoué, très-intelligent ; un peu roide dans sa personne et son administration. Nouveau venu dans son département.

THUILLIER (Corse). —Très-intelligent, bon administrateur. Homme d'avenir.

DE BRY (Côte-d'Or). — Bon administrateur, nature maladive. Sa parenté avec un conventionnel régicide éloigne de ses salons la société de Dijon.

LADREYT DE LA CHARRIÈRE (Creuse). —Bonne situation à tous égards dans son département.

FERLAY (Drôme). — Nature assez ordinaire, mais sachant se faire aimer de ses administrés. Il a rendu de véritables services dans la Drôme.

DE GROUCHY (Eure-et-Loir). — Nature froide et réservée, et qui le fait passer à tort comme manquant de bienveillance. Dévouement loyal.

RICHARD (Finistère). — Très-dévoué et très-zélé ; manquant de tenue et de distinction, rendant cependant des services dans son département.

FÉART (Gers). — Dévouement sincère; administrateur

intelligent et actif; pèche par excès d'ardeur et par trop de soin de sa personnalité.

Combes-Sieyès (Ille-et-Vilaine). — Très-dévoué, ne manquant pas d'expérience administrative, mais trop de roideur dans ses formes et dans son administration. Son alliance avec la famille d'un conventionnel régicide éloigne de ses salons la société de Rennes.

Brun (Indre-et-Loire). — Nature réservée et timide, habitudes parcimonieuses; dévouement contesté et dont il a cependant fait preuve aux événements de décembre.

De Chambrun (Jura). — Très-dévoué et intelligent; péchant par excès de zèle, par manque d'expérience; faisant souvent de l'autorité pour le plaisir d'en faire.

De Vougy (Haute-Loire). — Nouvellement arrivé dans son département; bonnes intentions, dévouement sincère; péchant plutôt par manque d'expérience que d'intelligence.

Dubessey (Loiret). — Dévoué, actif, énergique, intelligent; prompt à saisir le bon côté des idées nouvelles; insinuant et persuasif, il fait et fait faire de bonnes choses; bon administrateur, homme pratique, ses lumières conquièrent la confiance et sa loyauté les sympathies. C'est à coup sûr un des préfets les plus distingués de l'administration, et aux mains duquel on pourrait confier avec sécurité un préfecture plus importante.

De Mentque (Loire-Inférieure). — Dévoué, très-intel-

ligent et ayant une longue expérience administrative ;
trop faiseur, cherchant trop à se mettre en évidence, et
laissant trop voir son contentement de lui-même.

Gavini (Lot). — Nouvellement nommé : n'ayant pas
l'encolure d'un préfet.

Ducos (Lot-et-Garonne). — Nouvellement nommé.

Belurgey de Grandville (Lozère). — Nouvellement
nommé : paraît très-dévoué au Prince et a fait bien
apprécier jusqu'à ce jour les actes de son administration.

Vallon (Maine-et-Loire). — Intelligent et bon administrateur. Nature un peu molle. Je ne vois pas de raisons sérieuses de suspecter son dévouement, que je ne
garantis pas cependant d'une manière absolue.

Paulze d'Ivoy (Manche). — Nature distinguée, bon
administrateur : je crois que c'est à tort que son dévouement a été mis en doute.

Boselli (Marne). — Intelligent, bon administrateur ;
antécédents orléanistes, mais semblant cependant sincèrement rallié à la politique du Prince-Président.

De Froidefond (Haute-Marne). — Très-dévoué ; nature
très-ordinaire et très-médiocre à tous égards ; ayant
néanmoins réussi à se faire une bonne situation dans la
Haute-Marne, où on tient à le conserver.

Lenglé (Meuse). — Très-dévoué, animé des meilleures
intentions, ne manque pas d'une certaine action poli-

tique, mais d'un caractère violent et léger, manquant souvent de tact et d'habileté.

Besson (Nord). — Intelligent et bon administrateur, nature fausse et dévouement très-contestable, malgré ses protestations; acquis néanmoins à un gouvernement quand il croit à sa force.

Randouin (Oise). — Très-dévoué, bon administrateur, quoique d'une nature très-ordinaire; malheureusement, d'un physique très-vulgaire.

Baron Clément (Orne). — Très-dévoué, très-inexpérimenté : homme de ressource dans un poste et dans un moment de péril.

Comte du Hamel (Pas-de-Calais). — Très-dévoué, excellentes intentions, ne manquant pas d'une certaine intelligence et d'une certaine expérience administrative; un peu brouillon et trop ardent.

Soubeyran (Pyrénées-Orientales). — Abord agréable, administration molle et dont il laisse une trop grande part à son secrétaire général. Sa capacité a été très-contestée à l'occasion de la session du conseil général, où il a été d'une extrême faiblesse.

Durkheim de Montmartin (Haut-Rhin). — Dévoué, énergique, se fait aimer et estimer dans son département; on lui reproche cependant une capacité administrative médiocre et un excès de satisfaction de lui-même.

Pron (Sarthe). — Nouvellement nommé : paraît intelligent; a des antécédents orléanistes, paraît néanmoins rallié au Gouvernement.

ERNEST LEROY (Seine-Inférieure). — Nature distingué et séduisante, esprit fin, capacités administratives supérieures; ayant à peu près avec tous les partis de bonnes relations.

DE SAINT-MARSAULT (Seine-et-Oise). — Dévoué, bon administrateur par son intelligence et son expérience; s'est créé quelques embarras par des habitudes parcimonieuses, par un excès de sévérité vis-à-vis des employés de son administration; n'en est pas moins un homme auquel on pourrait sans hésitation confier un poste politique plus important que celui de Versailles.

BOURDON (Deux-Sèvres). — Homme médiocre, subissant l'influence de l'âge; peu d'activité, pas d'initiative.

DE TANLAY (Somme). — Dévoué; supplée à ce qui lui manque de hautes capacités administratives par son activité, son zèle et beaucoup de bon vouloir. Manque d'initiative, mais est capable de suivre fidèlement de bonnes inspirations. Belle fortune, dont il fait un usage honorable et profitable au gouvernement.

TAILLEFERT (Tarn). — Dévoué et administrateur expérimenté; trop roide dans ses manières. On l'estime dans son département; on reconnaît sa justice, son impartialité et ses bonnes intentions.

DU FAY LAUNAGUET (Tarn-et-Garonne). — Très-dévoué, animé des meilleures intentions, mais faisant lui-même l'aveu de son inexpérience administrative, qui est complète. Deux mots peuvent peindre l'homme : *c'est un bon vivant.*

De Preyssac (Var). — Intelligent, capable, a su prendre une bonne position dans son département. Calme, froid, ne reculant pas devant les résolutions énergiques. A été accusé d'avoir agi avec mollesse au 2 décembre dans Lot-et-Garonne ; rien n'est moins certain que cette assertion ; il serait plus vrai de dire qu'il n'a pas été secondé.

Costa (Vaucluse). — Homme d'une capacité ordinaire, mais d'une extrême énergie, d'un sens politique droit et d'un dévouement absolu ; appelé à rendre au Gouvernement les services les plus réels dans le département de Vaucluse, où il a pris l'attitude politique à l'aide de laquelle on peut créer dans les départements du Midi un parti napoléonien.

Boby de la Chapelle (Vendée). — Dévoué et ne manquant pas de mérite administratif. Assez bonne situation.

Migneret (Haute-Vienne). — Administrateur très-dévoué, intelligent, actif et laborieux. Esprit d'initiative, ayant fait preuve d'une grande énergie lors des événements de décembre ; s'il était un reproche à lui faire, ce serait celui d'exagérer cette même énergie, et d'apporter un peu de dureté dans son administration.

IV

A SA MAJESTÉ L'EMPEREUR.

SIRE,

Paris, le 8 janvier 1857.

Le capitaine de Bouÿn (Frédéric) Vous supplie de lui
accorder la grâce de venir devant Votre Majesté pour
Lui faire connaître des mesures qui portent atteinte à
la dignité d'une arme dont tous les actes doivent être
publics et jamais de nature à détruire sa considération.

Le décret impérial du 1er mars 1854, art. 119, est
ainsi conçu : *Dans aucun cas, ni directement ni indi-
rectement, la gendarmerie ne doit recevoir de missions
occultes qui lui enlèvent son caractère véritable.*

D'après des instructions que j'ai entre les mains, il
m'a été ordonné de dire combien dans mon arrondissement il y a de légitimistes, orléanistes, républicains,
socialistes, etc., de surveiller leurs démarches, allées et
venues, *leurs relations, leurs faits et paroles,* les connaître et *les nommer.*

Tous mes subordonnés doivent être employés par moi
à remplir cette mission et doivent me faire des rapports.

Dans d'autres circonstances, mes subordonnés ont
dû, en exécution d'ordres qu'on m'avait laissé ignorer,
employer tous les moyens pour assurer une candidature, empêcher celle d'une autre personne, quelque
honorable qu'elle fût, malgré toutes les sympathies des
populations et des autorités du pays, parce que, pour

des motifs personnels, on préférait le premier. J'ai défendu à mes subordonnés d'exécuter ces ordres, qui étaient imprudents.

Toutes ces mesures ont un inconvénient plus grand que de déconsidérer une arme, elles peuvent porter atteinte aux sympathies si justement acquises à Votre Majesté.

Un décret de Vous, Sire, est un ordre suprême. Je dois obéir dans la sage mesure des dispositions qu'il trace, et non à ce qu'un zèle mal entendu peut y ajouter.

Vous avez voulu, Sire, que la gendarmerie veillât au repos public, qu'elle fît respecter la loi, qu'elle fût la protectrice de tous, qu'elle fût paternelle, mais redou-tée seulement par les malfaiteurs. Rien dans sa manière d'être ne doit exciter de la méfiance, rien ne doit faire supposer que ses devoirs demandent mystères et ténè-bres.

Le jour où devant moi tout le monde se tairait, ce jour-là je serais honteux de moi-même et me croirais déshonoré.

Il ne peut être de la compétence de la gendarmerie de chercher à pénétrer les tendances politiques de cha-cun. Elle ne doit pas abuser de la confiance qu'on peut avoir dans la dignité qu'on lui suppose.

Un officier qui profiterait de son accès dans le monde pour étudier les gens, pour les signaler, méconnaîtrait sa dignité et ses devoirs. Il arrive un jour où les malin-tentionnés se trahissent eux-mêmes, et c'est alors qu'ils se trouvent en face de la gendarmerie, toujours fidèle à sa mission, et d'autant plus prompte qu'elle ne coûte rien à sa délicatesse.

Je vous supplie, Sire, de m'accorder l'insigne honneur d'être admis devant Votre Majesté, non pas pour accuser qui que ce soit, mais pour vous faire connaître des faits dont les conséquences ont pour résultat de donner des rapports inexacts, d'indisposer les populations et de faire des ennemis à votre gouvernement.

Fils d'un ancien officier supérieur du premier empire, c'est vous-même qui m'avez placé la croix sur la poitrine, et je m'en souviendrai toujours. Comme moi, mes deux frères sont dans l'armée, mais comme moi (je n'en doute pas) ils renonceraient à leur carrière le jour où l'on exigerait d'eux quelque chose d'incompatible avec la délicatesse.

J'ai l'honneur d'être, avec un profond respect, Sire, de Votre Majesté, le très-humble et très-dévoué sujet.

Le capitaine de gendarmerie,

Frédéric de Bouÿn.

A Aurillac (Cantal).

CABINET
DE L'EMPEREUR.

Palais des Tuileries, le 22 janvier 1857.

Monsieur,

La première loi de la hiérarchie militaire est d'exécuter sans commentaires, sans interprétation fâcheuse, les instructions transmises par ses supérieurs. Ce n'est donc pas sans une surprise extrême que l'Empereur a reçu une demande d'audience pour discuter les ordres émanés de vos chefs. A l'avance même vous leur donnez la qualification d'*occultes*, qui emporte toujours avec elle quelque chose d'odieux : vous pouvez en recevoir de confidentiels, mais non d'occultes, de ténébreux. Aussi, loin de vous accorder l'entretien que vous sollicitez, Sa Majesté me charge de vous témoigner formellement toute sa désapprobation.

A M. Brouÿn, capitaine de gendarmerie à Aurillac (Cantal).

———

Aurillac, le 3 février 1857 [1].

Monsieur,

M. de Bouÿn, capitaine de gendarmerie à Aurillac, et non *Brouyn*, à qui vous avez répondu, à adressé à Sa Majesté une supplique tendant à avoir l'honneur de l'entretenir d'une instruction du commandant de la compagnie de gendarmerie du Cantal qui lui enjoint, entre autres dispositions, « de rechercher et de faire « rechercher par *les chefs de brigade* le nombre de « légitimistes, orléanistes, républicains, socialistes, « etc., surveiller leurs démarches, *allées et venues*, « *leurs relations*, leurs faits *et paroles*, et de les nom- « mer sur mon rapport toujours et toujours. »

En réponse à cette supplique, vous m'avez fait connaître le refus de Sa Majesté de m'entendre et son extrême surprise que je me permisse de discuter des ordres émanés d'un chef, et, à ce propos, vous me rappelez que la première loi de la hiérarchie militaire est d'exécuter sans commentaires les instructions transmises par un supérieur.

Permettez-moi, monsieur, d'avoir l'honneur de vous faire observer que l'ordre *dont je suis saisi* et dont je cite les termes est trop clair, trop précis, trop impé-

[1] En marge de la lettre, on a écrit : *Faits graves.*

ratif, pour être susceptible d'interprétation aléatoire quelconque ; il est une violation inintelligente ou coupable de l'article 119 du *décret de l'Empereur* du 1ᵉʳ mars 1854. Je me suis refusé résolûment, à mes risques et périls, à y prêter mon concours, parce que j'y ai reconnu l'acte d'un zèle immesuré, d'une ambition mal déguisée, sans efficacité aucune, et pouvant avoir les plus grands inconvénients, par suite de son envoi dans tous les cantons d'un département ; un acte enfin contre lequel ma dignité d'officier, ma délicatesse, ma conscience se révoltaient ; là j'ai vu la limite de la subordination militaire que vous me rappelez et qu'en deçà de ces graves motifs je reconnais comme vous pour la première loi de la hiérarchie militaire.

En dehors des mesures de police dont M. le commandant de la compagnie du Cantal *a le triste mérite de l'invention*, car il n'existe rien de semblable dans les autres légions, la gendarmerie a des devoirs importants et difficiles qu'elle sait remplir et qui ne sont pas incompatibles avec sa dignité et le premier rang qu'elle tient dans l'armée ; à ceux-là je n'ai jamais fait défaut ; l'extrait de la lettre de M. le commandant de la compagnie de la Nièvre par laquelle il m'annonce ma mise à l'ordre du jour de la légion en fait foi. « Je m'empresse avec « le plus grand plaisir de vous adresser l'ordre de la « légion que M. le colonel a bien voulu donner sur mon « rapport ; vous y trouverez, j'espère, la juste apprécia- « tion de votre zèle et de votre haute intelligence. — « Signé Pinard. » — Puni d'un mois d'arrêts immérités, l'ordre de mon renvoi de la gendarmerie à la veille d'être décidé, j'ai eu le tort, dans cette pénible position, d'élever tout d'abord ma pensée d'espérance vers l'Empereur. Je le regrette vivement, puisque Sa Majesté vous a chargé de me témoigner toute sa désapprobation ; j'aime encore à espérer pourtant que Sa Majesté verra dans cette démarche spontanée un juste témoignage de la confiance que tout ce qui tient à l'armée a dans sa haute justice et sa bienveillance, et qu'elle ne permettra pas que des sentiments d'honorable susceptibilité deviennent la cause de la perte de la carrière d'un officier qui compte vingt et un ans de services, chevalier de la Légion d'honneur, quatorze ou quinze campagnes, et qui est revenu de Crimée avec un pied brisé ; aimé, estimé et apprécié par un si grand nombre d'officiers, ayant deux frères au service (la belle-mère du plus jeune est la sœur de madame la marquise de Mac-Mahon et la tante de M. le colonel des guides). Mon renvoi de la gendarmerie, pour avoir réclamé avec l'énergie que donne le bon droit contre une sévérité imméritée, pour n'avoir fait qu'invoquer le règlement contre des mesures de basse police auxquelles un commandant veut m'associer, tout cela produira un effet très-regrettable.

Après avoir été chargé de me porter au nom de l'Empereur des reproches affligeants, je fais des vœux, monsieur, pour que ces observations excitent chez vous quelque intérêt et vous décident à m'accorder votre interposition officieuse, afin qu'elles ne restent pas ignorés de Sa Majesté.

J'ai l'honneur d'être, avec un très-profond respect, monsieur, votre très-humble et très-obéissant serviteur.

Le capitaine de gendarmerie d'Aurillac,

F. DE BOUŸN.

V

Quelques jours seulement avant les élections générales pour la dernière législature de l'Empire, le Ministre de l'intérieur, M. de Forcade, ayant probablement épuisé les fonds secrets et autres dont il pouvait disposer, dut recourir à la caisse de l'Empereur. Les 500,000 francs mentionnés dans le reçu suivant ne doivent pas avoir eu, à ce qu'il semble, d'autre destination que de venir en aide aux candidatures officielles.

MINISTÈRE DE L'INTÉRIEUR.

CABINET DU MINISTRE.

Paris, le 6 avril 1869.

Reçu de l'Empereur, pour dépenses secrètes de sûreté générale, cinq bons sur MM. de Rothschild de cent mille francs chacun (soit cinq cent mille francs).

De Forcade.

VI

Les Soussignés,

Signataires de la demande en concession de la Compagnie maritime égyptienne, déclarons, par le présent engagement, que, si cette concession est accordée par le vice-roi dans les termes de la demande rédigée par M. l'ingénieur Castets-Hennebert, nous laissons à celui-ci tous les soins de la constitution de la Compagnie et toutes les dépenses auxquelles cette constitution peut l'obliger, déclarant que nous ne voulons être responsables d'aucun des frais préliminaires pour la formation de la Société.

En conséquence de la présente convention, M. Castets-Hennebert est autorisé par nous à disposer comme il l'entendra, jusqu'à concurrence de 10 millions de francs (400,000 £), sur le montant des 10 p. 0/0 du capital nominal social qu'octroie la concession, d'après l'article 11 de la demande, pour pouvoir faire face à tous les frais auxquels la constitution de la Société peut donner lieu, et aussi pour rémunérer ou solder tous les concours ou influences qu'il aura pu s'adjoindre à l'effet de l'obtention de ladite concession.

Sur cette somme de 400,000 £ que M. Castets-Hennebert recevra en actions libérées (*paid up shares*) de la Compagnie, il devra en remettre à chacun de nous pour 10,000 £ pour notre qualification de fondateurs avec lui de l'affaire.

Les autres 400,000 £[1] restantes, d'après l'article 11 précité, ne pourront être dépensées sous quelque prétexte que ce soit, sans l'adhésion du Board des fondateurs, et par autorisation écrite qui sera donnée à M. Castets-Hennebert, agissant en qualité de *Manager director* du Board de fondation, jusqu'au début des opérations de la Compagnie, sous la direction du con-

---

[1] Il faut probablement lire 350,000.

2.

seil d'administration lorsqu'il sera définitivement con-
stitué.

> Signé : Comte DE BUSTELLI-FOSCOLO ; Charles-
> Pierre SCHAEFFER ; Charles MORRIS ;
> J. W. WILLIAMSON, Ch. MARTIN.

Pour copie conforme :

CASTETS-HENNEBERT.

Londres, le 9 mai 1867.

Je soussigné, fondateur de la Compagnie maritime
égyptienne, déclare qu'en vertu des droits que me con-
fère l'engagement ci-dessus de cinq cofondateurs, je
m'oblige envers M. Clément Duvernois de lui payer
cinq millions sur les dix millions dont je suis autorisé
à disposer, pour rémunérer ses services et les concours étrangers dont il croit pouvoir user à l'effet de
l'obtention de ladite concession. Ces 5 millions de
francs lui seront payés au fur et à mesure des sommes
que je recevrai moi-même et de la même manière.

CASTETS-HENNEBERT.

Paris, le 8 juillet 1867.

VII

LETTRE DE LA COMTESSE DE ... A L'EMPEREUR.

Cette lettre fut remise à l'Empereur par M. Fr. Pietri, à qui elle
avait été envoyée par le général Fleury, qui, le 1er mars 1866, lui
écrivait : « Mon cher Pietri, je viens vous prier de remettre à l'Em-
« pereur une lettre que vous avez dû recevoir hier de ma part, que
« m'a adressée madame la comtesse de... (née C.). Il serait né-
« cessaire de faire réponse à cette grande dame, qui s'adresse à

« l'Empereur, je ne sais pourquoi. » — Par un sentiment que l'on comprendra, nous supprimons le nom de cette « grande dame, » dont la supplique ne fut pas accueillie. En publiant sa lettre, nous n'avons d'autre but que de montrer avec quelle ardeur étaient convoitées les charges de cour.

SIRE,

C'est encore moi, mais je viens tout en tremblant, car cette fois j'ai très-peur, et Votre Majesté va peut-être se lasser de sa bonté et me renvoyer très-durement. Je La supplie de ne pas être fâchée et de me pardonner si je suis vraiment ennuyeuse.

J'ai appris qu'il y avait plusieurs places de chambellan vacantes en ce moment, et comme c'était la position qu'occupait mon grand-père [1], le comte de ..., auprès de l'Empereur Napoléon Ier, j'avais toujours l'espoir d'obtenir un jour de Votre Majesté cette grande faveur pour mon mari, qui la désire et l'ambitionne si ardemment. Sire, je vous en prie, accordez-moi encore cette grâce. Mon mari n'est pas trop jeune : il a trente-trois ans, et il porterait si bien la livrée de vos *serviteurs* [2], Sire! C'est si facile à vous, Sire, de rendre heureux! Et vous savez si bien combien une charge de cette nature peut flatter toute une famille! Sire, ne me refusez pas, tout de suite au moins. J'ai un si ardent désir de réussir! Pardonnez-moi, je vous en conjure, et accordez à votre pauvre petite sujette une belle parole de consentement.

Je mets aux pieds de Votre Majesté mon hommage tendre et respectueux. ***

[1] Le grand-père de son mari.
[2] Le mot est souligné dans l'original.

VIII

LETTRE DE M. HAUSSMANN, PRÉFET DE LA SEINE, A L'EMPEREUR,
AU SUJET DE LA CRÉATION D'UN MINISTÈRE DE PARIS.

CABINET
du
PRÉFET DE LA SEINE
—
(Confidentielle.)

Paris, le 16 décembre 1860.

SIRE,

Votre Majesté daignera m'excuser si je l'importune
en La priant de vouloir bien accorder son attention à
la nouvelle rédaction ci-jointe du projet que j'ai eu l'honneur de lui remettre hier, et à la note explicative qui
l'accompagne.

Votre Majesté comprendra que je cherche à justifier
de mon mieux le moyen que, d'accord sur ce point avec
M. de Persigny, je crois le meilleur pour me soustraire
à la situation pénible qu'une ombrageuse susceptibilité
m'a faite : il s'agit pour moi, non-seulement de sauvegarder, si cela est possible, les droits que me créent
vingt-neuf ans et demi de bons et laborieux services, et
les intérêts de ma famille, pour laquelle la perte de
ma position serait une catastrophe aussi irréparable
qu'inattendue, mais encore et surtout de préserver
d'un véritable désastre l'œuvre immense de la transformation et de l'agrandissement de Paris, dont la
conception sera une des gloires de l'Empereur, et dont
je suis la personnification administrative, et pour beaucoup de personnes une garantie d'exécution certaine.

Voilà bien des motifs pour me pardonner un nouve.
effort afin de convaincre l'Empereur du caractère pratique de la combinaison que je propose.

Accepter en silence l'acte de défiance avouée de M. de
Persigny à mon égard, c'est-à-dire les luttes que son
entourage hostile compte faire naître en nous, et que
sa nature ardente ne manquerait pas de passionner,
c'eût été exposer l'Empereur, sans l'en avoir prévenu,
à des recours incessants de ma part, pour me défendre
contre une direction générale dont les bureaux se sont
montrés systématiquement opposés à mes actes, sous
tous les ministères, et à laquelle me livre la confiance
absolue de M. de Persigny dans les ministres au petit
pied qu'il vient de constituer auprès de sa personne.

Assurément, affronter de nouveau, et dans des conditions plus mauvaises que jamais, les embarras que j'ai
surmontés durant huit ans déjà, grâce à l'appui de l'Empereur, ce ne serait pas plus au-dessus de mes forces
que de mon dévouement. Je ferais meilleur marché encore de mon amour-propre froissé par la subordination
(apparente tout au moins) de mon administration, devant la France et l'Europe, au fonctionnaire que M. de
Persigny place entre elle et lui. Mais je ne pouvais pas disposer de même du repos de l'Empereur, et c'est pour cela
qu'en face d'une perspective de conflits organisés in-
cessamment dans le dessein de fatiguer à la longue la
patience de Sa Majesté, j'ai cru devoir offrir à l'Empereur de me retirer, si Sa Majesté croyait la plus expé-
diente cette solution des difficultés du moment, bien
qu'elle dût être pour moi une cause de ruine et de regrets mortels!

Je crains bien de n'avoir pas su, sous l'impression du trouble profond que je ressens, défendre assez bien auprès de Sa Majesté la solution pacifique que je désire ardemment et que M. de Persigny lui-même provoque! L'idée en est simple : en tant que maire de Paris et administrateur du département qui lui sert de banlieue, je relèverais directement de l'Empereur (l'importance des affaires présentes de la ville le réclame plus que jamais !); en tant que préfet, c'est-à-dire organe des intérêts généraux, je resterais dans les mêmes conditions que par le passé. Il serait bien regrettable qu'une combinaison aussi rationnelle échouàt devant une difficulté de rédaction. C'est pourquoi je me permets d'en présenter encore un projet très-méthodiquement élaboré.

En l'adoptant, l'Empereur fera cesser d'un coup les embarras actuels et la cause de tous les embarras du passé.

M. de Persigny, au lieu d'un adversaire, verra en moi un auxiliaire pour les discussions d'affaires dans le conseil;

M. Rouher sera raffermi dans l'opinion, et l'Empereur restera seul juge du moment où sa situation devra changer;

Le Conseil d'État, au lieu de me considérer comme un subalterne trop indépendant, m'accueillera et m'écoutera comme un organe accrédité des idées de réformes administratives de l'Empereur;

Les ministres eux-mêmes cesseront de me jalouser une importance de fait, qui se trouvera légitimée en droit;

Enfin l'Empereur, débarrassé de tout ennui à mon

sujet, verra chacun des plans qu'il arrête pour Paris exécuté dans le plus bref délai, par la suppression du retard de quatre mois en moyenne qu'y apportent maintenant les bureaux de l'Intérieur. Quant à moi, je pourrai consacrer au service de Sa Majesté le temps que je perds et la force que j'épuise en notes et mémoires superflus.

Je ne saurais être plus dévoué, mais je serais plus utile.

La confiance publique en mon administration serait doublée et me préparerait une réussite plus facile dans l'accomplissement des nouveaux devoirs que la confiance de l'Empereur peut me réserver pour l'avenir !

Demain a lieu le banquet de clôture pour la session du conseil général de la Seine, qui m'a témoigné, cette année, un si cordial assentiment. En portant la santé de l'Empereur, je serais heureux d'avoir une raison nouvelle de reconnaissance pour la bonté dont Sa Majesté a déjà si souvent usé envers moi !

Daignez agréer, Sire, l'hommage de mes sentiments profondément respectueux et dévoués.

De Votre Majesté le très-humble et très-obéissant serviteur.

G. E. HAUSSMANN.

NOTE.

La rédaction ci-jointe indique nettement la distinction que son auteur croit à propos d'établir entre les fonctions d'intérêt purement local que le préfet actuel de la Seine exercerait désormais en droit, comme il les exerce déjà en fait, sous les ordres immédiats de l'Empereur, et les fonctions d'intérêt général, qui resteraient dans les attributions des divers ministres. Pour les premières, le chef de

l'administration municipale et départementale aurait l'autorité ministérielle, et, pour les secondes, l'autorité préfectorale seulement.

De nombreux exemples existent de situations où le même fonctionnaire réunit une autorité propre et une autorité déléguée. Sans
aller chercher plus loin que la préfecture de la Seine, son titulaire a
droit de décision dans beaucoup de cas, et, dans d'autres, il lui faut
recourir à une approbation ministérielle ou à une décision souveraine. D'ailleurs, l'organisation administrative de Paris et du département de la Seine est exceptionnelle de tous points ; et loin de
s'étonner de la mesure qu'on propose, alors même qu'elle ne pourrait être expliquée par aucune analogie, la population parisienne,
qui s'y attend, l'accueillerait comme une nouvelle preuve de la
sollicitude personnelle de l'Empereur pour les affaires de la capitale
de l'Empire.

Selon le système du projet, les décisions souveraines en matière
d'administration départementale et communale seraient obtenues
directement de l'Empereur par le fonctionnaire chargé d'administrer
la ville et le département, au lieu d'être sollicitées par l'intermédiaire des bureaux de l'Intérieur, qui sont souvent des obstacles et
toujours des causes de retard préjudiciable. En matière d'administration générale, rien ne serait changé à l'état actuel des choses ;
mais il paraît nécessaire de le dire surabondamment, pour éviter
toute équivoque.

M. Haussmann, cumulant les fonctions ministérielles qui lui seraient attribuées dans un cas et les fonctions préfectorales qu'il
conserverait dans l'autre, devrait naturellement prendre le titre
inhérent aux plus importantes. Comme les affaires municipales sont
dix fois plus nombreuses et plus considérables que les affaires dé-
partementales, c'est le titre de *Ministre de Paris* qui exprimerait le
mieux sa situation.

Ce titre aurait d'ailleurs l'avantage de supprimer l'assimilation
nominale, source permanente d'inconvénients de toutes sortes, qui
existe aujourd'hui entre la préfecture de la Seine et la préfecture de
police, dont les occupations n'ont aucune espèce d'analogie, et dont
les titulaires doivent avoir des aptitudes tout à fait différentes.

Dans notre pays où les mots ont tant de puissance, l'identité des
appellations engendre des prétentions gênantes pour l'autorité souveraine. L'Empereur n'a point oublié que la nomination du préfet
de la Seine comme sénateur a motivé, de la part du préfet de police
d'alors, la demande d'une nomination parallèle, et que la même
chose avait déjà eu lieu au sujet du grade de grand officier de la

Légion d'honneur. Attribuer au préfet de la Seine le titre en même temps que le rang de ministre, ce n'est donc pas seulement couper court à des difficultés d'affaires, c'est encore éviter, pour l'avenir, des embarras d'un autre genre.

NOTA. Le sens des mots : *en matière d'administration départementale et communale*, employés dans le projet, est précisé exactement par les attributions mêmes de la direction générale instituée sous ce nom au ministère de l'intérieur.

Les mots : *en matière d'administration générale* embrassant dès lors, et sans aucune exception, toutes les affaires qui ne se rattachent pas maintenant à cette direction, soit qu'elles ressortissent au ministère de l'intérieur, soit qu'elles ressortissent aux autres ministères.

Nouvelle rédaction proposée.

Le baron Haussmann, sénateur, préfet de la Seine, a rang de ministre, et a séance, en cette qualité, dans nos conseils.

L'autorité ministérielle lui est dévolue dans son ressort, en matière d'administration départementale et communale.

Il continuera d'exercer, en matière d'administration générale, les attributions conférées au préfet de la Seine par les lois, décrets et règlements ; et les affaires de cet ordre seront réglées ou soumises à notre décision, comme dans le passé, par les ministres compétents.

Il prendra le titre de *Ministre de Paris.*

IX

NOTE DE L'EMPEREUR SUR LES AFFAIRES D'ESPAGNE.
(Autographe.)

La révolution de l'Espagne s'est faite au cri de : « A « bas les Bourbons! » et cependant il y a un parti à Madrid qui, ayant reçu de fortes sommes du duc de Montpensier, travaille à le faire arriver au trône. Nous

avons un profond respect pour les décisions de la volonté nationale, et, si le duc de Montpensier est réguliè-·
rement élu par la nation espagnole, nous n'aurons rien
à dire. Mais avant que cet événement se produise, si
toutefois il doit avoir lieu, nous tenons à dire notre opinion. Si la nation espagnole ne veut plus de Bourbon,
tant mieux; mais si elle revient sur sa première impression, il me semble qu'elle ne pourrait pas faire un
plus mauvais choix que d'élever sur le trône un d'Orléans, répétant en Espagne l'usurpation de 1830, et
donnant à l'Europe le funeste exemple d'une sœur dé-
trônant sa sœur. D'ailleurs, la situation de l'Espagne,
dans ce moment, ne nous semble pas faite pour admettre le choix d'un prince ayant déjà des antécédents
accentués et des opinions faites. Si l'Espagne pouvait
supporter l'état républicain sans courir le risque de voir
son unité nationale compromise par la reconstitution
de royaumes indépendants, c'est ce qu'elle aurait de
mieux à faire; car cela donnerait le temps à la nation
de faire son éducation politique et d'apprendre à se
connaître elle-même; mais, puisque la république n'est
pas possible, tout ce qui en rapproche le plus nous
semble ce qu'il y aurait de plus profitable. Or le hasard
a voulu qu'il y eût un jeune prince, le prince des Asturies, sur la tête duquel reposent tous les droits monarchiques. Il est d'un âge où ses opinions personnelles ne
peuvent pas compter, et peut être élevé dans les opinions du jour, loin des flatteurs et des intrigues. Son
âge permet une régence, qui serait probablement exer-
cée par les hommes qui ont donné le plus de gages à la
révolution. Et ce régime ressemblerait fort, pendant

sept ou huit ans, à une république, où les agents pourraient être changés par le vote des cortès, et le prince des Asturies ne serait que l'enfant chargé d'occuper un poste auquel aucun ambitieux ne peut prétendre.

X

LETTRE DE L'IMPÉRATRICE A L'EMPEREUR.

YACHT IMPÉRIAL
l'Aigle.

Le Caire, le 25 octobre (1869).

MON TRÈS-CHER AMI,

Merci de ta bonne lettre ; je suis heureuse, tu le sais, quand tu approuves ce que je fais, et tu peux être sûr que tous mes efforts sont toujours portés à te faire le plus grand nombre d'amis possible.

L'idée du Roi m'a bien amusée, car *il a été d'un galant à te faire dresser les cheveux.* Je ne sais si la présence d'un tiers le gêne pour me faire des confidences politiques ! mais dans tous les cas pas les autres !... Enfin j'ai fait de mon mieux pour lui plaire, et je te ferai bien rire en rentrant et en te racontant mon entrevue.

Ce que tu me dis sur ta santé m'ennuie, mais ne m'effraye pas, parce que je sais que c'est long à revenir à la santé. Soigne-toi, je t'en prie ; songe combien non-seulement ta vie, mais ta santé est utile à tous et à notre enfant surtout.

Je me préoccupe beaucoup de la tournure de l'esprit public chez nous ; Dieu veuille que tout se passe tranquillement et sagement, sans folie d'un côté, et sans à coup de l'autre, et que l'ordre sera maintenu sans user de la force, car le lendemain de *la victoire* est souvent difficile, plus difficile que la veille.

Mais de loin je suis mauvais juge des événements.

Tu devrais parler à l'amiral du commandant de Surville ; celui-ci ne m'a pas parlé, mais les officiers de son bord en ont parlé à ces messieurs. Il paraît que dernièrement M. Jauréguiberry aurait passé contre-amiral ; étant moins ancien que le commandant de Surville, ceci lui aurait fait beaucoup de peine. Mais je te répète, il ne m'en a pas soufflé mot. Comme le ministre est très-ombrageux, tu ferais bien de prendre des ménagements avec lui. Je ne puis te donner mes impressions de voyage. J'ai trouvé chez tous et partout le désir bien vif de nous être agréable et de tout faire pour cela. Le Caire a conservé son ancien cachet, pour moi moins nouveau que pour ces dames ; car cela me rappelle l'Espagne. Les danses, la musique et la cuisine sont identiques. Nous allons ce soir à un mariage qui doit avoir lieu chez la mère du kédive ; hier soir nous avons assisté aux prières des derviches tourneurs et hurleurs ; c'est inconcevable qu'on puisse se mettre dans un pareil état ; cela m'a causé une grande impression.

Les danses dans le harem sont celles des bohémiennes d'Espagne, plus *indécentes* peut-être ! Aujourd'hui, je suis restée tranquille pour me reposer, car je suis très-fatiguée, mais très-intéressée par tout ce que je vois.

On ne dirait jamais que nous avons en si peu de temps fait tant de chemin et visité tant de pays divers. Je fais collection de souvenirs et je te raconterai cela au coin du feu.

L'idée de Louis m'a bien amusée, et je suis curieuse de savoir *s'il fera sa liste* et ce qu'en dira le général??? Dans sa lettre, il me dit que tu vas chasser à courre, mais je suppose qu'il prend son désir pour une réalité.

Donne-moi des nouvelles de MM. de Montebello et de la Moskowa et crois à la tendre affection que j'ai pour toi.

Ta toute dévouée,

Eugénie.

Paris, 16 octobre 1876.

————————

X I

NOTES SUR LES DÉPENSES DE LA LISTE CIVILE DE NAPOLÉON III,
DE 1853 A 1870.

La liste civile du second empire, instituée et réglementée par le sénatus-consulte du 12 décembre 1852 et les décrets des 14 décembre 1852 et 19 janvier 1853, a disposé de ressources fixes et régulières que l'on peut résumer ainsi : dotation de la liste civile, 25 millions ; dotation de la famille impériale, 1,500,000 francs ; dotation du Palais-Royal et de Meudon, 350,000 francs. Il faut y joindre les produits de la dotation mobilière et immobilière de la couronne, qui varient de 4 à 8 millions. En moyenne donc les recettes de la liste civile dépassent toujours la somme d'environ 52 millions, qui suffit à peine à couvrir les dépenses de la cour et des grands officiers de la couronne.

Quoique l'Empereur n'ait jamais ostensiblement prélevé pour ses besoins personnels plus de 3 à 4 millions, la responsabilité des dépenses (si l'on excepte les fonds affectés à l'entretien des édifices, domaines, musées, manufactures, compris dans la liste civile) incombe tout entière à celui dont la volonté en a été la mesure unique et dont la situation même en a été la cause déterminante. Le seul fait de ces 32 millions, mis pendant vingt ans sans contrôle à la disposition d'un homme, suffit au philosophe pour juger un système politique. Mais il ne peut être que salutaire et, en tout cas, intéressant pour le public, d'examiner en détail la distribution et l'emploi de ressources aussi importantes. On veut savoir ce que coûtent les grands officiers de la couronne, les chambellans, aides de camp et autres serviteurs du prince; on veut établir le compte personnel de l'Empereur, celui de la famille, enfin réunir les noms de tous ceux, riches et pauvres, qui ont, à un titre quelconque, ou touché l'argent de l'empereur, ou fait affaire avec lui; savoir enfin si, dans ce gaspillage régulier, officiel, se seraient glissées par hasard quelques dépenses utiles et raisonnables.

Pour répondre aux exigences d'une légitime curiosité, nous avons entrepris de dresser un certain nombre de tableaux où se trouveront résumés et classés les documents très-nombreux de la trésorerie générale, de la cassette particulière, de la caisse des dons et secours, ainsi que des milliers de pièces, lettres, reçus qui rempliraient plusieurs volumes et dont le principal intérêt réside dans les libéralités qu'ils constatent.

Ces renseignements partiels, que M. André Lefèvre, notre

collaborateur, a bien voulu se charger de grouper et de coordonner, sont des préliminaires indispensables à un aperçu général de la liste civile. Nous croyons devoir les publier sans
attendre que l'achèvement de son travail d'ensemble ait permis de leur assigner à tous leur place définitive et logique. Ils
ont d'ailleurs leur valeur particulière et portent avec eux leur
instruction.

On en jugera par le tableau suivant, qui concerne uniquement la famille Bonaparte. .

TABLEAU DES SOMMES ET SUBVENTIONS

ACCORDÉES SUR LA LISTE CIVILE A LA FAMILLE BONAPARTE.

Il est facile d'évaluer en bloc l'argent touché depuis 1852
par la famille Bonaparte. Il suffit d'ajouter à la dotation fixe
attribuée à quelques-uns de ses membres les allocations régulières dont la commission a déjà publié le tableau [1], et dont le
total annuel varie de 12 à 1,400,000 francs. Cette subvention a commencé de courir le 25 décembre 1852, et n'a cessé
qu'avec l'empire. Il faut tenir compte aussi d'un capital de
5,200,000 francs, distribués par décret du 1er avril 1852 à
un certain nombre de parents favorisés. Sans parler des gra-
tifications, dettes payées et autres libéralités dont on lira
ci-dessous le détail, le compte général de la famille s'établit
comme suit, d'après les tableaux officiels de la liste civile :

Dotation (1860–1870)	16,849,999ᶠ
Dotation du Palais-Royal et de Meu- don (1857-1870)	4,953,639
Allocations (1853–1870)	30,033,531
Dépenses diverses.	1,758,116
TOTAL GÉNÉRAL . . .	53,595,285

[1] Voyez tome I, p. 68.

Si nous ajoutons à ce chiffre le capital donné, 5,200,000 francs, c'est une somme de plus de 58 millions absorbée, sans aucune espèce d'utilité pour le pays, par la famille de ceux qui nous ont conduits à Leipzig, à Waterloo et à Sedan. Encore cette évaluation, fondée sur des chiffres avoués, est-elle loin d'être complète, comme on en jugera par les calculs ci-joints, dont tous les éléments nous ont été fournis par des documents irrécusables, reçus signés, pièces de la main de l'Empereur ou de ses trésoriers, Bure, Conneau, Thélin, Mocquard, Béville, etc. On peut supposer, sans crainte d'erreur, que, parmi les libéralités de Napoléon III à sa famille, beaucoup ont été dissimulées et passent inaperçues sous le couvert de la cassette privée.

§ I. — Famille Jérôme Bonaparte.

1. Le prince Jérôme Bonaparte, gouverneur général des Invalides (1848), maréchal (1850), président du Sénat (1851), prince français, pourvu d'une maison militaire, mort le 24 juin 1860.
   Don du 1er avril 1852 : 2 millions, payables avec intérêts.

à 5 0/0, par 50,000 francs mensuels. . .	2,170,833' 35ᶜ
Allocation annuelle : 100,000 francs (×8).	800,000 00
Maréchal, sénateur, 60,000 francs (×8).	480,000 00
Obsèques du prince Jérôme.	180,586 51
Total, sans compter la dotation. .	3,031,419 66

2. Le prince Napoléon, prince français.

(1850), 23,000 francs.	23,000' 00ᶜ
Par crédit supplémentaire, inscrit au chapitre 32 du budget de la liste civile (1861), 164,205 francs 35 cent.	164,205 35
Frais du mariage du prince Napoléon. .	859,739 93
Total, sans compter la dotation et la subvention pour le Palais-Royal et Meudon . .	1,046,945 28

3. La princesse Mathilde, princesse française. Son traitement est compris dans la dotation.

3 *bis*. M. Jérôme Bonaparte fils (Patterson), 30,000 francs par an (nous ignorons pendant combien d'années).

    Dotation de la famille J.B.; subvention pour le Palais-Royal et Meudon : 1,800,000 fr., durant 18 années au moins . . . .   32,000,00'000

La famille Bonaparte Jérôme a donc touché, pendant la durée de l'empire, 37 millions environ 37,078,364 94

§ II. — FAMILLE BACIOCCHI.

La princesse Baciocchi (comtesse Camerata), morte en 1869, à peine solvable en France ; le Prince Impérial est son légataire universel.

    Don du 1er avril 1852 : 1 million, payable avec intérêts à 5 0/0, par 25,000 francs mensuels 1,085,416 65

    Subvention annuelle (le 15 déc. 1852): 150,000 francs pendant 16 ans au moins .   2,240,000 00

    Avances sur la subvention : 31 décembre 1852, 150,000 francs; 5 mars 1853, 100,000 fr. ; 4 mai 1859, 100,000 fr. [1].

    Rente viagère pour le rachat du majorat de Bologne, 100,000 francs 1,500,000 00

    Pour l'acquisition des Landes de Granchamps (1858-59), 170,000 francs . . .   170,000 00

    Acquisition d'un hôtel à Rennes (1860).   74,750 00

    Ameublement de divers domiciles : de 8,000 à 10,000 francs mensuels durant plu-

---

[1] Cette dernière avance est constatée par la lettre suivante de la princesse, trouvée dans les papiers de M. Bure : « Monsieur, contre la « volonté expresse de Sa Majesté, il n'y a rien à faire. Ainsi je vous ren- « voie signées les trois quittances. Je pense donc que cette retenue n'a « pas lieu pour le payement (suivent les six payements échelonnés par « mois, équivalant à 100,000 francs), somme avancée à Me Noël, pour « *solder une partie des dettes de feu mon fils* (Napoléon Camerata).

    « Veuillez me faire savoir si mon calcul est exact, et recevez l'assu- « rance de mes sentiments distingués. »

sieurs années, domaine de Korn-er-Houet,
construction de l'église de Colpo (Bretagne).   200,000' 00 •
   Crédit supplémentaire (1861). 76,666 65
   Mars 1862. . . . .   20,000 00
   Frais de la succession de Mme Baciocchi.   717,791 00

  La princesse Baciocchi a donc touché
pendant la durée de l'empire au moins six
millions. 6,244,624 00

§ III. — FAMILLE LUCIEN BONAPARTE.

1. La princesse veuve Lucien Bonaparte, douairière de Canino, morte en 1855.
     Subvention annuelle, 48,000 francs. .   144,000' 00°
2. Le prince Charles Bonaparte, mort en 1857.
     Don du 1er avril 1852, 200,000 francs
     payables avec intérêts à 5 p. 0/0 par
     5,000 francs mensuels. 208,750 00
     Subvention annuelle : 100,000 francs
     pendant cinq ans. 500,000 00
2 bis. Le prince Napoléon-Charles Bonaparte.
     Subvention annuelle (1857-1870),
     50,000 francs. 700,000 00
     Location d'un hôtel, 20,000 francs. . .   280,000 00
        TOTAL. 1,688,750 00

3. Le prince Louis-Lucien Bonaparte.
     Dettes payées en 1850, 45,000 francs.   45,000' 00 °
     Don du 1er avril 1852 ; 200,000 francs
     payables par 5,000 francs, sans intérêts,
     avec supplément de 2,000 francs mensuels
     pendant neuf mois. 218,000 00
     Subvention annuelle, 100,000 francs
     pendant dix-huit ans. 1,800,000 00
        TOTAL. 2,063,000 00

4. Le prince Pierre Bonaparte.
     Don du 1er avril 1852, 200,000 francs
     payables comme ci-dessus. . . . . . .   218,000' 00 °
     Subvention annuelle. 1,800,000 00

1856-59, 5,000 francs mensuels (deux ans et six mois).	150,00'000 ᵉ
1859-63, 2,500 francs mensuels (trois ans et six mois).	105,000 00
1864-70, 2,000 francs mensuels. . . ᵪ	144,000 00
Total.	2,417,000 00

5. Le prince Antoine Bonaparte.

Don du 1ᵉʳ avril 1852, 200,000 francs payables comme ci—dessus.	218,000 00
Subvention annuelle, 100,000 francs. .	1,800,000 00
Total.	2,018,000 00

6. La princesse Marianne Bonaparte-Lucien.

Subvention annuelle, 6,000 francs. . .	108,000'00ᵉ

7. Mᵐᵉ Letizia Bonaparte-Wyse, séparée de son mari, sir Thomas Wyse, auquel l'Empereur a prêté en Angleterre 16,000 livres sterling mal garanties par des polices d'assurances. . . . . (400,00 000)

Endettée à l'excès, presque retenue dans un hôtel où elle ne peut payer son séjour, Mᵐᵉ Bonaparte-Wyse [1] obtient en 1852, par

[1] Nous reparlerons ailleurs de Mᵐᵉ B. Wyse. Voici, cependant, une lettre de cette princesse qui constate sa détresse :

« En rentrant chez moi hier soir avec ma jeune fille, que j'avais été
« chercher au chemin de fer, j'ai trouvé la porte de mon appartement
« fermée, et mes effets, le peu qui me reste, saisis et sous les scellés !

« Au milieu de la rue, à onze heures du soir, sans asile et sans argent,
« j'ai été demander l'hospitalité à un vieil ami de ma mère (le colonel
« Jenowich), qui m'a offert pour deux ou trois jours une chambre chez
« lui !... J'avais écrit au trésorier de la Présidence pour avoir un se-
« cours (ce qu'on n'oserait refuser dans les circonstances où je me trouve
« à une étrangère), afin d'éviter la nouvelle avanie qui de nouveau me
« frappe !... On n'a pas répondu à ma lettre ! on est vraiment pour moi
« d'une rigueur, d'une dureté qui passent toute croyance !... Demain
« j'irai au couvent ! j'y entrerai sans linge et sans vêtements, car je n'ose
« me flatter que vous viendrez, par ordre du prince, à mon aide ; cepen-
« dant, pourquoi ne tenterais-je pas un dernier effort ? Je dois trois cent
« cinquante francs à mon logeur et à mon restaurant. Souffrirez-vous que
« je sois encore outragée pour une telle vétille ? Employez votre influence
« pour me rendre ce dernier service, et après, avant de vous employer

l'intermédiaire de M. Bure, une subvention
de 6,000 fr., portée, en 1853, à 48,000,
dont 30,000 affectés à ses créanciers. . .   864,000′00 •

TOTAL (au moins). 864,000 00

8. Mᵐᵉ Marie Bonaparte-Wyse, princesse de Solms,
devenue Mᵐᵉ Urb. Ratazzi (1863); elle
jouissait originairement d'une pension de
30,000 francs, supprimée pour publications anonymes; mariée à M. Ratazzi,
elle réclame, dans une lettre curieuse, sa
pension tout entière, dont l'Empereur lui
a, dit-elle, par l'intermédiaire du docteur
Conneau, promis le rétablissement. Elle
figure depuis dans les états pour une
somme annuelle de 24,000 fr. (six ans?).   144,000′00 •

9. Mᵐᵉ Turr (1861), née B. Wyse.
Subvention annuelle, 24,000 francs. .   216,000 00

10. M. Wyse (Lucien-Napoléon).
Pension, 2,000 fr.; en 1855, 14,000 fr.

11. La comtesse Valentini (Alexandrine-Marie
B. Lucien).
Don d'avril 1852, 200,000 fr., intérêts
à 5 p. 0/0. . . . .   208,750′00 •
Subvention, 25,500 francs. 460,000 00

12. La comtesse Lucienne Valentini-Faïna; 1853,
ordre signé de l'Empereur, don, 50,000 fr.   50,000 00

« encore pour moi, attendez que ma conduite vous ait montré ce que
« je suis et combien j'ai été calomniée ! Si vous me faites la faveur d'une
« réponse, écrivez-moi demain chez le colonel Jenowich. J'y attendrai
« votre réponse toute la journée, car il me sera bien pénible d'entrer au
« couvent sans vêtements. Cependant, comme ma résolution est irrévo-
« cable et qu'on consent à me recevoir sans payer à l'avance, je coucherai
« demain soir au couvent.

« J'aurai l'honneur de vous écrire aussitôt mon installation, car je veux
« compter sur vous pour sortir de peine et me réhabiliter. Ne trompez
« pas mes espérances, ayez l'œil sur ma conduite, et agréez, avec mes
« remerciements, l'assurance de ma reconnaissance.

« Ce mardi 20 novembre.
                              « Princesse LETIZIA BONAPARTE.
      « Rond-Point des Champs-Élysées, chez le colonel Jenowich.

« P. S. De grâce, un mot de réponse. »

13. La marquise Roccagiovine, fille de Ch. B. Lucien ; subvention, 20,000 fr. (en moyenne dix ans) ; indemnité de logement, 20,000 fr. 400,000 00

14. La comtesse Primoli (Ch. B. Lucien); même somme (même moyenne). 400,000 00

15. La comtesse Campello (Ch. B. Lucien); même somme (même moyenne). 400,000 00

16. La princesse Gabrielli (Charlotte-Marie B. Lucien) ; subvention, indemnité, 40,000 fr. 400,000 00

17. La marquise Christine Gabrielli Stefanoni. . . . : 6,250

18. La comtesse Lavinie Gabrielli Aventi. 6,250

19. La marquise Amélie Gabrielli Parisani. 6,250   375,000 00

20. Madame A. Booker. 6,000

21. Madame Célia Honorati Romagnoli, petite-fille de Lucien Bonaparte. 6,000

La famille Bonaparte Lucien a donc touché, durant l'empire, environ 12,700,000'.

ToTAL. 12,762,500 00

§ IV. — FAMILLE MURAT.

1. Le prince Lucien Murat.

Don du 1ᵉʳ avril 1852, 1 million, par 25,000 francs avec intérêts 5 p. 0/0. . . . 1,085,416 65

Subvention (25 décembre 1852), 100,000 fr., convertis pour moitié en un capital de 1 million, payable par sixième et par mois, à partir de février 1853, dont la nue propriété est assurée au prince Napoléon Joachim, son fils aîné. 1,900,000 00

(Juillet 1850-mars 1858), 2,000 francs mensuels. 184,000 00

A partir de mars 1858, 2,500 francs. . 555,000 00

(1860), hôtel Komar. 327,819 45

(Juillet 1857-sept. 1859), 10,000 fr. mensuels. 260,000 00

(Février 1857), 25,000 francs. . . . 25,000 00

(1867), 86,329 francs. 86,529 00

Sénat, 30,000 francs. 540,000ʳ00ᵉ

TOTAL. . . ; 4,303,565 10

2. La princesse Lucien Murat.
Subvention annuelle, 100,000 francs. . 1,800,000ʳ00ᵉ
3. Madame Achille Murat.
(? 1852), don, 200,000 francs, intérêts
5 p. 0/0. . . . . 208,750 00
4. La baronne de Chassiron, née Lucien Murat.
Subvention, 30,000 francs × 14. . . 420,000 00
5. Le prince Joachim Murat.
Subvention, 20,000 francs (sans compter
son million). 360,000 00
6. La princesse Anna Murat, duchesse de Mouchy
(1865).
Subvention (sept. 1861), 100,000 francs.
(5 ans?). 500,000 00
Dot, 2 millions. 2,000,000 00

TOTAL. 2,500,000 00

7. Le prince Achille Murat.
Don du 1ᵉʳ avril 1852, 200,000 francs,
payables par 10,000, intérêts 5 p. 0/0. . 208,750ʳ00ᵉ
Subvention annuelle, 24,000 francs. . 452,000 00
Dettes payées (1864), 87,578 fr. 10 c. 87,378 10

TOTAL. . . . . : 728,120 10,

La famille Lucien Murat a donc touché
environ 11,300,000 francs[1].

TOTAL. 11,361,433 00

[1] Une note de la main de l'Empereur, postérieure à 1867, évalue in-
complétement les sommes absorbées par la famille Lucien Murat. La
voici :

a Lucien.	689,138ʳ
	1,000,000
	1,000,000
Hôtel.	300,000
Achille.	85,000
	180,000
Anna.	2,000,000
	5,252,138ʳ

8. Famille Pepoli-Murat. La marquise Pepoli, née
Letizia-Joséphine Murat.

Don du 1er avril 1852; 200,000 francs
payables par 10,000 et intérêts à 5 p. 0/0.   208,750' 00 c
Subvention annuelle, 50,000 francs
　　Le marquis Pepoli.
Subvention annuelle. . . . .   (25,000 00
　　La comtesse Mosti, née Pepoli.
Subvention annuelle. 8,333 00
　　La comtesse Ruspoli, née Pepoli.
Subvention annuelle.. . . . .   8,333 00
　　La comtesse Tattini, née Pepoli.
Subvention annuelle. 8,333 00)
En tout, pour les trois comtesses, 25,000 f.
qui, ajoutés à la subvention du marquis,
représentent justement les 50,000 francs
de la marquise Pepoli. 50,000 00
　　　　Pour tout compte. 900,000 00

La famille Pepoli-Murat a donc touché
environ 1,100,000 francs. 1,108,750 00

9. La comtesse Rasponi (Louise-Julie-Caroline
Murat).

Don du 1er avril 1852, 200,000 francs,
intérêts à 5 p. 0/0. . . . .   208,750' 00 c
Subvention annuelle, 50,000 francs. .   900,000 00

　　　　TOTAL. 1,108,750 00

La famille Murat tout entière a donc
touché environ 13,600,000 francs.

　　　　TOTAL. 13,577,935 00

Mme Charlotte Bonaparte-Centamori.
Don d'avril 1852, 100,000 francs, par
5,000 francs, intérêts à 5 p. 0/0 . . . .   104,375' 50 c
Subvention annuelle, 25,000 francs. .   300,000 (?)
（Mme Centamori ne figure plus sur un
état que nous croyons de 1868.)
La marquise Bartholini ; 12,000 francs (dix ans
en moyenne). 120,000 00

　　　　TOTAL. 524,375 50

RÉCAPITULATION.

Ainsi, sans tenir compte de quelques centaines de mille francs annuels touchés durant un nombre inconnu d'années, le bilan de la famille Bonaparte s'établit comme suit :

Famille Jérôme Bonaparte.	57,078,364'00 *
Famille Lucien Bonaparte.	12,762,500 00
Famille Murat.	13,577,933 00
Princesse Baciocchi.	6,244,624 00
Mᵐᵉˢ B. Centamori et Bartholini. . . .	524,375 00
TOTAL général.	70,187,796 00

C'est donc, d'après les chiffres officiels, 58 millions, et d'après des calculs plus complets, 70 millions que la famille Bonaparte a, sans autre titre que sa parenté avec le chef de l'État, sans utilité appréciable pour la France, prélevés sur la fortune publique.

XII

LETTRE DE M. PROSPER MÉRIMÉE SUR LES ATTRIBUTIONS DU MINISTÈRE DE L'INSTRUCTION PUBLIQUE [1].

Paris, 11 juillet 1856.

MONSIEUR,

Me permettez-vous de vous soumettre quelques idées

[1] Cette lettre est probablement adressée à M. Mocquard. M. Fortoul, ministre de l'instruction publique, étant mort à Ems le 17 juillet 1856, on voit que M. Mérimée n'avait pas perdu de temps pour la rédiger. — Quelques années après, une partie des idées qui y étaient émises était réalisée par le décret du 5 décembre 1860, qui enleva au Ministère de l'instruction publique l'Institut et les bibliothèques, et les transféra au Ministère d'État.

qui me sont venues à l'occasion de la mort si regrettable de M. Fortoul! C'est un devoir, ce me semble, pour toutes les personnes dévouées à l'Empereur de produire les observations qui leur sont personnelles, et qui peuvent tendre au perfectionnement de l'administration.

Je n'examinerai pas ici la question de l'existence même d'un Ministère de l'instruction publique, ni l'utilité contestable de la réunion dans le même département de deux administrations nécessairement rivales, celle des Cultes et celle de l'Université. Je me bornerai à vous entretenir des attributions actuelles de ce Ministère, et à vous dire ce que ma petite expérience de membre de l'Institut et d'inspecteur des monuments historiques a pu m'apprendre à ce sujet.

Des services qui, à mon avis, devraient être séparés, s'y trouvent réunis. Le moment où Sa Majesté pourvoira à la vacance pourrait être celui d'une réforme qui fixerait les attributions de ce département d'une manière plus rationnelle.

1° On s'étonne que l'entretien et la réparation des édifices diocésains ne ressortissent pas au département qui est chargé de la direction de tous les autres travaux d'architecture. Le Ministère d'État a la surveillance des palais impériaux, des bâtiments civils, des monuments historiques, de toutes les écoles de beaux-arts; comment les cathédrales ne sont-elles pas dans ses attributions?

Il faut, dira-t-on, que les évêques aient un contrôle sur des affaires qui les touchent, et, d'un autre côté, il est bon que le Ministre des cultes conserve un moyen

d'influence. Je répète ici une objection ancienne et qui
remonte au temps du gouvernement parlementaire. Il
est facile d'y répondre. Sans doute, les évêques doivent
être consultés au sujet des travaux nécessaires aux édifices religieux, mais est-il nécessaire que ces travaux
soient exécutés par une administration ecclésiastique?
Un prélat, un général qui veulent se faire bâtir une
maison s'adresseront à un architecte, non à un prêtre
ou à un militaire. Quant à l'influence qu'au moyen de
ces travaux un ministre pourrait exercer, en vérité, je
ne la comprends pas. Quel ministre laisserait tomber
une cathédrale parce que l'évêque du diocèse lui donnerait des sujets de mécontentement? Mais qu'arrive-
t-il? Comme le budget des travaux des édifices religieux
est assez faible, le Ministre des cultes ne peut satisfaire à toutes les demandes qui lui sont adressées. On
l'accuse de partialité, et involontairement il est entraîné
à répartir les fonds dont il dispose, non point selon
l'urgence des travaux, mais selon les rapports plus ou
moins fréquents, plus ou moins intimes qu'il a avec les
évêques. Ajoutez, au point de vue de l'économie, que,
si les travaux de bâtiment n'étaient pas divisés, les frais
d'agence et de surveillance seraient fort réduits. Maintenant il y a des contrôleurs pour les Cultes et des contrôleurs pour le Ministère d'État, des inspecteurs, des
bureaux dans chacune de ces administrations. Si l'on
plaçait dans les mêmes mains ces services de même
nature, au lieu d'un personnel double, un seul suffirait.
Tout se ferait avec plus d'ordre, plus de régularité, et
mieux. Permettez-moi d'ajouter qu'en ma qualité d'inspecteur général des monuments historiques, j'ai eu de

fréquents rapports avec les membres du clergé. Je les ai trouvés toujours très-reconnaissants des travaux que nous faisons exécuter dans des églises monumentales, tandis qu'ils regardaient ceux que faisait faire l'administration des cultes comme l'accomplissement d'un devoir ministériel.

2° C'est par une confusion de mots que les bibliothèques ont été placées dans le département de l'instruction publique. Ce sont des collections nationales de même que nos musées. Vous trouverez ci-jointe une note qui m'est remise par un des employés supérieurs de la Bibliothèque impériale et qui traite cette question de la manière la plus complète.

3° L'Institut impérial est fractionné entre le Ministère d'État et celui de l'instruction publique. Ne vaudrait-il pas mieux qu'il fût tout entier dans les attributions du ministre placé le plus près de la personne de l'Empereur? Les lettrés, les savants et les artistes y verraient un témoignage flatteur de l'intérêt que leur porte Sa Majesté.

4° On voit au budget du département de l'instruction publique et du Ministère d'État des allocations destinées à des missions, voyages et souscriptions. Ces allocations devraient, à mon avis, être réunies dans un seul département. Au point de vue de l'économie, l'avantage d'une administration unique est évident ; au point de vue de la politique, il vaut mieux que ces allocations soient réparties par le Ministère d'État. En effet, accordées par le Ministère de l'instruction publique, elles semblent le prix d'une espèce de concours littéraire, tandis que, venant du Ministère d'État, elles paraîtront ce qu'elles sont en réalité, des grâces du souverain.

Je crois fermement, Monsieur, être l'interprète des gens de lettres, des savants et des artistes en exposant ici des inconvénients de l'ancien système de répartition d'attributions entre les deux Ministères. Plusieurs fois des réclamations semblables se sont élevées ; mais, pour y satisfaire, il fallait offenser peut-être des susceptibilités personnelles. Aujourd'hui rien de plus facile que la réforme que je propose. Elle serait accueillie, je crois, avec faveur par le public.

Veuillez agréer, monsieur, l'expression de tous mes sentiments de la plus haute considération.

Pr MÉRIMÉE.

P. S. Vous avez vu, sans doute, le *British Museum* de Londres, qui renferme les collections les plus admirables en tout genre sous la même administration. La splendeur de cet établissement et sa prospérité sont dues à la concentration dans le même service d'une galerie d'antiques, d'une bibliothèque, de collections d'histoire naturelle, d'un musée ethnographique, etc. C'est la réunion du musée du Louvre et de la Bibliothèque impériale. C'est le résultat d'une direction unique pour les arts et les sciences.

Voici maintenant la note dont M. Mérimée parle dans sa lettre Quoiqu'il l'ait intitulée *Copie*, elle peut fort bien avoir été rédigée par lui. En tous cas, elle est écrite de sa main.

Que le Ministère de l'instruction publique et des cultes soit maintenu ou que ses attributions soient divisées, il serait regrettable de ne pas voir saisir l'occasion qui s'offre aujourd'hui de faire cesser un état de choses fâcheux, que nous avons plus d'une fois signalé aussi bien à M. le Ministre de l'instruction publique, que la mort vient de nous enlever, qu'à M. le Ministre d'État et de la Maison de l'Empereur.

La Bibliothèque impériale et le musée du Louvre ne sauraient être logiquement placés dans des mains différentes. Ce sont deux parties d'un même tout. Les deux établissements possèdent des collections analogues et régis par deux ministres ; on les voit dans les ventes d'antiques et de camées historiques enchérir l'un contre l'autre aux dépens du trésor. Il y a une absolue nécessité à ce qu'ils soient réunis administrativement comme ils le sont en Angleterre, et cette séparation est aussi choquante que celle des monuments historiques et des cathédrales, — des édifices diocésains et des bâtiments civils, — des Archives de l'empire et de l'École des chartes.

Mais la question est plus large :

N'est-il pas convenable que tous les établissements scientifiques et littéraires relèvent du Ministère d'État et de la Maison de l'Empereur? On le pensait si bien sous l'ancienne monarchie, que le Muséum d'histoire naturelle était appelé le *Jardin du Roi*, et que les professeurs du Collége de France avaient le titre de *Lecteurs du Roi*.

N'est-il pas convenable encore que les missions scientifiques soient données, en quelque sorte, par l'Empereur, comme Louis XVI traçait la sienne à La Peyrouse? Le zèle des savants et des artistes qui les recevront en sera très-utilement stimulé, et ils se verront accueillis à l'étranger avec d'autant plus de protection et de faveur.

Les souscriptions aux publications nouvelles, les encouragements aux savants et gens de lettres, les subventions aux sociétés savantes acquerront plus de prix en émanant de l'Empereur.

L'Institut est difficile à conduire, sans doute, même pour un ministre qui ne tient pas à y entrer ; mais l'Institut, résistant envers une administration qui siége rue de Grenelle, sera beaucoup plus facile avec un ministre voisin des Tuileries.

XIII

LETTRES DE MM. CONTI ET BELMONTET.

CABINET DE L'EMPEREUR.

Minute n° 29.

Palais des Tuileries (mars 1870).

Mon cher Belmontet,

L'Empereur n'a pas signé le décret conférant la croix de chevalier de la Légion d'honneur au nommé L***, attendu qu'il résulte d'informations prises à la préfecture de police, que M. L*** est noté, aux sommiers judiciaires, comme ayant été condamné par la Cour royale de Paris, le 10 avril 1838, à un an de prison pour escroquerie.

Il est inconcevable, mon cher Belmontet, que vous ayez mis une telle légèreté à présenter à l'Empereur pour une nomination dans la Légion d'honneur.

Tout à vous.

Conti.

Paris, le 26 mars 1870.

Mon cher Sénateur,

Le cher bonapartiste est encore sous le coup de la tuile qui lui est tombée sur la tête, venant des Tuileries.

Votre reproche de légèreté n'est nullement léger pour moi. Je suis sur la croix de M. L***. Pourquoi me crucifier pour une erreur que les ministres et l'Empereur lui-même ont eu le malheur de commettre quelquefois ?

L'Empereur a nommé un préfet que M. Turgot, ministre des affaires étrangères, avait destitué pour avoir commis certains méfaits, étant en Amérique, ministre plénipotentiaire de la France.

Un préfet de Tarn-et-Garonne a fait décorer un maire que le conseil des notaires avait frappé d'indignité quelques années auparavant, comme notaire forcé de céder sa charge.

Dans l'armée, on a fait monter à des grades supérieurs des officiers que l'opinion publique accusait de malversation.

Il est vrai de dire qu'une erreur n'est pas justifiée par une autre erreur ; c'est évident.

Mais moi, qui n'ai pas les moyens d'être renseigné comme les ministres, les préfets et le chef de l'État lui-même, surtout pour les faits passés depuis trente ans, comme celui que vous signalez contre M. L***, comment vouliez-vous que je ne fusse pas entraîné devant des états de service militaire très-distingués et devant des lettres probantes d'officiers supérieurs?

Quoi qu'il en soit, je suis désolé d'avoir patronné un officier que l'Empereur a complimenté, à Londres, sur la publication de son traité ou code des relations internationales.

Il faudra bien que M. L*** me donne des explications non équivoques sur une condamnation dont j'ose douter encore.

J'espère que Sa Majesté ne me tiendra pas rancune d'une erreur inévitable pour un esprit loyal comme le mien.

Le jour de la réception, aux Tuileries, des médaillés de Sainte-Hélène, l'Empereur m'a fait l'honneur de me dire, dans son cabinet, qu'il m'accordait le titre de commandeur, que quelques jours auparavant, Sa Majesté reconnaissait m'être dû depuis longtemps, titre que je crois mériter autant que les Latour-Dumoulin et autres députés *ejusdem farinæ*.

Le décret n'a pas encore paru dans le *Journal officiel* à quoi attribuer ce retard? L'indignité de L*** ne peut déteindre sur le président des médaillés de Sainte-Hélène.

Nous, les impérialistes vrais, nous sommes habitués à tant de déceptions, qu'une de plus ne peut absolument rien sur la sincérité de notre culte et de notre dévouement. Nos principes nous viennent de l'âme, et l'âme se suffit à elle-même.

C'est égal, le coup de la tuile retentit encore.

A vous toujours.

L. BELMONTET.

Ce 26, anniversaire de cet incorrigible bonapartiste qui se nomme Belmontet.

CABINET DE L'EMPEREUR.
Minute n° 55.

Sans date (mars 1870).

MON CHER BELMONTET,

Il m'est impossible de répondre à toutes les lettres que vous m'écrivez. Qu'il me suffise de vous dire que la croix de commandeur de la Légion d'honneur, qui vous a été promise, vous sera accordée au mois d'août.

Tout à vous.

CONTI.

XIV

LETTRE DE M. A. ROUSSEL, AVOCAT GÉNÉRAL, A M. CONTI.

MONSIEUR LE CONSEILLER D'ÉTAT,

J'ai l'espoir d'être présenté aujourd'hui ou demain à l'Empereur par M. le Garde des Sceaux pour une présidence de chambre à Paris. Vous m'avez vu à l'œuvre dans les commissions militaires, et vous connaissez mon dévouement pour Sa Majesté ; aussi fais-je un appel à votre bienveillance pour, si vous en trouvez l'occasion, dire quelques mots favorables à celui duquel dépendent nos destinées.

Permettez-moi de vous adresser, avec mes remercîments, l'expression de mes sentiments les plus dévoués.

Amédée Roussel.

17 février 1865.

X V

LETTRE A L'EMPEREUR DU GÉNÉRAL ESPINASSE, DONNANT SA DÉMISSION DE MINISTRE DE L'INTÉRIEUR [1].

CABINET
DU
MINISTRE DE L'INTÉRIEUR
ET
DE LA SURETÉ GÉNÉRALE.
—

Paris (juin 1858).

SIRE,

D'après l'ouverture que vous m'avez faite hier, je prends la liberté de vous exposer mes idées sur la situation actuelle. Je le ferai avec la franchise que Votre Majesté permet à mon dévouement, en homme qui n'a pas ambitionné l'honneur d'arriver au ministère, qui est prêt à le quitter sans regret, mais qui ne voudrait pas emporter, en le quittant, le chagrin d'une faute commise par votre gouvernement, d'une sorte de désaveu qui serait fait par vous de tout ce qui explique et justifie l'avénement de Votre Majesté.

A mes yeux, Sire, la situation de 1851 et celle de 1858 ont bien plus d'analogie qu'on ne le suppose communément; le danger de la société est le même, il vient

---

[1] Le général Espinasse, qui avait été appelé au Ministère de l'intérieur le 8 février 1858, en remplacement de M. Billault, lors du changement de ministère amené par l'attentat d'Orsini, fut remplacé par M. Delangle le 15 juin suivant.

du même côté ; et je ne crains pas de dire que la per-
manence même de ce danger est la raison d'être de
l'empire, rétabli par vos mains.

Si, de 1848 à 1851, toutes les institutions sociales
n'avaient pas couru un péril tel qu'elles n'en ont jamais
couru de plus grand, vous ne seriez qu'un ambitieux
vulgaire ayant exploité à son profit quelques troubles
passagers. Si le pays a vu et proclamé en vous son sau-
veur, c'est que ce péril a été immense et de la nature
de ceux que six années sont bien insuffisantes à dissiper. La France le sait et la France veut aujourd'hui
exactement ce qu'elle a voulu en 1851. Supposer que la
France a voulu renouer, en vous appelant au pouvoir,
une tradition dynastique interrompue depuis trente-
trois ans, c'est lui faire honneur de sentiments politiques que, par malheur, elle n'avait pas. Sans doute le
nom de Napoléon avait dans le pays une immense po-
pularité ; mais il était populaire comme symbole de
gloire militaire et surtout comme symbole d'ordre.
C'est l'ordre que le peuple a cherché en acclamant
votre nom ; c'est l'horreur de l'anarchie républicaine
qui a été, pour la seconde fois, le sacre de la dynastie
napoléonienne.

Et la fermeté de votre conduite a justifié l'espoir du
peuple ; l'ordre rétabli, la France a semblé renaître ; une
prospérité inouïe, un élan prodigieux dans les affaires,
ont été, aux yeux du monde, l'éclatante justification du
coup d'État ; on peut dire que la France a vécu, pendant trois ans, sur cette idée que l'ordre public était
désormais garanti par la volonté héroïque de Votre Majesté.

Que ce soit la faute des hommes ou des choses, le relâchement s'est fait ensuite. Dissimulé d'abord par les
préoccupations de la guerre, il s'est révélé quand la
paix a été conclue. Les partis hostiles ne s'y sont pas
trompés, et leur sourde agitation a pu nous avertir
qu'ils ne sentaient plus aussi ferme la main qui les avait
contenus. Des drapeaux abattus se sont relevés, des op-
positions réduites au silence ont repris la parole ; le
journalisme est redevenu une arène ouverte aux passions et aux espérances ravivées par les hésitations ap-
parentes du gouvernement. L'attitude prise aux élections générales par la faction démagogique a été le
premier indice grave d'une situation dont l'odieux attentat du 14 janvier a donné le dernier mot, car l'attentat du 14 janvier n'a pas été un crime isolé, comme
quelques-uns l'ont prétendu ; ce n'est pas un crime
isolé que celui qui est connu, attendu, approuvé par
tout un parti et que tout un parti se tient prêt à exploiter, s'il réussit.

En présence de cette féroce tentative et à la vue des
coupables espérances qui se fondaient sur elle, la population a eu conscience du danger nouveau qu'elle
courait, et un cri général est monté vers nous. Sire, un
cri qu'il n'est que juste de traduire par ces mots : « Ga-
« rantissez-nous encore une fois l'ordre, dont nous
« vous avons fait le représentant et l'arbitre ; puisque
« le même péril nous menace, soyez ce que vous avez
« été déjà pour l'écarter de nos têtes ! » Votre Majesté
a compris ce vœu de la France, et elle y a répondu par
la loi de régence, par l'institution du Conseil privé et
des grands commandements militaires, par la loi de sû-

reté générale, enfin, j'ose le dire, par mon avénement
au ministère de l'intérieur. Et Votre Majesté était si pé-
nétrée du caractère de la situation telle que je viens de
l'indiquer, qu'Elle me faisait l'honneur de m'écrire le
15 février : « Le corps social est rongé par une vermine
« dont il faut, coûte que coûte, se débarrasser. Il y a
« aussi des préfets qu'il faut renvoyer, malgré leurs
« protecteurs. Je compte pour cela sur votre zèle ; ne
« cherchez pas, par une modération hors de saison, à
« rassurer ceux qui vous ont vu venir au ministère avec
« effroi. Il faut qu'on vous craigne ; sans cela votre no-
« mination n'aurait pas de raison d'être. »

La situation a-t-elle changé et complétement changé
depuis le 15 février ? ou bien y a-t-il eu excès dans les
mesures de répression dont la pensée avait présidé à
mon avénement au ministère?

Affirmer que, dans un espace de quatre mois, la situation est devenue toute différente de ce qu'elle était,
ce serait affirmer une puérilité que j'écarte, sans hésiter, d'une discussion sérieuse. Une telle assertion serait
étrangement téméraire au moment où une réaction no-
table vers l'orléanisme est signalée à Paris, où un mouvement légitimiste assez considérable s'accomplit sur
plusieurs points de la province ; au moment, enfin, où
les preuves des menées démagogiques fourmillent entre
nos mains ; mais, encore une fois, je ne veux pas m'ap-
pesantir sur un point qui ne peut pas soulever le moindre doute, et j'aborde la seconde question que je me
suis posée : Y a-t-il eu excès dans les mesures répressives émanées de mon ministère? Je ne crains pas, Sire,
de répondre tout d'abord négativement. Je n'ai pas eu

4.

plus de modération qu'il n'en fallait avoir, et cependant j'en ai eu plus que Votre Majesté ne m'en imposait. Dans une conversation familière que vous me permettrez de rappeler, j'ai encouru de votre part ce reproche *que les militaires manquaient du courage civil.* J'ai réduit à quarante l'état des six cents individus dangereux qui m'étaient signalés pour la seule ville de Paris ; j'ai réduit à deux cent soixante les dix mille arrestations qui étaient d'abord jugées nécessaires dans le reste de l'empire. Je n'ai pas donné d'avertissement à un seul journal, et, en cela, je n'ai pas même satisfait toutes les exigences de l'opinion publique, car le journal *le Siècle*, contre lequel s'élevait une réprobation générale, subsiste encore. Qu'il y ait eu dans les arrestations opérées quelques erreurs très-peu nombreuses, je suis loin de le contester ; elles portent sur des individus fort peu dignes d'intérêt ; elles tiennent un peu à la nature des choses, elles tiennent surtout au relâchement que je signalais tout à l'heure à Votre Majesté. Les préfets, livrés à eux-mêmes, vivaient tranquillement sur la foi des dossiers de 1852, sans s'être mis en peine le moins du monde des faits nouveaux qui avaient pu se produire. Au point de vue purement administratif, j'ai fait preuve, permettez-moi de vous le dire, de la même modération ferme et circonspecte ; j'ai imprimé aux services languissants de l'administration centrale l'activité honnête qu'ils doivent avoir ; j'ai supprimé des dépenses inutiles autant qu'immorales, et dont il est honteux de grever le trésor public ; j'ai mis en disponibilité quelques-uns de ces *préfets qu'il fallait renvoyer malgré leurs protecteurs;* mais j'ai prouvé à tous que l'on parvenait sans peine jusqu'à moi, et que j'étais accessible à toute réclamation fondée et à toute prétention légitime. Ceux qu'avait pu émouvoir d'abord l'avénement d'un général se sont convaincus, en l'approchant, qu'ils avaient affaire à un homme qui saurait être ferme au besoin, mais qui serait prudent et bienveillant toujours, et qui donnerait à tous l'exemple du travail persévérant et des déterminations consciencieuses et promptes.

Je vous parle de moi comme je parlerais d'un autre, tant je me considère comme désintéressé dans la question que Votre Majesté m'autorise à traiter : non pas que je sache l'impression bien fâcheuse pour ma réputation que peut produire mon éloignement des affaires après une aussi courte administration; mais c'est des intérêts de votre gouvernement que je veux avant tout me préoccuper. Si la situation est exactement la même aujourd'hui que le 7 février; si je me suis tenu en deçà plutôt qu'au delà des instructions de Votre Majesté dans les mesures répressives qu'elle attendait de moi; si je suis parvenu à contenir les anarchistes par la seule crainte de mon nom et sans recourir à des sévérités excessives, quelles appréhensions ma présence au ministère peut-elle provoquer aujourd'hui? Il règne une vague inquiétude, dit-on, et les affaires ne vont pas; mais les affaires ne vont nulle part, et cela ne surprend personne dans les autres pays; c'est la suite de la crise commerciale que l'on vient de traverser. Quant à l'inquiétude dont on parle, il faudrait se demander d'abord si elle a une raison d'être, et, dans le cas où rien ne la justifierait, laisser le calme se faire de lui-même dans les esprits. D'ailleurs, si cette inquiétude existe, la cause

n'en serait-elle pas toute autre part que dans la person-
. nalité d'un ministre? Je suis profondément convaincu
que la France ne se plaint pas d'être trop doucement ni
trop durement gouvernée, et que les alarmes, si elles
sont réelles, viennent d'une crainte toute opposée, de la
crainte de manquer de gouvernement et d'être livrée à
l'anarchie le jour où une tentative criminelle, que Dieu
veuille détourner! viendrait atteindre Votre Majesté.
Écarter du ministère un homme dans le dévouement
et la fermeté duquel les amis de l'ordre mettent leur
confiance, est-ce le moyen de calmer cette inquiétude?
Ce ne peut l'être qu'à une condition, Sire, c'est que vous
le remplaciez par un homme plus ferme et plus dévoué
que lui.

De deux choses l'une : ou Votre Majesté veut modifier
son système, démentir ses antécédents, cesser, selon
moi, de répondre aux vœux et aux besoins les plus im-
périeux du pays, et alors, je le reconnais, je ne suis ni
ne puis être l'homme d'une pareille mission; ou bien
Votre Majesté veut, avec raison, persévérer dans les
principes d'autorité vigilante, qui sont et qui doivent
rester la base même de son gouvernement, tout en re-
lâchant, dans une juste mesure, ce qu'une situation
exceptionnelle avait nécessairement un peu trop tendu,
et, dans ce cas, les rênes ne peuvent être relâchées convenablement que par un homme que l'on sait capable
de les resserrer au besoin d'une main vigoureuse. Écarter cet homme, c'est jeter à l'inquiétude publique un
nouvel aliment, c'est la justifier par une apparence de
versatilité et de faiblesse, sans contenter le moins du
monde ceux qui, au fond, visent au renversement des

institutions impériales. Nous ne sommes plus à l'époque où un déplacement de majorité parlementaire provoquait une crise ministérielle. Les changements de personnes sont autrement interprétés aujourd'hui, et celui que Votre Majesté médite ne peut avoir, ce me semble, qu'une interprétation bien contraire à l'esprit de suite qu'on aime à voir dans son gouvernement.

J'ajoute que tout le bien qui reste à faire, toutes les réformes qui sont encore à opérer au département de l'intérieur, exigent que le ministre chargé de cette délicate mission ne vive pas au jour le jour. Il a besoin non-seulement de votre pleine confiance, mais encore du temps et de la stabilité nécessaire pour vous servir utilement. Notre conversation d'hier me faisant craindre que ma position ne puisse être à tout moment, et surtout en mon absence, mise à la merci de quelques propos malveillants, de quelques appréhensions sans réalité qui arrivent jusqu'à vous, je viens prier Votre Majesté de vouloir bien agréer ma démission.

Je viens de vous parler bien librement, Sire. Je m'assure que Votre Majesté me le pardonnera; la sincérité de mon langage est égale à l'étendue de mon dévouement et au profond et affectueux respect avec lequel je suis, de Votre Majesté, le fidèle sujet.

G^l Espinasse.

XVI

SIRE,

L'expédition du Mexique a eu pour motif le désir d'obtenir une réparation des insultes faites à nos nationaux, en même temps que des indemnités pour les pertes qu'ils avaient supportées.

Elle avait, en outre, un double but, qui était de contenir la domination des États-Unis et de développer nos relations commerciales.

L'Empereur sait ce qui a été fait pour nos nationaux.

Leurs réclamations, qui s'élevaient à une somme bien supérieure, ont été réglées à ..... millions, payables en obligations du dernier emprunt. Sur cette somme, il n'a été encaissé, pour leur compte, que 5,683,800 francs, et il reste 57,710 obligations, représentant, au cours de 300 francs, 17,300,000 francs, mais dont la réalisation se trouve entravée par une réclamation des banquiers qui les avaient achetées, et qui, invoquant aujourd'hui des causes de force majeure, se refusent à en prendre livraison. Le cours actuel de ces obligations n'est que de 170 francs.

Quant au but politique que se proposait l'Empereur, il eût été peut-être possible de l'atteindre en profitant du conflit entre le Nord et le Sud des États-Unis, pour soutenir les dissidents et favoriser, au profit du Mexique, l'établissement d'un État intermédiaire. Des considérations puissantes ont détourné de cette politique, et aujourd'hui l'empire n'a pas moins a redouter les États du Sud que les États du Nord.

D'un autre côté, l'extension de nos relations commerciales semble plutôt compromise qu'obtenue. Au début de notre entreprise, des envois assez considérables de produits français ont été dirigés sur le Mexique, mais ce fait s'expliquait par la longue interruption du commerce, résultat des troubles, et de l'anarchie qui régnait dans ce pays. Il faut aussi faire la part de la consommation et de l'approvisionnement de notre armée, ainsi que de la faveur sur laquelle comptaient d'abord les négociants français. Mais cet accroissement de commerce ne s'est pas maintenu et se ralentit au contraire d'une manière sensible.

Un tel état de choses s'explique par les circonstances politiques, sur lesquelles il est nécessaire de ne pas s'abuser.

Bien qu'il existe au Mexique un parti monarchique, il faut reconnaître que ce parti n'a pas la force que lui prêtaient les émigrés résidant en France avant l'expédition. Nous l'avons déjà constaté avant l'arrivée de l'empereur Maximilien, et il a pu le constater promptement lui-même. C'est alors qu'il a rompu avec le parti clérical et monarchique, et qu'il s'est rapproché du parti libéral, composé presque exclusivement de républicains dévoués à Juarez ou animés d'ambitions personnelles. C'est alors aussi que se sont manifestées les dissidences et qu'a commencé la guerre de partisans. L'empereur s'est trouvé entre le parti monarchique, qui ne se fiait plus à lui, et le parti libéral, qui ne cherchait qu'à le trahir. Plus de deux ans se sont écoulés dans ces luttes intestines, sans qu'aucune amélioration réelle ait été faite au point de vue administratif ou financier. Les dépenses, non-seulement de la guerre, mais de l'administration intérieure, ont été supportées par la France, soit sous forme de subventions, soit sous celle d'emprunts contractés à Paris.

Il est malheureusement bien avéré aujourd'hui que la situation de l'empereur Maximilien ne peut se prolonger longtemps. Le parti monarchique est à la fois le plus faible et le moins éclairé. Livré à ses propres forces, il est incapable de se maintenir. Si, comme Votre Majesté l'a annoncé, nos troupes reviennent, laissant l'empereur Maximilien aux prises avec les difficultés de sa situation, leur départ sera plein de dangers pour elles-mêmes et pour nos nationaux au Mexique. Il est constant que l'armée mexicaine n'offre aucune garantie de cohésion ni de fidélité, et les quelques troupes autrichiennes ou de la légion étrangère française, disséminées sur un immense territoire, seraient impuissantes à offrir une résistance sérieuse. Un simple secours en argent ne serait d'aucune efficacité pour surmonter les innombrables difficultés que présente la situation.

Il semble donc impossible que l'empereur Maximilien se maintienne au Mexique. Il lui reste encore un beau rôle à prendre en renonçant à la couronne.

Qu'il adresse une proclamation aux Mexicains ;

Qu'il leur dise qu'en lui offrant le trône ils se sont trompés eux-mêmes ;

Qu'il profite de la présence de l'armée française pour maintenir l'ordre ;

Qu'il engage le peuple mexicain à procéder au choix d'un nouveau gouvernement et à la désignation d'un nouveau chef.

Effectué dans ces conditions, son départ pour l'Europe sera peut-être l'occasion de quelques regrets ; en tout cas, il aura lieu sous la protection de l'armée française. Il sera en même temps le signal du rétablissement du calme dans ce pays, où, notre intervention cessant, on verra bientôt cesser aussi toute cause d'animosité contre nous. Je n'admets pas les tristes prévisions par lesquelles on a cherché à produire une impression sur l'esprit de l'Empereur ; mais auraient-elles quelque fondement qu'il serait facile d'opérer progressivement le retour de nos troupes de manière à garantir la sécurité de nos nationaux.

Je ne me dissimule pas qu'il sera moins facile peut-être de déterminer l'empereur Maximilien à abdiquer. Si je suis bien renseigné, il ne s'y résignera que s'il est convaincu qu'il n'a plus de secours à attendre de la France. Il commence à le pressentir ; le voyage de l'impératrice Charlotte en est la preuve. Si Votre Majesté lui déclare nettement que, quels que soient ses sentiments personnels, Elle ne peut lui donner aucune assistance sans convoquer le Corps législatif, dont l'opinion n'est pas douteuse, l'impératrice Charlotte amènera l'empereur Maximilien à la détermination que je regarde comme la seule possible.

Je n'entre pas dans le détail de la conduite que le gouvernement français aura à tenir au milieu des circonstances nouvelles dans lesquelles se trouvera le Mexique. Je crois que son rôle devra se borner à assu-

rer la sécurité des Français qui résident dans ce pays,
et à obtenir pour leurs intérêts et pour ceux des créanciers du gouvernement mexicain toutes les garanties
désirables.

Ce but une fois atteint, nos troupes pourront rentrer
en France : les souvenirs qu'elles laisseront au Mexique
et les efforts désintéressés que nous avons tentés pour
la prospérité de ce pays contribueront sans doute au
développement de nos relations avec lui. Dans cette
limite du moins, la France trouvera une compensation
à ses sacrifices.

Je suis avec respect, Sire, de Votre Majesté, le très-
humble et dévoué sujet.

ACHILLE FOULD.

Paris, le 14 août 1866.

XVII

RAPPORT DE M. DE MAUPAS, MINISTRE DE LA POLICE, A L'EMPEREUR.

CABINET DU MINISTRE
DE
LA POLICE GÉNÉRALE.

Rome, 4 février 1860.

Je suis informé que le sieur Mayer, journaliste, aurait adressé à l'Empereur une ode intitulée *la France
impériale*, qu'il vient de publier. L'Empereur ayant,
en plusieurs circonstances, adressé à quelques auteurs,
soit un présent, soit une lettre, il m'a paru utile d'informer Sa Majesté que le sieur Mayer a été traduit six
fois devant les tribunaux, et condamné trois fois, pour

escroquerie, à plusieurs années d'emprisonnement qu'il a subies dans des maisons centrales. Le sieur Mayer est, en outre, un des auteurs des calomnies odieuses qui, dans ces derniers temps, ont défrayé les journaux étrangers.

(En marge de ce premier alinéa, l'Empereur a écrit au crayon : *Lui envoyer un souvenir.* Les autres alinéas sont biffés par lui au crayon.)

———

J'ai déjà eu l'honneur de dire à l'Empereur combien il serait désirable que Sa Majesté fît connaître, le plus tôt possible, les noms des dames d'honneur de l'Impératrice. Le monde les attend avec une véritable avidité. Le nom de madame la duchesse de Vicence avait été prononcé; sa nomination était considérée comme certaine, et l'on se réjouissait de ce choix, parce que madame de Vicence, outre ses qualités personnelles, tient encore à plusieurs grandes familles de la capitale, qu'elle aurait entraînées avec elle. Le bruit s'est répandu hier qu'elle aurait décliné cet honneur, et cette nouvelle a été accueillie avec de véritables regrets.

———

L'Empereur a pu remarquer qu'à part quelques écarts regrettables, sans doute, la presse étrangère avait, en général, parlé du mariage de Sa Majesté en termes favorables.

Qu'il me soit permis d'appeler l'attention de l'Empereur sur un article publié à ce sujet par le *Times*, et qui constate une amélioration sensible dans l'esprit de cette feuille, jusqu'à présent ouvertement hostile au gouvernement de Sa Majesté.

La seconde partie de cet article, dont j'ai l'honneur d'adresser ci-jointe la traduction à l'Empereur, est peu importante ; mais la première partie est conçue en termes favorables, et il m'a semblé qu'on pourrait utilement la faire reproduire dans les journaux français. J'attendrai néanmoins les ordres que Sa Majesté voudra bien me donner à cet égard, et je me permets de La prier de vouloir bien me les transmettre par le télégraphe électrique.

———

On me signale le départ de Jersey du nommé Huart, réfugié politique, homme dangereux sous tous les rapports, et capable, par son fanatisme démagogique, de se porter à tous les crimes. Huart aurait l'intention de se diriger sur Paris, à l'aide d'un vieux passe-port. Quant au but de son voyage, les précautions mystérieuses dont il a enveloppé son départ, l'exaltation bien connue de ses opinions politiques, et ses relations avec des hommes qui ont plus d'une fois manifesté leur espoir d'assassinat, tout porte à penser qu'il pourrait bien être un de ces émissaires chargés d'épier une occasion favorable pour attenter aux jours de l'Empereur. Je transmets à M. le Préfet de police toutes les indications que j'ai pu recueillir sur cet individu, ainsi que son signalement, et le nom d'un ami chez lequel il pourrait descendre.

Le Ministre Secrétaire d'État
au département de la Police générale,

De Maupas.

———

XVIII

(Très-confidentielle.)

*Nous n'avons point l'original de cette lettre, mais seulement une
copie, arrivée aux Tuileries, nous ne savons par quelle voie. En haut
de la pièce se lit la note suivante : « Copie de la lettre du cardinal
« Cagiano, président de la Congrégation des évêques, à Rome, à
« l'évêque de Montpellier, pour lui insinuer sa démission. — L'évê-
« que a énergiquement répondu par un refus. »*

Rome, 4 février 1860.

MONSEIGNEUR,

C'est un pressant devoir pour moi de remercier
Votre Grandeur, non-seulement de l'accueil bienveillant
que vous avez fait au parti que je vous ai suggéré par
rapport à l'abbé B***, mais bien plus encore pour la
confiance pleine de cordialité avec laquelle vous vous
abandonnez *à moi seul*. C'est ce qui m'oblige à répondre
à une confiance aussi grande en vous parlant avec une
entière franchise et la plus grande liberté.

Je vous dirai donc qu'ayant été assuré par votre lettre
du 31 janvier que Votre Grandeur était disposée à rendre ses bonnes grâces à l'abbé B***, j'ai eu besoin d'une
autorisation spéciale du Saint-Père pour retirer l'instance de ce prêtre du rôle des causes ordinaires qui
devaient être traitées devant la Sacrée Congrégation,
afin de terminer la question sans autres procédures
economicamente.

A l'occasion du rapport que j'ai dû présenter là-dessus à Sa Sainteté, j'ai ressenti la plus vive douleur en trouvant le Saint-Père très-mal impressionné à votre égard et convaincu, d'après des relations déjà anciennes et certaines, que Votre Grandeur *quærit quæ sua sunt, non quæ Jesu Christi*, et qu'Elle a oublié le précepte divin inculquée par l'Apôtre, *oportet episcopum irreprehensibilem esse*. Alors, en entendant un langage si inattendu, dans l'amertume de mon âme, repassant dans mon esprit les vingt-cinq années que Votre Grâce a déjà consommées dans l'épiscopat, votre santé mal affermie, le lourd fardeau du ministère, je me suis dit à moi-même : Oh ! que ce serait chose convenable que M. Thibault se démît spontanément de sa charge ! Peut-être recevrez-vous une lettre du Saint-Père. — Pardonnez-moi, Monseigneur, cet avis tout à fait secret; j'aurais craint de vous tromper, si je ne vous l'avais pas communiqué.

Revenant maintenant à l'abbé B***, je prie Votre Grandeur de considérer *qu'en ce qui regarde le fait scandaleux de l'auberge*[1], *cette action ne s'étant produite qu'une fois, et cet ecclésiastique ne pouvant dès lors être considéré comme habitué à cette transgression*, il l'a suffisamment expiée par six mois de retraite et de suspense, et qu'ainsi il ne peut plus être poursuivi sur ce point. Reste donc le fait des *injures* que, dans un accès de colère, il a proférées contre votre personne et votre dignité. En punition de ce délit, eu égard à sa résipiscence et pour procéder *in via economica*, il a semblé au Souverain Pontife que, pour qu'il fût absous des

---

[1] On lit en marge : « Flagrant délit d'adultère. »

censures et réhabilité à célébrer la sainte messe, il suffirait qu'il fît, même ici à Rome, *une retraite de dix
jours*, et qu'il vous adressât la lettre de soumission et
d'excuse que j'ai l'honneur de vous transmettre.

Ceci, Monseigneur, est une pure grâce, et, toute
grâce supposant une faute qui a dû être pardonnée, il
ne pourra pas chanter victoire. Si le clergé du diocèse
s'en montrait surpris, indigné même, cette surprise,
cette indignation ne seraient pas raisonnables. Il devrait
bien plutôt se montrer édifié de la clémence du Saint-
Siége et du généreux pardon accordé par Votre Grandeur, malgré les offenses qu'Elle en avait personnellement reçues.

Ainsi, la réconciliation étant conclue, le soin de pourvoir B*** d'un emploi ecclésiastique quelconque, à cause
de sa pauvreté et des obligations envers une de ses
sœurs, entièrement à sa charge, en est entièrement remis à votre miséricorde.

J'aime à me dire de nouveau, avec une estime distinguée, de Votre Grandeur, serviteur vrai,

Signé : A. M. Card. Cagiano.

(Antoine-Marie, Cardinal Cagiano d'Azevedo, Cardinal-Évêque.)

XIX

NOTE DE M. LATOUR DU MOULIN, ÉNUMÉRANT SES TITRES
A UNE PLACE DE CONSEILLER D'ÉTAT.

(1859.)

C'est à M. Latour du Moulin qu'est due la réforme du

colportage en France[1] et la création de la Commission
permanente d'examen des livres et des publications de
toute nature qui, depuis sept ans, fonctionne régulièrement chaque semaine. MM. de Maupas, de Persigny,
Billault, Espinasse et Delangle ont, comme ministres,
constaté successivement l'importance de cette institution.

C'est M. Latour du Moulin qui a organisé les divers
services de la presse française et étrangère, tels qu'ils
existent encore aujourd'hui.

Il a pris la plus large part à la confection des principaux traités qui ont mis fin à la contrefaçon littéraire
et artistique, notamment à celle du traité qui a été con-
clu avec la Belgique.

Enfin il a acquis au gouvernement de l'Empereur,
sans dépenser une obole, la direction politique absolue
du *Constitutionnel* et du *Pays*.

M. Latour du Moulin s'occupe, depuis quatre ans, de
travaux sur l'administration comparée des différents
peuples, dont les journaux ont publié divers extraits.

Si l'Empereur daignait consulter MM. Baroche,
Rouher[2], de Royer, Rouland et de Morny, qui connais-
sent les services rendus par M. Latour du Moulin, Sa

[1] Cette réforme a été imitée par plusieurs États et a été l'objet d'un
éloge public du cardinal Wiseman. (*Note de M. Latour du Moulin.*)

[2] Nous ne savons pas quelle était l'opinion de M. Rouher sur M. Latour du Moulin au moment où cette note fut écrite, mais il est bon de
rappeler les lignes suivantes, que le Ministre d'État adressait à l'Empereur le 15 octobre 1867:

« Je m'aperçois que j'ai omis de désigner M. Latour du Moulin. Je
« prie Votre Majesté de croire que cette omission n'était pas le résultat
« de la jalousie, mais je confesse que ce travail a l'intention d'être sé-
« rieux. » (Voyez t. I, p. 130.)

Majesté serait édifiée sur la valeur des titres qu'il peut avoir à une place de conseiller d'État.

Il y a trois ans, S. A. I. le prince Jérôme avait eu la bonté de se faire auprès de l'Empereur l'interprète du désir manifesté par M. Latour du Moulin.

XX

LETTRE DE M. LE DUC DE DOUDEAUVILLE A L'EMPEREUR, SUR LE PRÉFET DE SEINE-ET-MARNE (LE BARON DE LASSUS SAINT-GENIÈS) [1].

6 décembre 1862.

SIRE,

Jamais une pensée personnelle n'a dirigé mes actions ni mes paroles; mais il m'est impossible de ne pas gémir de voir un département aussi mal administré que celui de Seine-et-Marne.

Le préfet, habituellement à ses plaisirs ou à Paris, néglige toutes les affaires. Il a contre lui son conseil général, toutes les autorités locales et mêmes les bureaux.

Il se refuse à intenter un procès à M. Pereire, qui s'est emparé d'un petit terrain appartenant aux communes.

« Votre génération est trop laide, » disait-il à une commune dont les recrues ne lui plaisaient pas. « Je « vous enverrai un régiment de cuirassiers pour amé-

---

[1] Le 10 décembre, un extrait de cette lettre fut envoyé au Ministre de l'intérieur, de la part de l'Empereur, qui chargea le chef de son cabinet d'appeler l'attention particulière du Ministre sur cette dénonciation « émanée d'une personne que Sa Majesté croit digne de sa confiance. »

5.

« liorer votre race. » Cette plaisanterie de mauvais goût a révolté les habitants.

Une autre fois, sa fille et sa femme étaient au bain. Un côté est réservé aux dames. Le préfet se présente. « On ne peut aller plus loin, » lui dit l'employé. « Cette « défense n'est pas pour moi, » répond le préfet, et il passe outre, ce qui cause un grand scandale.

On ne finirait pas si l'on voulait tout dire.

Dans l'affaire de l'instituteur de Tournan, j'ai cent fois raison ; j'en donne ma parole, et la vérité se fait jour ; mais au fond que me fait à moi cette affaire?

Le dernier inspecteur a soutenu mon opinion. On le remplace, et le Ministre, mal renseigné, n'a même pas envoyé un employé supérieur de son ministère pour lui rendre compte. Voilà comme se rend la justice! Le préfet ayant trouvé le moyen de se faire l'intime de M. de Jaucourt, je savais bien d'avance qu'il l'emporterait sur celui qui, hors de toute intrigue, fait le bien pour le bien.

Au nom de vos intérêts, Sire, comme aussi de ceux du pays, veuillez faire envoyer dans Seine-et-Marne un bon administrateur, actif, vigilant, et surtout résidant.

Il n'y a qu'un cri contre l'autorité supérieure, et l'on accuse avec raison le gouvernement de négligence.

Je suis, Sire, de Votre Majesté, le très-humble serviteur.

LA ROCHEFOUCAULD, DUC DE DOUDEAUVILLE.

Château d'Armainvilliers, près Tourneau (Seine-et-Marne).

XXI

LETTRE DE M. OCTAVE FEUILLET A L'IMPÉRATRICE.

Saint-Lô, 29 juillet 1870.

MADAME,

Vous vous plaisez aux choses héroïques, et voici que Dieu vous envoie des épreuves à la hauteur de votre âme. Jamais émotions plus grandes n'entrèrent dans un cœur plus digne de les ressentir. Je viens m'incliner à cette heure solennelle devant Votre Majesté, et déposer à vos pieds les vœux que je fais pour la Patrie. Vous en êtes en ce moment, Madame, la vivante images On peut lire sur votre noble front tous les sentiments dont elle est animée, tout ce qu'elle souffre et tout ce qu'elle espère, ses déchirements, sa fierté, son enthousiasme, sa foi. L'âme de la France est en vous.

Soyez heureuse, Madame! soyez heureuse de voir vos destinées et celle de cette grande nation si étroitement unies, aujourd'hui par le danger, demain par la gloire!

Que Dieu garde l'Empereur et votre Fils!

Je sais, Madame, que ma voix est bien peu de chose en de tels instants. Mais je connais le cœur de Votre Majesté, et je sais qu'au milieu de ses émotions souveraines, il agréera pourtant avec bonté l'hommage de ma pensée si profondément dévouée, respectueuse et fidèle.

OCTAVE FEUILLET.

XXII

ARCHEVÊCHÉ
DE BORDEAUX.
—

Verdelais, en cours de visite pastorale,
le 2 juillet 1860.

SIRE,

La mort de Son A. I. le prince Jérôme, en affligeant
le cœur de Votre Majesté, a excité de douloureuses
sympathies dans la France entière.

Vos sujets, qui ont été toujours si heureux de vos
prospérités, ont été atteints dans le plus intime de leur
âme par ce cruel événement. Touchante communauté
de sentiments qui témoignent qu'entre la France et son
Empereur il existe des liens impérissables, qui, formés
en des jours de bonheur, se resserreraient dans les
épreuves !

Sire, que cette pensée soit votre consolation dans
cette pénible circonstance. Quand on se sait aidé par
l'affection d'autrui, on porte plus facilement le poids de
sa douleur. Or, celle-ci, tout un peuple la porte avec
Votre Majesté.

J'unis mes regrets aux vôtres et à ceux de l'Impératrice, dont l'âme si sensible a dû particulièrement souffrir de la perte d'un oncle qu'elle a toujours entouré
de son pieux respect et de sa filiale affection. Je prie
Votre Majesté d'agréer en même temps l'assurance que
mes prières ne manqueront pas à celui qui, après avoir

pris part aux gloires et au revers de son pays, a vu ses derniers ans consolés par le retour de sa famille sur ce beau trône de France et vient de mourir entouré de tous les secours d'une religion qu'il aimait.

Je suis, Sire, de Votre Majesté, avec le plus profond respect et le plus inaltérable dévouement, le très-humble et très-obéissant serviteur et sujet.

† FERDINAND, CARDINAL DONNET,
Archevêque de Bordeaux, sénateur.

XXIII

LETTRES DE M. G. D'AURIBEAU, PRÉFET DES BASSES-PYRÉNÉES
A M. PIETRI.

PRÉFECTURE
DES
BASSES-PYRÉNÉES.
—
CABINET DU PRÉFET.
—

Pau, le 10 février 1866.

MON CHER PIETRI,

J'ai reçu vos dix billets de mille, ils sont arrivés aussi neufs qu'ils étaient partis. Nous serons prêts pour le mois d'août, mais on travaille peu en ce moment à cause de la grosse mer.

Nous sommes éreintés, on se couche tous les matins à cinq heures, et il me tarde que le carême arrive. Il y a un peu trop de princes à la clef, mais ils sont bons princes, et il ne faut pas s'en plaindre, cela fait bien dans *le Sport* et *la Gazette des Étrangers*. Je demande plus que jamais à rester ici, surtout *quand je serai* de première classe.

Votre bien dévoué,

G. d'Auribeau.

———

Mon cher Pietri [1],

Je suis passé, il y a cinq jours, avec madame d'Auribeau par Paris, me rendant en toute hâte à Chantilly, auprès de mon beau-père, qui a eu une attaque d'apoplexie ; je l'ai quitté, il y a deux jours, un peu mieux ; mais il a quatre-vingt-quatre ans ! Je n'ai pas cherché à vous voir, je n'avais rien de bien important à vous dire. Je suis revenu ici pour le départ de la Reine (d'Espagne). Il a eu lieu ce matin à sept heures du matin. Un temps affreux, peu de monde, pas de manifestations ; là Reine très-émue et très-affectueuse.

Je vous envoie une copie de la lettre qu'Elle m'a remise en partant.

Je vous adresse également le manifeste de Marfori ; cette pièce est curieuse ; si vous y comprenez quelque chose, vous voudrez me le dire. La rectification insérée au numéro suivant du *Mémorial*, que je vous adresse également, prouve bien l'authenticité de la note.

Marfori est parti hier de Pau pour Paris ; il a coupé ses favoris, sans doute pour éviter que les Parisiennes ne le reconnaissent et ne se l'arrachent.

Le comte de Ezpeleta le remplace auprès de la Reine ;

---

[1] En tête de la lettre, M. Pietri a écrit : « Envoyé 10,000 francs, le 22 novembre 1868. Compiègne . »

c'est un excellent homme qui n'est pas Marfori du tout.

Les terrains de Saint-Esprit ont été mis en adjudication hier. Un seul lot a été vendu ; deux autres lots vont l'être de gré à gré ; le prix moyen est de 16 fr. 25 cent. le mètre ; mais je doute que la ville puisse vendre la totalité de ses terrains à ce prix. Je crois qu'en offrant de 8 à 10 francs on serait très-généreux, et que le conseil accepterait cette offre avec grand plaisir.

J'ai reçu la note du maître d'hôtel qui a été chargé de nourrir la Reine et la cour jusqu'au moment où la maison a été organisée, c'est-à-dire *pendant quatre jours.* Cette note m'a paru exorbitante : 3,600 francs, c'est-à-dire 900 francs par jour. Je suis en pourparlers avec le maître d'hôtel pour obtenir les justifications de ces prétentions.

Je n'ai plus d'argent ; si vous ne voulez pas en demander maintenant, je ferai les avances nécessaires, car la presque totalité des dépenses portées à mon budget doivent être soldées immédiatement. Ce sont des secours ou des travaux, comme ceux de la pointe du Phare, qui doivent être exécutés de suite.

Les maisons ouvrières de Bayonne terminées vont être louées. Le comité de la Société du Prince Impérial s'occupe, en ce moment, du choix des locataires. Les demandes sont très-nombreuses.

Fort peu de monde à Pau jusqu'à présent, et du vilain monde. J'irai vous voir vers le 10 décembre et je vous porterai mes comptes.

Votre bien dévoué,

G. d'Auribeau.

XXIV

LETTRE DE M. SACALEY, SOUS-CHEF DU CABINET DE L'EMPEREUR,
A M. FR. PIETRI.

31 août.

MON CHER PIETRI,

M. Mocquart, très-souffrant, est toujours retenu dans son lit, d'où il ne peut bouger. La jambe droite est violemment prise, la gauche commence à l'être ; il est, du reste, extrêmement contrarié de manquer à l'Empereur.

Les bureaux marchent. Ce qui s'y passait est inouï et devait exciter de nombreux mécontentements. Les requêtes arriérées se comptaient par *milliers*. Le croiriez-vous ? entre autres s'est trouvé un *recours en grâce d'un condamné à mort* DU 22 MAI, portant plusieurs signatures. L'homme a été exécuté ! — On a envoyé de la Légion d'honneur des *recours en grâce*, qui avaient reçu cette destination par une inexcusable erreur, etc., et une foule d'etc...

L'ordre est rétabli, les affaires seront enregistrées, leur expédition ne souffrira pas de retard, je l'espère. Quoique derrière le paravent, j'obtiens des résultats ; un, qui n'était pas facile, était de mettre les employés d'accord entre eux. Un moment le trouble a tout à fait éclaté ; un langage un peu sévère l'a apaisé, et chacun a fait la promesse de vivre en bonne intelligence avec ses collègues, pour concourir ensemble à un bon travail. Tout cela m'a donné et me donne du mal; mes journées sont complétement absorbées.

De votre côté, vous avez peu de loisirs, sans doute. Je vous en souhaite assez pour vous maintenir en bonne santé et jouir du pays où je regrette beaucoup de ne pas vous avoir accompagné.

Amitiés à Hyrvoix, et bien affectueusement Tout à vous.

SACALEY.

XXV

LETTRE DE M. F. COTTRAU, INSPECTEUR DES BEAUX-ARTS, A M. CONNEAU, AU SUJET DES BAS-RELIEFS DU TOMBEAU DE NAPOLÉON Ier, AUX INVALIDES

(Cette lettre, sans date, a été écrite en 1852.)

INSPECTION GÉNÉRALE
DES BEAUX-ARTS.
—

Paris, le... 185 ..

MON CHER CONNEAU,

On place dans le tombeau de l'Empereur, à l'entrée de la crypte, deux bas-reliefs représentant le prince de Joinville à Sainte-Hélène et Louis-Philippe recevant les restes de l'Empereur. Je trouve cela inconvenant. Je viens d'en causer avec Romieu[1], qui est de mon avis; mais que faire sans connaître la volonté du Prince à ce sujet? Il n'y a que toi qui puisses nous tirer d'embarras en consultant le Prince. S'il est d'avis d'enlever ces sculptures, ce sera fait en un instant sans que personne

---

[1] Nommé directeur général des beaux-arts en 1852.

le sache : nous n'avons plus de commission hostile, fort heureusement. Tu sais le mal que je me suis donné, combien j'ai dû batailler pour obtenir un aigle, un chiffre ! ! ! Tâche de me donner une réponse de suite. Je ne manque pas à la hiérarchie en faisant cette démarche : c'est du consentement du directeur des beaux-arts.

Tout à toi de cœur.

Félix Cottrau.

Crois-tu que le Prince ait pensé à ma sœur ?

XXVI

LES CANONS KRUPP.

Au mois de janvier 1868, la fonderie Krupp fit soumettre au Cabinet de l'Empereur deux brochures accompagnées de la lettre suivante :

FRIEDRICH KRUPP,
ACIER FONDU.
—
Essen (Prusse Rhénane).
Paris, 71, rue de Provence.

Paris, le 23 janvier 1868.

Sire,

Reconnaissant de la marque de distinction signalée que Votre Majesté a bien voulu m'accorder à l'Exposition universelle de 1867[1], j'ose prier Votre Majesté de

------

[1] A l'Exposition universelle, en 1867, le canon Krupp a obtenu l'un des trois grands prix de la classe 40 : Aciers fondus et forgés. De plus, M. Alfred Krupp a été nommé, comme exposant, officier de la Légion

vouloir bien agréer le rapport ci-joint d'une série d'essais qui viennent d'avoir lieu à mes usines d'Essen, sous la direction du Général major de Majewsky, par ordre de l'Empereur de Russie, et qui ont été faits, également à Essen, par ordre du ministère de la guerre prussien, sous la direction d'une commission spéciale prussienne, avant l'Exposition.

J'ose croire qu'ils auront quelque intérêt pour Votre Majesté. Elle a donné tant de preuves de Sa haute connaissance en matière d'artillerie, pour que je ne sois pas encouragé à Lui soumettre une expérience qui n'avait point encore été faite avec un pareil résultat et qui peut apporter des changements pour l'artillerie, — science qui doit une grande part de ses progrès à l'initiative et aux travaux de Votre Majesté.

C'est donc avec confiance que je La prie d'accueillir cette relation, qui s'adresse au savant.

Je suis, avec le plus profond respect, Sire, de Votre Majesté, le plus obéissant et le plus humble serviteur.

Henri HAASS,

Chef de la maison Krupp,
71 (nunc 65), rue de Provence.

Les deux brochures jointes à cette lettre portent pour titre :

I. — EXPÉRIENCES DE TIR avec un canon de 9 pouces anglais (228^{mil},6) en acier fondu, se chargeant par la culasse, de FRIEDRICH KRUPP, à Essen (24 pages in-8° autographiées et 4 planches).

II. — PROCÈS-VERBAL D'UN TIR A OUTRANCE avec des canons de 4 en acier fondu, de FRIEDRICH KRUPP, à Essen (8 pages in-8° autographiées).

d'honneur (30 juin 1867), et M. Fried. Krupp a été mentionné honorablement pour la bonne tenue de son établissement à Essen.

Le lendemain, 28 janvier, le chef du cabinet envoyait ces deux brochures au maréchal Le Bœuf, alors général, avec ce billet :

Monsieur le Général,

J'ai l'honneur de vous transmettre les rapports ci-joints d'expériences faites sur les canons en acier fondu de l'usine de M. Fried. Krupp, à Essen (Prusse). Il vous appartient de juger s'il y a lieu de les soumettre à l'Empereur.

———

Moins d'un mois après, le 27 février, le général répondait en adressant au cabinet la lettre et le rapport suivants :

A Monsieur Conti.

Monsieur le Conseiller d'État,

Par dépêche en date du 25 janvier dernier, vous m'avez fait l'honneur de m'informer que l'Empereur renvoyait à mon examen deux brochures qui lui avaient été adressées par M. Haass, chef de la maison Krupp, à Paris.

J'ai l'honneur de vous adresser une note assez étendue sur ces deux brochures, relatives à des questions qui ont attiré l'attention de l'Empereur.

Veuillez recevoir, etc.

———

NOTE SUR DEUX BROCHURES ADRESSÉES A SA MAJESTÉ L'EMPEREUR
PAR M. KRUPP.

MINISTÈRE DE LA GUERRE.

Comité de l'artillerie.

Paris, le 27 février 1868.

M. Haass, chef de la maison Krupp à Paris, a adressé
à l'Empereur deux brochures qui ont trait : l'une à
des épreuves à outrance, qui ont eu lieu à Essen sur
des canons de 4 en acier pourvus de trois modes différents de chargement par la culasse ; l'autre à des essais
qui ont été exécutés sur un canon de 9 pouces anglais (228^{mm},6).

Première brochure. — Les épreuves à outrance des
canons de 4 ont été entreprises au mois de décembre
1866, par ordre du gouvernement prussien. Comme
plusieurs canons de ce calibre avaient éclaté pendant la
campagne de 1866, on voulait rassurer les esprits en
constatant que les canons du modèle en service (système
Kreiner à double coin) ont généralement une résistance
supérieure à celle qu'on doit leur demander dans la
pratique ordinaire. En outre, comme M. Krupp et
plusieurs officiers attribuaient ces ruptures à un vice
de construction résidant dans la forme carrée à angles
presque vifs de la mortaise des coins, on essaya deux
autres systèmes à mortaise arrondie en arrière. Le premier était à double coin, mais la section du coin postérieur était à peu près demi-circulaire. Le second,
proposé par M. Krupp, était à simple coin, de forme
cylindro-prismatique, dont la section transversale équi-
valait à celle des deux coins du premier système.

Les trois bouches à feu avaient été prises au hasard dans une commande de 400 canons de 4 en cours de fabrication à l'usine Krupp, pour le compte de la Prusse.

Ces trois canons ont tiré :

1° 10 coups à chacune des charges de 1 kilog., $1^k,100$, $1^k,200$, $1^k,300$, $1^k,400$; avec des projectiles pleins pesant $5^k,250$ (la charge ordinaire est de $0^k,500$; l'obus chargé pèse $4^k,500$) ;

2° 150 coups, charge $1^k,500$, boulet plein de $5^k,250$;

3° 5 coups à $1^k,500$, avec un boulet plein à tête plate, pesant $5^k,500$, et des boulets additionnels pesant depuis 10 kilog. jusqu'à 50 kilog. ;

4° 5 coups à $1^k,750$ de poudre, avec le boulet de $5^k,500$ et les boulets additionnels de 10 à 50 kilog. Ces derniers boulets dépassaient la tranche de la bouche de $0^m,444$.

Après ces épreuves, les corps des trois canons ne présentaient aucun indice de rupture, mais les diamètres de la chambre s'étaient agrandis uniformément de $2^{mm},6$.

Les fermetures des deux canons à mortaise arrondie avaient bien supporté les épreuves ; le coin simple de M. Krupp avait eu cependant la supériorité en ce que l'obturation avait toujours été complète, tandis qu'avec le double coin elle laissait à désirer vers la fin du tir.

La fermeture du canon à double coin et à mortaise carrée avait assez bien résisté. Cependant, il avait fallu changer le coin postérieur, et la manœuvre était devenue de plus en plus difficile aux grandes charges, à cause de la flexion des coins. Le coin antérieur avait été en quelque sorte poinçonné par la pression des gaz, et une saillie d'un demi-millimètre existait sur sa face postérieure dans toute l'étendue du cercle de l'âme.

On avait fait usage avec intention et à plusieurs reprises, de plaques en mauvaise fonte pour porter l'anneau d'obturation. Elles se sont brisées, mais les dégradations de la fermeture ont été insignifiantes et n'ont jamais arrêté le tir.

Des épreuves semblables sont assurément de nature à inspirer une certaine confiance dans les canons de 4 en acier de Krupp, au moins dans ceux des dernières commandes. Cependant le fait de la rupture de plusieurs canons, aux charges ordinaires, est constant, qu'elle que soit l'explication qu'on en donne ; il est probable que les mêmes accidents pourront se reproduire tant que *les procédés de fabrication n'auront pas assuré la parfaite homogénéité de l'acier.*

On ne saurait donc affirmer encore que les canons en acier du système prussien présentent une garantie absolue de sécurité contre les éclatements. Tout ce que l'on peut conclure des épreuves relatées par M. Krupp, c'est que l'acier de cet industriel distingué possède des qualités très-remarquables ; le poinçonnage du coin par les gaz indique notamment un acier très-doux et en même temps très-tenace.

DEUXIÈME BROCHURE. — Le canon de 9 pouces, qui a été essayé sous la direction de M. le général Majewski, pour le compte du gouvernement russe, et en acier fondu de Krupp, renforcé par un double rang de frettes, d'après la théorie du général Gadolin, et pourvu du système de chargement par la culasse à coin cylindro-prismatique de Krupp. Son calibre est 9 pouces (228^{mm},6).

Les expériences avaient pour but :

1° De rechercher la charge de poudre qui imprimerait à un projectile de 125 kilogrammes une vitesse initiale de 370 à 400 mètres, dans des conditions telles, que la limite de résistance de la bouche à feu ne fût pas dépassée ;

2° De constater si ce canon aurait une durée de 700 coups, jugée suffisante pour un bon service de guerre.

L'essai d'un nouveau mode de fabrication, la durée limite assignée à la bouche à feu, tendent à faire penser que la Russie n'a pas été entièrement satisfaite des canons de gros calibre et d'un seul bloc d'acier que M. Krupp lui avait livrés antérieurement.

Il a été déjà rendu compte des expériences sur le nouveau canon de 9 pouces, par les officiers français qui ont été envoyés à Essen au mois de décembre dernier. (*Le capitaine de vaisseau Lefebvre, le colonel Lacour, de l'artillerie de la marine, et le capitaine Carry, de l'artillerie de terre*). Elles ont démontré que :

1° On obtient une vitesse initiale de 380 mètres avec une charge de 19^k,500 de poudre à grains fins, contenue dans une gargousse de 190^{mm},5 de diamètre, et brûlée dans une bouche de 237^{mm} de diamètre sur 762^{mm} de longueur, ayant un volume à peu près double de celui de la charge ;

2° Que la poudre à grains fins, employée de la sorte, donne de meilleurs résultats sous tous les rapports et fatigue moins la bouche à feu que les poudres russes prismatiques et que les poudres anglaises à gros grains, employées par ces deux puissances pour le service des canons de fort calibre;

3° Que le canon, la fermeture de culasse, l'âme, le grain de lumière et la lumière sont dans un état de conservation très-suffisant après 700 coups tirés; que la bouche à feu pourra fournir encore une longue carrière; enfin que l'obturation par des culots en cuivre, changés à chaque coup, ne laisse rien à désirer.

Le canon russe de 9 pouces en acier de Krupp fretté, tirant le projectile de 125^{mm} à la charge de 19^k,500 de poudre ordinaire à grains fins, peut être considéré, d'après ces épreuves, comme une bouche à feu établie dans de bonnes conditions de résistance. Il faut ajouter toutefois qu'elle est d'un prix extrêmement élevé (environ 90,000 francs), et que les projectiles avec lesquelles les épreuves ont été faites coûtent également fort cher.

OBSERVATIONS. — L'Empereur sait que depuis dix ans d'assez nombreuses expériences ont été faites en France sur des pièces en acier de différents calibres et de diverses provenances (particulièrement des usines de Rive-de-Gier et des usines Krupp). Parmi ces pièces, plusieurs ont résisté à un grand nombre de coups; mais il s'est produit pour d'autres, après un nombre de coups restreint, des éclatements qu'on n'a pu attribuer qu'au *défaut d'homogénéité de l'acier*. Le canon Withworth et d'autres canons provenant d'usines françaises sont encore en cours d'expérience et fourniront de nouvelles et intéressantes données sur la question de l'acier employé comme métal à canon. En attendant, on pousse l'industrie française, qui paraît en retard sous ce rapport, à se mettre à la hauteur de la fabrication de Krupp, qui jusqu'à présent semble avoir la supériorité.

Si les expériences commencées à Versailles sur deux canons *en bronze*, se chargeant par la culasse, avaient un résultat définitif favorable, il n'y aurait plus lieu de se préoccuper de la question de l'acier, au moins en ce qui concerne le service de l'artillerie de terre.

J'ai l'honneur de rappeler à l'Empereur que le lieutenant-colonel Stoffel annonce, dans une de ses dernières dépêches, qu'en présence du défaut de confiance dans l'acier qui a fait de grands progrès dans l'esprit de l'armée prussienne, le roi a prescrit la réunion d'une commission d'officiers d'artillerie pour examiner la question de l'emploi de l'acier comme métal à canon. Cette réunion a eu lieu à Berlin le 27 janvier dernier ; la majorité a paru se prononcer en faveur du *retour au bronze*. Toutefois, il n'a été pris aucune résolution ; et le lieutenant-colonel Stoffel promet au Ministre de le tenir au courant de ce qui sera décidé ultérieurement.

Une réunion semblable avait déjà eu lieu après la campagne de Bohême, et il avait fallu l'intervention du roi pour que cette réunion n'émît pas le vœu d'abandonner l'acier.

Le général de division, aide de camp de l'Empereur,
président du Comité d'artillerie.

LE BŒUF.

Ces diverses pièces forment le dossier n° 24572 des papiers du cabinet de l'Empereur, sur la chemise duquel on lit l'analyse que voici :

Objet de la requête.

« M. Haass, chef de la maison Krupp, adresse les rapports d'expériences faites sur des canons de son usine à Essen (25 janvier 1868). »

Suite donnée ou observations.

« Transmettre au général Le Bœuf, pour qu'il juge s'il y a lieu d'en parler à l'Empereur (18 janvier).

« Rapport du général Le Bœuf.

« Rien à faire. *Classer* [1] (14 mars 4868). »

XXVII

NOTES SUR LES DÉPENSES DE LA LISTE CIVILE DE NAPOLÉON III [2].

Liste alphabétique, biographique, anecdotique de personnes ayant eu à un titre quelconque des rapports financiers avec l'Empereur, rédigée d'après les papiers trouvés aux Tuileries.

Toutes les listes civiles ont été plus ou moins grevées de subventions, de pensions et d'actes de munificence. Il est de l'intérêt des souverains de se faire une clientèle de solliciteurs et de satisfaits. Ces libéralités, qu'on peut sans ingratitude

---

[1] *Classer* est l'expression employée pour désigner les dossiers désormais inutiles.

[2] Ce travail, comme le tableau des subventions allouées à la famille Bonaparte, est dû à notre collaborateur M. André Lefèvre.

qualifier d'instruments de règne, *instrumenta regni*, rapportent beaucoup et coûtent peu. L'Empereur déchu a dû et il a pu aussi plus qu'un autre, grâce aux ressources considérables qu'il s'était adjugées par sénatus-consultes et par décret, se montrer généreux à nos dépens et à son profit. Il avait des complicités et des services à reconnaître, il en avait à acquérir ; il avait surtout à toucher les gens paisibles , honnêtes et sincères plus que clairvoyants , qui constituent la masse d'une nation, esprits faciles à contenter, et qui, du bienfait apparent , ne recherchent ni l'intention ni l'origine. C'est à cette œuvre d'apaisement et de séduction que la liste civile de 1853 à 1869 consacrait par an une somme appproximative de 3 millions 7 ou 800 fr. D'après les chiffres officiels qu'a bien voulu nous fournir la commission de la liste civile, on peut établir ainsi, pour tout le règne, le bilan de la munificence impériale :

Allocations, subventions et pensions. . . . . 19,857,374ʳ72 ˙
Dons, secours, indemnités. 28,881,895 55
Encouragements aux arts, sciences, littérature. 2,366,941 53

Il faut ajouter à ces trois catégories de libéralités, diverses allocations sur la cassette privée, fonds spécial que l'Empereur réservait à son usage personnel. De ce chef, il était distribué annuellement environ 1 million par les soins de M. Ch. Thélin, trésorier de la cassette. On pourrait aussi tenir compte de certaines dépenses imputées, au moins jusqu'en 1863 (ministère Persigny), sur l'Intérieur, et dont nous avons retrouvé quelques traces dans les papiers soumis à notre examen, sous le titre de *fonds politiques* (voir ci-dessous l'article *Gricourt*). A 300,000 francs par an, nous obtenons ainsi un total de 3 millions environ, et, en additionnant ces divers articles, nous arrivons à un total général de 74,306,211 fr. 80 c. et, en restant dans les limites de la liste civile, 70 ou 71 millions, somme égale à celle que nous avons précédemment attribuée, sur pièces, à la famille impériale.

Nous n'oublions pas la foule des pensions imputées sur les fonds des divers ministères. Nul doute que l'Empire n'y ait trouvé un puissant moyen d'action sur des travailleurs obscurs et méritants; mais le cadre de cette notice ne peut embrasser toute la matière, et nous ne pouvons mentionner que pour mémoire ce côté de la question.

Il nous reste à dire quelques mots sur le travail que nous publions, et qui est le fruit de longues et minutieuses études.

Ce n'est point la liste complète des pensionnés de l'Empire. Qui, d'ailleurs, pourrait se flatter de l'établir? On n'y trouvera ni tous les hauts dignitaires et grands officiers, le public les connaît assez; ni la multitude des petits émargeurs que les nécessités de la vie ont amenés sous les fourches caudines de la charité impériale. Nous avons voulu seulement présenter un spécimen de toutes les catégories auxquelles peuvent se rapporter les libéralités de la liste civile : complicités avérées, services rendus à la personne, aux idées, aux parents et aux amis du prince; sollicitations appuyées par des influences militaires, cléricales ou domestiques; enfin, secours au mérite et au malheur. On remarquera combien ces derniers, sans être rares, sont modiques. Parmi tant de bienfaits, il en est peu qui ne cachent ou plutôt ne trahissent quelque arrière-pensée. On s'en convaincra aisément si l'on veut bien jeter un coup d'œil sur les notes biographiques et anecdotiques qui accompagnent la plupart des noms cités dans ces pages.

6.

Nous espérons qu'on nous pardonnera d'avoir quelque peu dépassé le cadre de la liste civile, et d'avoir fouillé les secrets de la présidence, et les détours de cette carrière aventureuse, qui, de Strasbourg et de Boulogne, a conduit Louis-Napoléon aux Tuileries et à Wilhelmshœhe. On ne trouvera que là l'origine de certaines fortunes et de certains dévouements. En chemin aussi, nous avons peut-être éclairci quelques points obscurs et d'autant plus intéressants pour ceux qui veulent à fond connaître un homme et dans ses habitudes, et dans ses amis, et dans sa famille avouée ou cachée. Nous avons dû profiter, d'ailleurs, des pièces qui se trouvaient entre nos mains ; c'est ainsi que nous avons mis à contribution les comptes particuliers de Louis-Napoléon depuis 1844 jusqu'en 1848, suivant les variations de sa fortune privée avant et pendant sa captivité, et retrouvant jusqu'au prix des habits d'ouvrier sous lesquels il a pu s'échapper de Ham. (Voir ci-dessous l'article *Bure*.)

D'autres indications se rattachent également à notre objet constant, qui est la mise en lumière de tous les coins et recoins de l'Empire. Nous voulons parler des comptes de banquiers, des achats et des reventes de valeurs, maisons ou terrains. Tous les gens qui, même sans accepter moralement l'Empire, l'ont en quelque sorte reconnu financièrement, ont droit à notre attention.

Terminons par une remarque qui est à l'honneur de la génération dont l'Empire a gêné l'essor et contrarié les espérances. A l'exception de quelques noms qu'on regrette de rencontrer en compagnie si mêlée, les lettres et les arts, de 1850 à 1870, n'ont fourni qu'un assez faible appoint à notre travail. On peut dire qu'en général les 200,000 francs destinés à la récompense des œuvres de l'esprit n'ont encouragé que

des ralliés dès longtemps signalés et jugés, et quelques solliciteurs absolument inconnus. L'Empire avait subjugué les
intérêts, il n'avait pas conquis les intelligences.

	PENSIONS et traitements.	DONS AVANCES et payements.
A	fr.	fr.
Acker reçoit en 1853 une allocation annuelle de 1,800 fr..	1,800	
Aladenize, lieutenant en 1840, complice de Bou-logne, condamné par arrêt de la Chambre des pairs.		
Un livre de compte (1844-1848) mentionne quelques menues sommes irrégulièrement four-nies à M. Aladenize : 600 fr. 400 fr. (200 fr. 1,000 fr., 1847).	....	2,200
Sous la présidence, M. Aladenize reçoit des secours : 600 fr. en décembre 1849.	....	600
et à partir de 1850, une pension mensuelle de 500 fr.	6,000	
pension élevée en 1853 à 12,000 fr.	12,000	
Notons, en 1851, les frais du baptême de Charles-Louis-Napoléon Aladenize : 689 fr. 50 c.; M. E. Battaille a été chargé de représenter le prince-président.	....	689
D'avril 1853 à janvier 1855, M. Aladenize tou-che, sur certains fonds secrets du ministère de l'intérieur nommés *fonds politiques*, une somme totale de 71,000 fr. (Chiffre officiel, état du 12 novembre 1855.).	....	71,000
D'avril à octobre 1853, sa fille (ou sa sœur ?) est dotée de 100,000 fr. sur la cassette impé-riale.	....	100,000
En octobre 1858, il prie M. Mocquard de rap-peler à l'Empereur une promesse relative à l'ad-mission de sa fille aînée dans la maison de Saint-Denis. Mademoiselle Aladenize était, avant cette époque, élevée dans une autre pension, aux frais de l'Empereur.		
Une lettre sans date, où M. Aladenize, ruiné,		

	PENSIONS	DONS
	fr.	fr

prévient M. Bure qu'il va demander à l'Empereur la concession de travaux importants au port du Crotoy, précède sans doute et explique les importantes libéralités qui vinrent à son aide, sans relever ses affaires, de 1857 à 1860 : en mars et juin 1857, 46,000 fr. . . . .

	PENSIONS	DONS
mars et juin 1857, 46,000 fr.		46,000
en novembre et décembre 1859, 80,000 fr.		80.000
en 1860, 74,000 fr.		74,000

M. Aladenize ne fut pas abandonné après sa mort, et les dettes de sa succession figurent encore dans divers comptes de 1865, par à-compte de 5,000 fr. mensuels, pour une somme de 25,000 fr. . . . .

	PENSIONS	DONS
25,000 fr.		25,000

Toutefois, M. Blachez, avoué, tuteur des enfants Aladenize, évalue le passif de ladite succession à 60,000 fr., qu'il espère réduire à 40 ou à 45,000 fr. au plus. Aussi les créanciers se plaignent-ils fort. On a leurs lettres.

C'est donc, sans compter les traitements, une somme d'environ 400,000 fr. que M. Aladenize a touchée.

ALBE (Duc D') est aidé par l'Impératrice (1861) pour divers emprunts au Crédit foncier et aux frères Pereire :
Au Crédit foncier : juin 1861, 68,421 ; juillet, 60,600 (4ᵉ annuité). . . . .

	PENSIONS	DONS
60,600 (4ᵉ annuité).		129,021
Aux frères Pereire : 500,000 fr.		500,000

AMBERT (Le général), 1864 à 1870, assez souvent 1,000 fr. par mois ; a écrit, en 1856, un ouvrage intitulé le Soldat, et dont l'Empereur a pris six cents exemplaires moyennant 3,000 fr. . . . .

	PENSIONS	DONS
cents exemplaires moyennant 3,000 fr.		3,000

ARCHAMBAULT, serviteur de Napoléon Iᵉʳ à Sainte-Hélène ; allocation annuelle (1853) : 2,400 fr. .

	PENSIONS	DONS
Hélène ; allocation annuelle (1853) : 2,400 fr.	2,400	

(Secours demandé sous la présidence, par sa fille, Euphrasie Archambault.)

ARMANDI (Le général) touche en 1850 une pension de 2,400 fr. . . . .

Il est cité, dans une lettre (19 août 1853) du marquis Cuneo-d'Ornano, comme faisant partie de la société particulière du comte de Saint-Leu.

	PENSIONS	DONS
	fr.	fr.

ARMANI, industriel et banquier à Londres, associé de
M. Orsi (voir ce nom), n'a cessé d'être en rapports d'intérêt avec Louis-Napoléon dès 1840.
« Mon cher monsieur Conneau, » écrivait-il, dans
les dernières années de l'Empire, « en examinant
« des papiers relatifs à d'anciennes affaires, j'ai
« trouvé une lettre de M. Pinna au baron de
« Haber qui a rapport à la négociation des *dix*
« *millions de titres* que j'ai eu l'honneur de re-
« mettre en personne à Sa Majesté à l'Élysée en
« 1850. » M. Armani, à qui on avait promis la
croix, rappelle son âge, ses services et l'humble
part qu'il est fier d'avoir prise à de si grands
événements.

AUCHARD, frère de lait du roi de Rome (*alias* frère
de Napoléon II); allocation annuelle (1853),
6,000 fr. **6,000** **162,000**

    Divers créanciers de M. Auchard demandent à
l'Empereur le remboursement de sommes assez
fortes, 12,000 et 14,000 fr. ou la permission de
saisir son traitement, qu'ils savent être de
12,000 fr. **12,000**

B

BACHON, écuyer du Prince impérial, outre son traitement de 6,000 fr., reçoit, à titre de don,
162,000 fr. en vingt-sept mois. **6,000** **162,000**

BACIOCCHI, neveu de la comtesse Camerata, princesse Baciocchi, et alliée ainsi à la famille impériale. Premier chambellan, après 1852, et surintendant des fêtes de la cour, il devient, en
1863, surintendant des théâtres. Il jouissait de
l'intimité du souverain. 1856, bague de 3,000 fr.
chez Mellerio; mars 1862, 15,000 fr. **18,000**

    Le comte Baciocchi mourut en 1866. Son
embaumement nous est revenu à 3,000 fr.; ses
funérailles à Paris et transport, à 3,353 fr.; ses
funérailles à Ajaccio, à 3,987 fr. Au total,
10,340 fr. **10,340**

	PENSIONS	DONS
	fr.	fr.
Baillon ou Baillou (Mademoiselle), 1857, fréquemment 5,000 fr. (Est-ce une dot?)	. . . .	? 20,000
Ballet (de l'Élysée). 1854, don de 2,000 fr.; 1857, don de 8,000 fr.	. . . .	10,000
Barbier de Tinan (Le). 1870, 1,000 fr.	. . . .	1,000
Barillon (De), sous-préfet de Verdun. 1870, 4,000 fr.	. . . .	4,000

Baring frères, banquiers à Londres. Dès 1846 et peut-être bien auparavant, Louis-Napoléon a chez eux un important compte courant que nous pouvons suivre, presque sans interruption, jusqu'en 1866, 31 décembre.

1847, septembre. Louis-Napoléon a chez Baring un crédit de 166,800 fr. Baring ayant payé pour lui 200,250 fr., reste au débit 43,450 fr.

1850. Louis-Napoléon adresse à Baring 245,000 fr., dont 45,000 pour Fleury et 50,000 fr. pour Orsi et Armani. En 1849-50, envois du prince à Baring s'élèvent à 765,625 fr.

1851. MM. Baring frères semblent avoir fait des *avances considérables*.

1852. En avril, Louis-Napoléon leur adresse, pour liquider ses comptes, une somme de 814,350 fr. 50 c. (Dépenses du coup d'État?)

Le 31 décembre accuse un crédit de 767 £ (19,175 fr.), reste d'une somme de 36,370 £ (909,250 fr.), dépensée en 1851 et 1852.

1853 (31 décembre). Le crédit à nouveau, après balance, est de 6,251 £ (157,271 fr.)

1854. Malgré un envoi de 4,000 £ (100,000 fr.; Boulogne, 18 septembre), le crédit descend à 3,535 £ (87,375 fr. ou 88,375, selon la note de M. Bure).

1855 (31 décembre). Le crédit s'est relevé à 254,500 fr., mais les dépenses l'abaissent à 1,261 £ (31,525 fr.).

1856 (31 décembre). De nombreux mandats pour madame Walewska, et des fournitures de Mordan et Cie, mécaniciens, constituent l'Empereur en déficit de 632 £ (15,790 fr.).

	PENSIONS	DONS
	fr.	fr.

1857. MM. Bure et Rothschild ont versé 11,976 £ (299,400 fr.). Reste au 31 décembre, crédit à nouveau, 8,606 £ (215,150 fr.).

1858 (12 novembre), reste au crédit : 22,750 fr.

1859 (24 octobre), reste au crédit : 144 £.

Ici une lacune considérable.

1864 (26 janvier). Déficit : 1.355 £ (33,875 fr.).

	PENSIONS	DONS
Madame de Cadore a touché 200 £ (5,000 fr.).	. . . .	5,000
M. Maury (?) 80 £ (2,000 fr.).	. . . .	2,000

1864 (décembre). Nouveau débit : 3,510 £ (87,750 fr.), qui est couvert par le crédit du compte Bates, personne interposée : 4,665 £ (116,525 fr.), reporté au compte ordinaire, selon lettre du 23 février 1865.

1866 (31 décembre), crédit à nouveau : 760 £ (19,000 fr.). A ce compte se trouvait annexée, sur carte, la note contestée par M. Franceschini Pietri, accusant un dépôt chez Baring de titres et valeurs diverses pour 935,000 £, mais qui ne devaient pas s'élever en capital à plus de moitié de cette somme : ci, 12 millions environ. La question est de savoir si ces valeurs appartenaient à l'Empereur. Nous ne sommes pas en mesure de conclure à autre chose qu'à une probabilité. (Voir tome Ier, p. 152.)

N. B. Nous avons évalué la livre sterling sur le pied de 25 fr., mais la valeur réelle oscille entre 25 fr. 22 c. et 25 fr. 55 c. Nos chiffres sont donc, à un certain degré, approximatifs.

	PENSIONS	DONS
BARIOULY emprunte au prince, le 2 mars 1850 10,000 fr. qu'il promet de rendre dans le courant du même mois.	. . . . . .	10,000
BARROT (Ferdinand), avocat, défenseur du prince après l'affaire de Boulogne; depuis, ambassadeur et sénateur, a prêté au prince (1849-50), capital et intérêts, une somme de 112,418 fr. 95 c. . .	. . . . . .	112,418
BARTHÉLEMY a reçu, le 6 février 1852, par les soins de M. Mocquart, la somme de 10,000 fr. (reçu signé).	. . . . . .	10,000
Il était bibliothécaire à Marseille. Sa veuve obtient une pension de 1,200 fr.	1,200	

	PENSIONS	DONS
	fr.	fr.

BATES (Dr Joshua), ancien ami de Louis-Napoléon, appelle souvent *my dear emperor*, a été l'intermédiaire de Napoléon III pour le recouvrement d'une créance Wyse (16,000 £ = 400,000 fr.; v. ce nom), et son prête-nom pour un compte particulier (³/N) chez Baring. Il est mort avant le 11 février 1865, époque où le compte ³/N est reversé au compte ordinaire de l'Empereur.

Ce que nous avons de sa correspondance (octobre 1864) est en général relatif à ses démarches pour obtenir des garanties de sir Thomas Wyse, mari de la princesse Letizia Bonaparte Lucien. On y trouve des renseignements sur la crise du coton (4 novembre 1861). Nous y relèverons l'envoi par l'Empereur (23 mars 1861) de 12,000 livres de rente en quatre titres de 3,000, déposés dans la caisse de Baring au nom de l'Empereur, mais sous une enveloppe au nom de Bates (compte ³/N). Notons encore, le 5 septembre 1863, une traite sur Hottinguer à l'ordre Ch. Thélin : 120,000 fr. qui, à 25,22 1/2, valent 4,757 £ 3 sh. 8 p. . . . . | 120,000

Le 5 février 1864, M. Bates, malade, fait écrire que, sir Thomas Wyse étant mort, il ne voit pas d'inconvénient à ce que l'Empereur soit reconnu pour le prêteur réel des 400,000 fr.

(240,000 figure en regard du paragraphe ci-dessus concernant l'envoi de 12,000 livres de rente.)

BATTAILLE (Eugène), ancien complice du prince, employé près de lui à l'Élysée pendant trois mois, candidat malheureux aux élections, demande, le 21 mars 1851, quelque argent et un caractère officiel; entré au conseil d'État dès 1854, M. Battaille a touché en dehors de ses appointements, de juin 1853 à mai 1855, 54,000 fr. (fonds politiques de l'intérieur); le 12 décembre 1856, 6,000 fr., et au moins, de juillet 1862 au 1er juillet 1864, 10,000 fr. par mois = 240,000 fr. : total connu. . . . . | 300,000

En août 1864, madame veuve Battaille demande des secours.

BAUZIL, limonadier à Marseille, agent électoral de Louis-Napoléon, demande avec instance par deux

— 109 —

	PENSIONS	DONS
	fr.	fr.

lettres à l'Empereur, du 22 février au 29 mars 1860, le complément (7,000 fr.) d'une somme de 15,000 fr. . . . . | 15,000 | |

dont le prince lui avait promis le payement en huit années. Il présente, à l'appui de sa requête, un passage d'une lettre que lui écrivait, le 3 novembre 1848, M. Eugène Briffault, secrétaire du prince.

BAZANCOURT (Enfants du baron DE). « L'Empereur « a daigné promettre de secourir les enfants « laissés dans la misère par la mort du baron de « Bazancourt. Sa Majesté a paru penser que le « meilleur moyen serait de donner à leur mère, « mademoiselle Déjazet, une certaine somme « qui pût lui permettre de fonder un petit établissement de lingerie. Mademoiselle Déjazet, « à qui cet espoir a été donné, rappelle respectueusement à l'Empereur sa pénible situation « avec trois enfants, dont une grande fille. »

« Je reconnais avoir reçu de M. le général « Fleury la somme de 10,000 francs, accordée | . . . . | 10,000 | « par S. M. l'Empereur aux enfants du baron de « Bazancourt.

« Paris, 15 avril 1865.

« Z. DÉJAZET. »

BEAUMONT, lieutenant au 45e régiment, à Belfort, reçoit, en 1870, 6,000 fr. . . . . | . . . . | 6,000 |

BECKER (Waldemar DE). 1868, 1,000 fr. . . . . | . . . . | 1.000 |

BELLUNE (Le duc DE), attaché d'ambassade à Lisbonne, écrit à M. Mocquard pour remercier de diverses traites qui lui sont envoyées de la part de l'Empereur : 4,000 fr. en 1857, 4,000 fr. en décembre 1860, 4,000 en 1861. . . . . . . | . . . . | 12,000 |

De plus, en avril et mai 1861, 133,000 fr. ont été mis à sa disposition pour payer ses dettes. . . . . | . . . . | 133,000 |

En 1857, 12,000 fr. ont été donnés à la duchesse de Bellune. . . . . | . . . . | 12,000 |

BELMONTET, bonapartiste zélé. On lui imprime ses

II. 7

	PENSIONS	DONS
	fr.	fr.

	PENSIONS	DONS
vers. Il recommande des brochures dont on paye les factures. 1850, frais de voyage, 1,000 fr.		1,000
La même année, probablement, il demande à M. Mocquard, « vieux ami de 1829, » 400 fr. qui lui éviteront un protêt « toujours fâcheux, « surtout pour un homme public. »		400
1852, pension 6,000 fr.	6,000	
BENTIVOGLIO (Thaddea), reçoit à Smyrne (mai 1865) en trois envois une somme de 40,000 fr. et témoigne à l'Empereur sa reconnaissance.		40,000
BÉRARD, ancien capitaine-trésorier. Après avoir quitté l'armée, il fut caissier de la compagnie d'assurances *la Réparatrice ;* obligé de quitter cette place, il devint caissier à l'Élysée. (Le dénonciateur qui envoie à l'Élysée ces renseignements accuse aussi M. Bérard d'être légitimiste).		
M. Bérard fut encore envoyé en mission dans la Somme, en qualité de commissaire général, après le 2 décembre 1851. (En 1852, 2,000 fr. sur les fonds secrets.)		
BERARDI (DE) est porté pour une allocation annuelle de 6,000 fr. (État des pensions pour 1853.).	6,000	
N'a pas donné de ses nouvelles depuis 1852. Parti pour les eaux ; mort.		
BERRIER-FONTAINE, médecin par quartier, 6,000 fr.	6,000	
En 1847, Louis-Napoléon, par acte sous seing privé, rédigé en anglais, garantit au docteur Berrier-Fontaine le payement de 900£ (22,500 fr.) somme due par le docteur Henri Conneau.		22,500
Cette somme était le prix de la clientèle du docteur Berrier-Fontaine et de son établissement à Londres.		
BERTRAND (Mademoiselle), nièce de l'abbé Bertrand, gouverneur du prince en Allemagne. Allocation annuelle, 2,000 fr., 1853.	2,000	
BESSIÈRES (Général), pension de 6,000 fr., 1853.	6,000	
BESUCHET, ancien officier de l'Empire, décoré par Napoléon Ier en 1815, se constitue agent électoral volontaire de Louis-Napoléon et fait les frais		

	PENSIONS	DONS
	fr.	fr.

d'une proclamation que le prince approuve, mais ne peut payer. (Voir notre Ier volume, p. 193 et suiv.) Lui-même se présente dans la Charente et reçoit, au sujet de ses espérances et de ses menées, la lettre suivante du prince, alors à Londres : « Londres, 11 juillet 1848 (écriture « de M. Mocquard?). Mon cher monsieur Besu- « chet, j'approuve en partie vos idées, et je « crois aussi qu'il ne faut pas entièrement s'a- « bandonner au hasard ; mais il faut bien éviter « tout ce qui ressemblerait, même de loin, à « une conspiration. Comme votre but et celui de « vos amis est simplement de faire arriver aux « affaires les hommes qui ont votre confiance, il « faut, pour ainsi dire, travailler dans ce but « ouvertement, et même le crier bien haut, afin « que, si le pouvoir ose arrêter une association « pareille, il soit dans l'illégalité.

« Je crois que vous auriez tort de venir à Lon- « dres dans ce moment. Quant à moi, j'y reste- « rai jusqu'à ce que je retourne en France. Il « faut faire tout ce qui est possible pour que je « sois réélu à Paris. Comme notre but est os- « tensible, on peut accueillir tous ceux qui se « présenteraient ; il ne faut pas d'exclusion.

« Recevez, etc.

« Voici mon adresse : au comte d'Arnberg, « Army and Navy Club, Saint-James, 59. »

En 1867, M. Besuchet, inspecteur général des prisons de 1re classe, rappelle qu'en 1866 il a remis à l'Empereur des lettres intimes et documents politiques.

BÉVILLE (Le général DE). Sa fortune ne semble avoir commencé que vers la fin de la présidence. On sait le rôle qu'il a joué la nuit du 2 décembre. Il a été aide de camp, puis préfet du palais.

Outre ces traitements, diverses sommes lui ont été allouées, entre autres 25,000 francs pour un voyage en 1856. 25,000

L'Empereur l'a souvent employé à l'acquisition et à la gérance des maisons des rues d'Albe,

	PENSIONS	DONS
	fr.	fr.

François Ier et de l'Élysée. A ce titre, il présentait des comptes particuliers et maniait des sommes importantes.

BILLAULT. On sait que l'Empereur lui a donné un hôtel sur sa cassette. Nous trouvons la note suivante : *Hôtels Magne et Billault, à-compte* 1861 capital et intérêts, 587,104 fr. 50 c. . . . . | | 587,104 50

BILLEQUIN, avocat, 1870, 1,000 fr. . . . . | . . . . | 1,000 00

BIRAGUE (Le comte DE), parent du marquis de Birague fondateur du journal *l'Armonia*, réclame indéfiniment et vainement, depuis 1862, le remboursement de 200,000 fr. dépensés, dit-il, pour l'Empereur ; il demande la souscription impériale pour une édition de son ouvrage sur Napoléon Ier. Il finit par supposer que l'Empereur a pu être indisposé contre lui par la liberté qu'il a prise de lui signaler quelques corrections grammaticales (annexées à sa lettre) pour de nouvelles éditions des œuvres de Napoléon III.

BLANCHET (au Havre), sollicite des secours en 1867.

Il expose, à l'appui de sa requête, que, le 17 mars 1786, à Rivière-Salée (Martinique), mademoiselle Joséphine Tascher de la Pagerie donnait le jour à un enfant naturel du sexe féminin, baptisé sous le parrainage de Ch. Tascher et dame Rose-Claire Sanoye Tascher de la Pagerie, père et mère de Joséphine, et adopté par ladite dame Tascher ; que cette fille, dotée par Napoléon Ier (décret du 8 mars 1808), a épousé, le 12 mars 1808, J.-B. Blanchet, négociant à Fort-Royal ; enfin que son frère et lui, E. Blanchet, sont issus de cette union et, par conséquent, cousins germains de Napoléon III.

BLOC DE VAUGRAND, homme d'affaires, agent bonapartiste dès septembre 1848 ; a été présenté à l'hôtel du Rhin par M. Mesonan, sur la demande du prince.

Il sollicite, non sans recommandations nombreuses, un emploi à l'Élysée.

	PENSIONS	DONS
	fr.	fr.

BLOT, avoué du prince, dès 1846 (il reçoit à cette époque 500 fr. d'honoraires), a été chargé des acquisitions de la Grillaire (Sologne), de la Motte-Beuvron (Loir-et-Cher), et de l'hôtel Sébastiani, sous la présidence.

BORELLI. Pension de 1,200 fr. (1853) . . . . . . — **1,200**

BOTOT, fils de l'ancien secrétaire de Barras, par requêtes de 1860, 63, 65, 70, expose que son père a avancé à madame la Pagerie-Bonaparte plusieurs sommes importantes que sa fortune lui a permis de ne pas réclamer en temps utile. Ruiné en 1848, âgé, chargé de trois filles à pourvoir, il offre neuf lettres (*alias* vingt-trois) autographes de Joséphine à Botot père (voy. tome II. p. 1), et demande un secours ou une promesse de faveur pour ses gendres. L'Empereur accepte les lettres et fait au donateur une pension de 1,200 fr. (6 mai 1870).

BOUFFET DE MONTAUBAN (Le colonel), complice de Boulogne (longue captivité, 5 ans à Doullens), ruiné au service du prince, auquel il a fait un prêt en 1845; a perdu une fabrique de savon indignement volée pendant sa détention. Receveur-percepteur à Paris sous la présidence.

En 1849, M. Bouffet de Montauban reçoit 25,000 fr. . . . . — — **25,000**

Présent à l'Élysée la nuit du 2 décembre (c'est lui-même qui, dans une lettre, insiste sur ce fait), il s'étonne de faire antichambre chez M. Bure, qu'il a connu plus humble.

Indigné de ne pas être appelé à quelque poste élevé, il s'apprête, après avoir par lettre épanché ses peines dans le sein du prince, à donner sa démission et à se retirer en Angleterre.

Le 8 mai 1852, il demande le payement d'une petite somme, 12 ou 1,300 francs de frais qu'a entraînés le prêt sus-mentionné et diverses poursuites relatives à sa fabrique.

En 1861, une dame Anaïs de Bouffet-Montauban, dont le mari a été nommé commissaire-

	PENSIONS	DONS
	fr.	fr.

priseur, et probablement cautionné de 20,000 fr., demande à l'Empereur et obtient, sur la caisse des dons et secours, un surplus de 12,000 fr . . . . | | 12,000

Boulay-Paty (1852), encouragement littéraire 200 fr. . . . . | | 200

Briffault (Eugène), vieil ami et pensionné du prince.

En 1846-47 nous le voyons porté pour 20 £ (500 fr.) sur le carnet du prince. En 1849, il est chef du secrétariat de la présidence. Représentant du peuple en 1850, il louait, rue Matignon 18, un appartement de 5,000 fr. dont le prince payait les contributions, mais dont lui, M. Briffault, ne payait pas les termes. Congé par huissier le 3 septembre. En avril 1850, M. Briflault avait reçu 4,500 fr. . . . . | | 4,500

Sous l'empire, malade et épuisé, il dépense en voyages et en traitements une pension de 6,000 fr. dont on lui avance volontiers un trimestre ou une année, outre sa part des fonds de l'intérieur (1853-55), 10,600 fr. . . . . | 6,000 | 10,600

Il n'en envoie pas moins de nombreuses lettres et demandes d'argent et se plaint d'être abandonné. Il écrit à la princesse Mathilde, et l'Empereur lui fait donner les 3,000 fr. qu'il demande (septembre 1863). . . . . | | 3.000

Il avait rédigé pour le compte du prince, et non sans pertes, le journal le Napoléon [1]. On a trouvé une opposition (1,600 fr.) pour fourniture de papier, signée Doumerc, du Marais, sur ses appointements.

Bris-Marullaz (Madame Le). 1868, 1,433 fr. . . | | 1,433

Brochard (Le docteur), à Bordeaux. 1868, 1,000 fr. . . . . | | 1,000

[1] Le journal le Napoléon : année 1851, vente et abonnement, 25,407 fr. 84 c. Dépenses, 83,907 fr. 84 c. Perte pour le président, 58,500 fr. Rédacteurs : Luya, Lherminier, Romieu, d'Alaux, Grégoire, Brugnet, Monclar, Reybaud, Lafont, Damery, Briffault ; gérant : Jacquier.

	PENSIONS	DONS
	fr.	fr.

Brochet (veuve d'un capitaine). 1868. 1,000 fr. . . . . | | 1,000

Bruc (De), complice de Strasbourg, expose que son frère, Malestroit de Bruc, allié par sa femme aux Montmorency et aux Brissac, et riche à 200,000 fr. de rentes, vient de le déshériter pour cause de participation aux origines du gouvernement impérial (sa lettre est du 4 janvier, peut-être 1853).

M. de Bruc se rappelle donc, par l'intermédiaire d'un général, qui n'est pas nommé, au souvenir de l'Empereur. Une note annexe, au crayon, porte qu'il réclame au Conseil d'État un arriéré de solde, 1838-1853, à raison de 2,000 fr. par an. L'Empereur ne pourrait-il pas accélérer l'affaire? M. de Bruc reçoit déjà, « par l'Intérieur » (fonds politiques?), 12,000 fr. . . . . | | 12,000

(annuels?). Qu'on lui donne, ajoute la note, « un « commandement de château, une autre place, « une position. ».
La note est sans doute le résumé de ses vœux.

Brun (Marie). Août 1852, don de 2,000 fr. . . . | | 2,000

Brunetière (Madame de). 1853, pension de 2,400 fr. Elle habitait Londres. Elle vient à Paris . . . . | 2,400 |

Brunetière (Mademoiselle de) 1858 et *passim*, reçoit cinq ou six fois 5,000 fr. (probablement une dot). | | 25,000

Bruyère (Le comte) accuse 72,000 fr. de dettes qu'on éteindra avec 36 ou 37,000 fr. (Extrait d'une note de novembre 1856.)
A partir du 2 décembre 1856, M. Bruyère touche 2,000 fr. mensuels jusqu'en juin 1858 (19 mois), 38,000 fr. . . . . | | 38,000

Bure (Madame), nourrice de Louis-Napoléon, reçoit, jusqu'en 1850 environ, une rente de 300 fr. (notamment de 1844 à 1848). Dans un état de 1853, sa pension est portée à 2,400. . . . . | 300 ... 2,400 |

Bure (J.) frère de lait de l'Empereur, intendant du prince jusqu'en 1848, à 1,200 fr. d'appointements. | 1,200 |
intendant de la Présidence à 6,000 fr. . . . . | 6,000 |

	PENSIONS	DONS
	fr.	fr.

puis intendant général, chevalier de la Légion
d'honneur (1852, 2 décembre), et nommé, le 3
janvier 1853, trésorier général de la couronne,
à 30,000 francs (6,000 fr. pour frais de bureau,
5,000 fr. pour indemnité de logement). **41,000**
avec rang à la cour; a épousé une personne de
Ham qui semble lui avoir apporté en dot la propriété des *Moyeux* (Seine-et-Marne).

M. Bure, malgré quelques observations faites
sur le début de sa gestion sous l'Empire, et qui
touchent plus à la forme qu'au fond, a apporté
dans l'exercice de ses délicates fonctions la plus
grande exactitude et la régularité la plus inat-
taquable. Serviteur précieux, aucune dépense,
si minime fût-elle, n'échappait à ses yeux. Nous
ne donnerons de sa comptabilité qu'un ou deux
échantillons, qui sont peut-être des curiosités
historiques.

A la date du 5 février 1845, nous trouvons
inscrite une fantaisie significative du prisonnier
de Ham : Payé à M. Paulin « facture d'*un cliché
du talisman de Charlemagne*, 12 fr. »

Le 29 avril 1846, immédiatement au-dessous
d'un envoi de 100 napoléons (avec le change,
2,025 fr.) à M. Conneau, nous lisons ceci :
« Achat de f^d (foulard) 3 fr., une b° (blouse),
« 5 fr. 25 c.; *idem*. 3 fr. 75 c.; un b°^n (bâton?
« bourgeron?), 3 fr. 50 c.; un p°^n (pantalon),
« 2 fr. 75 c.; une ch. (chemise), 3 fr. 75 c.;
« tablier et cravate, 2 fr. 50 c.; diverses : po-
« tasse, cen(dre), braise , 75 c.; en tout, 25 fr.
« 25 c. »

Or, c'est le 25 mai 1846 que Louis-Napoléon,
avec l'aide du docteur Conneau, s'est évadé de
Ham, sous des habits d'ouvrier.

Durant la captivité du prince, M. Bure faisait
valoir ses fonds, soit par des opérations de change,
soit à la Bourse, perdant ou gagnant de petites
sommes (6,000 fr. de gain, 15,000 fr. de pertes
en 1845-1846), sur lesquelles il avait une remise
de 3 p. %. Il payait les dettes du prince et les

	PENSIONS	DONS
	fr.	fr.

très-nombreuses pensions et libéralités qui gre-
vaient son budget, modeste encore. Nous aurons
à parler de M. Bure, dans nos études sur la liste
civile et sur les dépenses de Louis-Napoléon.
Nous nous bornons ici à ce qui lui est personnel.

En 1848, nous le voyons possesseur, comme
prête-nom peut-être, de quatre-vingts actions
du *National*, dont trente cédées dès l'origine à
M. Bouffet-Montauban (nᵒˢ 409 à 488), à 250 fr.
= 20,000 fr. Après en avoir touché le dividende
en juin 1848 (seul et unique bénéfice qu'aient
réalisé les actionnaires du *National*), il transfère
au duc de Brunswick les cinquante qui lui restent (septembre 1848). En janvier 1849, les
trente de M. Bouffet-Montauban passent dans les
mêmes mains.

Toujours en 1848, M. Bure prend cinquante
actions des Cités ouvrières Chabert (l'affaire a
été mauvaise), ci : 15,000 fr.

L'année suivante, il garantit, avec le prince,
le cautionnement du journal *le Bienfaisant*,
fourni par un sieur Tribalot.

Le 27 mars 1850, M. Bure avance au prince
2,000 fr. pour visiter les *casernes*. Le 25 avril,
il prête sans reçu 4,000 fr. pour *la revue*. Nous
citons ces petits faits parce qu'ils jettent quelque lumière sur les *manœuvres* du prétendant à
l'empire.

Outre sa terre des Moyeux, nous trouvons la
trace d'autres propriétés, dues sans doute à la
munificence impériale. En janvier 1853, un régisseur lui écrit de l'Abbaye-du-Val (?).

Un billet sans date, écrit par un ami, M. Temblaire, sous-préfet de Philippeville, nous ap-
prend que M. Bure possède, entre Philippeville
et Constantine, cercle de Guelma, territoire des
Beni-Foulah ou Fourhal, une concession voisine
de celle de M. Théodore Forestier. Cette concession consistait en 1,500 hectares, forêts d'oli-
viers, choisis par un sieur de Franchis, colon.
Les premiers fonds d'exploitation semblent avoir

7..

	PENSIONS	DONS
	fr.	fr.

été fournis, en commun, par M. de Bure et par le sieur Delcro ou Delero.

Une *affreuse aquarelle de tailleur représente* un éclatant costume de trésorier général, évalué 900 fr.

Bure (Eugène), jeune homme qui portait le nom du précédent. Il semble avoir été assez long-temps ulcéré contre son père, qui le négligeait. Il s'en plaint, même à l'Empereur, dans deux lettres de 1864 et 1866.

Nous y voyons qu'en 1864, âgé de 22 ans, pourvu d'une pension de 6,000 fr. . . . . . .   **6,000** placé comme surnuméraire à la direction des fonds au ministère des affaires étrangères, ce qu'il trouve illusoire, il est dégoûté de Paris et demande un consulat en quelque coin du monde.

M. Bure ne lui a jamais rien donné, ni argent, ni recommandations. « Je le mets au défi, dit « M. Eugène Bure, de me prouver un seul acte « de paternité, même amicale. Est-ce une rai- « son, parce que l'on a été *contraint de donner* « *son nom à un individu* (ce sont les propres « paroles de M. Bure à moi-même, je le jure), « pour l'abandonner aussi déloyalement et sous « d'aussi faux prétextes?... Et pourtant, je sais « pertinemment, puisque c'est M. Bure lui-même « qui l'a dit, que Votre Majesté lui a confié une « somme de 400,000 fr. *pour nous...* Qu'on « n'ait pas l'air de me jeter sur le pavé « comme une bête puante... Quand on ose écrire « de moi : Il n'est bon qu'à faire un second « comte Léon (voir ce nom), c'est une infamie « qui me révolte. »

L'Empereur, d'ailleurs, n'a jamais encouragé « les illusions et idées imaginaires qui ne peu- « vent que nuire à M. Eug. Bure; » il s'est toujours refusé à le recevoir.

M. Eug. Bure explique ses dettes par son voyage en Amérique, où on l'a envoyé « prome-

	PENSIONS	DONS
	fɪ.	

« ner deux ans avec de fausses promesses », par ses logement, habillement, etc.

Envoyé vice-consul à Rosas, 6,000 fr.. . . . | | 6,000 |

M. Eugène Bure (janvier 1866) continue à crier misère ; il s'adresse cette fois à M. Conti; il lui envoie un compte de ses dettes, qui, malheureusement, nous manque.

Plus tard, au moment de partir pour le consulat de Zanzibar (1868), il revient sur cette froideur peu filiale. Il s'exprime ainsi dans une curieuse lettre à l'Empereur : « M. Bure, mon « père, qui m'a déjà pardonné tout le mal que « je lui ai fait. » (A cette occasion, M. Bure s'est décidé à demander pour lui des lettres de recommandation.)

Nous trouvons dans des comptes de 1846 quelques indications qui se rapportent probablement à M. Eugène Bure : 15 novembre 1846, voyage à Londres avec Madame C. (Cornu ou Camus) et *Eugène*, 952 fr., et plusieurs autres voyages d'*Eugène* à Étampes et à Ham.

Bussac (De), capitaine au 50e de ligne (1857); don de 1,400 fr . . . . | | 1,400 |

C

Caillaux (1864) reçoit, pour payer ses dettes, dont l'état est joint, 7,078 fr . . . . | | 7,078 |

Camas (Mademoiselle de), 1859 : 20,000 fr. en cinq mois (dot?) . . . . | | 20,000 |

Campana [Comtesse et marquise Émilie (il y a là deux personnes sans doute, mais les documents que nous possédons ne nous permettent pas d'établir entre elles une distinction suffisante)] prête à Louis-Napoléon 33,000 : Nous avons la traite : « Bon pour trente-trois mille francs que « moi, la soussignée, je m'engage à payer à « Mess. Borlini-Duprès, ou à son ordre, le 29 juil-« let 1851. Comtesse Émilie Campana , Rome, « 29 avril 1851. A M. le prince Louis N. Bona-

	PENSIONS	DONS
	fr.	fr.

« parte, président de la République française, à
« Paris. »

En septembre 1852, madame Campana reçut
du Président 50,000 fr.. . . . . | | 50,000

En 1853, elle peut tirer sur M. Bure jusqu'à
concurrence de 100,000 fr. . . . . | | 100,000

En 1866, elle obtient 10,000 fr. . . . . . . | | 10,000

Dès 1856, elle figure pour une pension de
12,000 fr. × 14 = 162,000 fr. . . . . | 12,000 |

En 1870, la marquise Campana reçoit quatre
mois de 10,500 fr. = 42,000 fr.. . . . . . . | | 42,000

En tout, approximativement 400,000 fr. . .

Camus (Madame), reçoit dès 1841 diverses gratifi-
cations, qui se transforment en 1846 en une
pension de 1,600 fr. . . . . | 1,600 |

C'est la caisse de M. Bure qui, en 1848, paye
l'installation, les meubles, jusqu'au vin (une
feuillette, 160 fr.) de madame Camus. En août
1849, sa pension est élevée à 6,000 fr. . . . . | 6,000 |

Son fils ou son mari, M. Camus, est directeur
des domaines de la Sologne.

Carpentier (Eugène), 1857; avance de 6,000 fr.;
1860, don de 5,000 fr.; 1861, id. de 4,500 fr.
Ensemble, 13,500 fr. . . . . | | 13,500

Casabianca (Vicomte Achille), filleul de Charlotte
Bonaparte-Centamori, agent financier de Napoléon III en Italie et régisseur de la Terre de Civita-Nova. (Tout un dossier de réclamations
contre sa gérance.) Il reçoit en 1852 une gratifi-
cation de 2,000 fr. . . . . | | 2,000

Appointements inconnus.

Il propose de nombreuses acquisitions pour
agrandir le domaine de Civita-Nova, une entre
autres, qu'il évalue à 330,000. Il se trouve que
cette affaire ne devait pas monter à plus de
245,000 fr. Écart 85,000.

Le comte Vico degli Ubaldini, dont M. Casabianca avait acheté les biens pour le compte de
l'Empereur, se plaint amèrement d'avoir été
lésé et ruiné dans cette affaire. Ses réclamations
sont accompagnées de nombreuses pièces à l'appui et recommandées par le cardinal de Bonne-

	PENSIONS	DONS
	fr.	fr.

chose. On ne sait quelle suite a été donné à ses sollicitations.

CASANELLI D'ISTRIA, évêque d'Ajaccio, août 1852, don de 2,000 fr. . . . . | | 2,000

CASTILLE (Hippolyte). Pour une *Histoire de soixante ans* qui aura dix volumes, obtient une avance de 2,000 fr. annuels. . . . . | 2,000 |

(14 avril 1858) longue correspondance. En 1867, pour une brochure de dix-sept feuilles, 5,000 fr. . . . . | | 5,000

Le dossier de M. Hippolyte Castille sera prochainement publié *in extenso;* nous en tirons les indications suivantes : l'Empereur a tout fait pour s'attacher cet écrivain, qui n'a trouvé que déboires dans sa carrière semi-officielle. Sa pension de 6,000 fr., offerte par M. Rouland, a été supprimée en 1863, puis à grand'peine rétablie pour deux ans. 50,000 fr. offerts par l'Empereur pour l'achat du journal *le Messager de Paris,* et qui devaient être avancés : 20,000 fr. par un maire de Poitiers, 30,000 fr. par M. de la Guéronnière, sur les fonds alloués à la presse, n'ont jamais été versés. Le maire de Poitiers a fait faillite et s'est enfui; M. de la Guéronnière n'a fourni que 4,000 fr. M. Hippolyte Castille, ruiné, accablé sous le poids de 100,000 fr. de dettes, a pu méditer, à ses dépens, sur la faveur des princes.

CATTANEO, ex-officier de l'Empire, pension de 6,000 fr. . . . . | 6,000 |

(Au moins jusqu'en juin 1853.)

CÉSENA (A. DE), 2,000 fr. pour un travail sur les théâtres. 1852 (fonds secrets). . . . . | | 2,000

CHAMBURE (Madame DE), 1865, 19,000 fr. . . . . | | 19,000

CHANDELIER, ancien serviteur à Sainte-Hélène, (1853), pension 1,200 fr. . . . . | 1,200 |

CHANOINE aîné, fait valoir diverses créances (105,000 fr. environ), et demande par deux lettres datées du Havre, 24 mars 1849 et 24 jan-

	PENSIONS	DONS
	fr.	fr.

vier 1850 , une place de courtier ou son remboursement. Ces pièces, curieuses à plus d'un titre, nous apprennent qu'un sieur Devey , qui fit faillite en 1842 et qui emprunta 10 fr. à M. Bure en 1849 (septembre), fut, en janvier 1841 , chargé de réclamer au gouvernement français une somme de 20,335,379 fr. censée due à Louis-Napoléon. La moitié du produit devait appartenir aux intermédiaires. En même temps, deux crédits de 75,000 et de 30,000 fr. celui-ci destiné à retirer des mains de Devey des valeurs souscrites en 1839-40 par le général Montholon, l'autre ouvert par M. Edgar Ney, avec garantie du prince, passèrent en presque totalité à M. Chanoine aîné, qui trouva MM. de Montholon et Devey insolvables. Le sieur Devey cependant parvint encore à soutirer à M. Chanoine, en 1841, 50 £ (1,250 fr.), sur dépôt de certaines pièces. Quant à la créance de 75,000 fr. garantie par une hypothèque sur le domaine d'Arenenberg, M. Chanoine s'abstint de la faire valoir, *comptant sur la fortune du prétendant.*

CHANTEPIE (mars et juillet 1858) , une somme de 30,000 fr. . . . . | | 30,000
    M. Chantepie a été employé à l'Élysée ; il a laissé des dettes que l'Empereur refusa de payer.

CHARBONNIÈRE (Commandant GIRARD DE), 1852, frais de représentation, 250 fr. par trimestre.. . . . . | 1,000 |

CHOPPIN D'ARNOUVILLE, le 22 mai 1861, remercie de l'envoi de 3,000 fr. . . . . , ... | | 3,000

COCTEAU, solde de prix, comptes Béville , 1859, 101,500 fr. | | 101,500

COMPAGNY DE COURRIÈRES, petit-fils du général Laborde, pension (institution Barbet), 1,544 fr. . . | 1,544 |

CONNEAU (Henri) , fidèle ami, médecin et médecin en chef du prince, directeur des dons et secours. Sa vie est trop mêlée à celle de Louis-Napoléon pour que nous la retracions ici. Ses appointements avant 1848, l'acquisition de la clientèle

	PENSIONS	DONS
	fr.	fr.

Berrier-Fontaine à Londres, sortent quelque peu de notre cadre.

Comme médecin en chef il reçut quatre ans 6,000 fr. | 6,000 | |

un an 12,000 fr. . . . . | 12,000 | |

dix-neuf ans 30,000 fr. . . . . | 30,000 | |

Comme trésorier des dons et secours, il disposait d'un budget de 1,200,000 fr. en moyenne.

Enfin une propriété en Corse, dont nous ignorons la valeur.

CONTENCIN (DE), à partir de 1864, reçoit fréquemment 4,000 fr. par mois ; sans doute une affaire de terrains. . . . . | 48,0 0 | |

CORBIGNY (BROSSARD DE), inspecteur des forêts de la couronne, chargé de l'acquisition et de la mise en valeur de *la Jonchère*, reçoit 6,000 fr. par mois, de juillet 1862 à juillet 1863, et 1,500 fr. mensuels, depuis juillet 1863, mettons un minimum de 12 mois. Ces sommes, environ 90,000 fr., sont, pour partie au moins, destinées à l'entretien du domaine de la Jonchère. . . . . . . | . . . . . . | 90,000 |

CORNEILLE (Pierre), descendant du tragique, pension de 600 fr. . . . . | 600 | |

Les demoiselles L. M., M. T. et Cath. Corneille, les dames Desmarest et Chabannes, nées Corneille, reçoivent chacune une pension de 400 fr. . . . | 2,000 | |

COTTE (Général DE), 23 décembre 1851 : « Prière « à M. Bure de payer à M. Crémieux 2,500 fr. . | . . . . . . | 2,500 |
« pour un cheval donné à M. le général de Cotte. « Le lieutenant-colonel Fleury. »
1857, 25,000 fr. . . . . | . . . . . . | 25,000 |

CRAMATTE, ancien commissaire spécial du palais ; touchait 250 fr. par mois. Après sa retraite, pension de 1,500 fr. . . . . | 1,500 | |

CRENNE (ancien matelot, ancien serviteur), 900 fr. | 900 | |

CROUY-CHANEL (Le prince DE) reçoit fréquemment de la caisse des dons et secours 500 fr., 1,000 fr. et plus.

	PENSIONS	DONS
	fr.	fr.
De 1853 à 1859, les sommes données ainsi à M. de Crouy-Chanel s'élèvent au moins à 22,850 fr.	....	22,850
Cuxac (Léon), premier valet de chambre; nombreuses gratifications. L'Empereur lui a donné les maisons anglaises nᵒˢ 3 et 4 (en quelle ville ?) et alloué 14,600 fr. pour l'ameublement (note de M. Faure, architecte, 1865).	....	14,600

D

	PENSIONS	DONS
Dambry (Le général), en 1764, 3,000 fr. par mois × 12 = 36,000 fr.	....	36,000
Dauvin, encouragement littéraire (1852), 250 fr. .	....	250
David (Le baron Jérôme). La commission a donné l'état des dépenses faites pour l'ameublement de M. Jérôme David. Ajoutons à ces libéralités, au moins en 1868-1870, 3,000 fr. mensuels sur la cassette.	36,000	
Defodon, capitaine au 10ᵉ cuirassiers, 1870, 2,000 fr.	....	2,000
Degeorge (Frédéric), rédacteur d'un journal bonapartiste avant 1848, a reçu des secours. Sa fille J.-J. Ayraud, née Degeorge, reçoit, les 6 et 7 février 1866, deux sommes de 500 fr.	....	1,000
Delage (Le capitaine). Dot de sa femme, 25,000 fr. (1859).	....	25,000
Delatour (Madame). 1848-1850, pension de 1,600 fr.	1,600	
Delcambre (Adrien), 1870, 2,000 fr.	....	2,000
Delvigne, inventeur d'une carabine (1853), pension 1,200 fr.	1,200	
Desjardins (Le capitaine), complice dévoué du prince à Strasbourg et à Boulogne; pension, 2,400 fr. . Le fils du capitaine Desjardins, artiste dramatique, demande en vain à l'Empereur (juillet 1870) une somme de 2,000 fr. pour obtenir la direction d'un théâtre de province.	2,400	

	PENSIONS	DONS
	fr.	fr.
DEVASSE, lieutenant de gendarmerie à la Bastide (Bordeaux), 5,000 fr.	. . . .	5,000
DIETFURT (Le baron DE) rappelle (mai 1857) que l'Empereur serait venu à Constance l'engager, ainsi que sa femme, à dîner chez la reine Hortense en 1836, et lui aurait emprunté son passe-port, circonstance qui aurait amené des suites désagréables pour lui, Dietfurt. Il sollicite un emploi au château d'Arenenberg.		
Le 19 février 1861, il obtient une pension de 2,000 fr.	2,000	
DROUHOT (Mademoiselle), dot de 20,000 fr., dont 862 fr. de rente 3 p. 0/0 achetés 19,980 fr. 60 c. (juin 1860)	20,000	
DUFOUR D'AUTIRTE (Général), 30,000 fr.	. . . .	30,000
DUFRESNE (Emma) reçoit 1,000 fr., 1867.	. . . .	1,000
DUGUÉ-BLANCHARD (Veuve), 1870, 2,000 fr. . . .	. . . .	2,000
DUHESME (veuve d'un général de l'empire), pension 6,000 fr.	6,000	
DUMOUGEOT, ancien serviteur du prince, pension 2,400 fr.	2,400	
DUMOULIN, officier, agent électoral en 1848 (remboursé de 371 fr.); pension, 2,400 fr.	2,400	
DUPASQUIER (John), sollicitor à Londres, a été chargé des affaires de Louis-Napoléon et de M. Bouffet-Montauban. Nous trouvons diverses menues sommes à son nom sur les carnets du prince (1846-47). Plus tard (voir Bouffet-Montauban) la cassette lui rembourse 1,500 fr. d'honoraires arriérés. . .	. . . .	1,300
DUSAUTOY, fondateur de *l'Époque*, a reçu de l'Empereur (décembre 1867–avril 1868) une subvention (on a les reçus) de 275,000 fr.	. . . .	275,000
en 1869-1870, 80,000 fr.	. . . .	80,000
agent électoral en 1848, remboursé de 450 fr.		

E

ÉTEX, architecte, peintre et sculpteur, demande à

	PENSIONS	DONS
	fr.	fr.

l'Empereur, par lettre du 18 mai 1855, une indemnité de voyage pour aller à New-York chercher les œuvres d'art qu'il a envoyées à l'Exposition, et défendre en même temps les intérêts de ses confrères. On lui alloue 5,000 fr. . . . .

	. . . . . .	5,000

F

	PENSIONS	DONS
FALETANS (Madame DE) reçoit, en 1849, 8,000 fr. pour un portrait.	. . . .	8,000
FARQUHAR, banquier à Londres. en septembre 1847, a payé pour le prince, qui semble avoir eu un compte chez lui, 37,375 fr.		
FERRÈRE (Charles). 1870, 700 fr. mensuels. . . .	8,400	
FERRIÈRES (Aristide). Août 1850, 20,000 fr. . . .	. . . .	20,000
FILIPPI, chevalier de la Légion d'honneur, ancien capitaine, ancien consul. versificateur et agent politique. En 1850, le prince lui alloue provisoirement 200 fr. par mois.	2,400	
Dès août 1852, dans une longue pièce de vers, il salue le prince Empereur. Il dénonce en même temps des menées antibonapartistes à la Rochelle, surveille les gendarmes et les autorités.		
Il demande, pour retirer ses effets du mont de piété, 4,000 fr., pour payer ses dettes, 10,000 fr., et une place de 7,000 fr. Le prince, en septembre, lui accorde une pension de 5,000 fr. . . . En octobre, il n'est pas encore placé, et charge M. Bure de ses réclamations; son nom figure plusieurs fois sur des notes destinées à être soumises à l'Empereur. Enfin il obtient une place de régisseur (château de Pau ?).	5,000	
FININO vend à l'Empereur des terrains 95,566 fr. 65 c. (1856).	. . . .	95,566 f 65
FLAUST (Alph.) réclame, en janvier 1870, une somme de 3,500 fr. déboursée à Londres, en 1839, pour le service du prince. Une note dit : « pour favoriser l'entrée de portraits du prince. »		

	PENSIONS	DONS.
	fr.	fr.

FLEURY (Commandant, puis général), officier d'or-
donnance du Président, premier écuyer, puis
grand écuyer et directeur des haras, finalement
ambassadeur en Rus-ie, a disposé de sommes
énormes. On peut évaluer le total minimum de
son budget régulier à une somme de 1,200,000 fr. | 1,200,000 |

Nous avons de lui, entre autres, une lettre de
1849, où il demande à M. Bure de quoi donner
au moins des à-compte aux fournisseurs. Il n'ose
plus faire de commandes à Ehrler. Mieux vau-
drait, dit-il, « croyez que je suis bon juge en
« pareille matière, devoir à un seul que de devoir
« à tout le monde. » La même année, en mai, il
réclame, « s'il y a moyen, 15,000 fr. » pour donner des à-compte aux selliers et carrossiers, conformément aux instructions du Président. « En
« raison du crédit énorme qu'ils ont fait selon
« leurs moyens, il estime que 10 p. 0/0 en
« moyenne serait une limite suffisante pour les
« réductions. »

En juillet 1850, Baring est chargé de lui payer
à Londres 45,000 fr. . . . . | | 45,000

M. Bure endosse, le 10 avril 1851, quatre lettres
de change de 1,000 fr. tirées par M. Fleury. . . | | 4,000

Le 8 décembre 1851, quatre jours après le
coup d'État (nous avons la lettre et le reçu),
M. Fleury réclame, « pour que tout le monde ait
« reçu l'*allocation*, » une somme de 4,500 fr.
ainsi répartie :

Pour le 3e léger, venu de Versailles, 1,000 fr.;
les infirmiers, 1,000 fr.; les ouvriers d'administration qui ont gardé la gare du chemin de fer du
Nord, 500 fr.; le train des équipages, 500 fr.; la
division des cuirassiers de Versailles, *à raison
de 10 fr. par homme*, 500 fr.

Le 9 avril 1852, Fleury reçoit 48,000 fr. pour
installation des écuries; cette somme et beaucoup
d'autres ne font pas partie d'une allocation de
400,000 pour le même objet.

(Nous donnerons ailleurs le budget officiel et
détaillé du grand écuyer.)

	PENSIONS	DONS
	fr.	fr.
FONTAINE (Mademoiselle Agathe), reçoit des gratifications, 1844-1846.		
FONTANELLE (1853). Pension, 3,000 fr. . . . . . (Receveur-payeur à Versailles, supplément de traitement.)	3,000	
FORESI (Lucien), fils de Vincent Foresi, de Porto-Ferrajo, qui prêta à Napoléon Ier, le 26 février 1815, 175,000 fr. en or, non remboursés, sans compter des dépenses navales qu'on peut estimer à 400,000 fr., obtient en 1859, 7,000 fr. et en 1867, 6,000 fr. avec lesquels il ne put réussir à faire prospérer à Paris un dépôt de vins de l'île d'Elbe. En 1868, ruiné, il sollicite vivement quelque place de régisseur dans les domaines d'Italie, et une somme de 12,000 fr. Refus.	. . . .	13,000
FORESTIER (Théodore), trésorier sous la présidence, met la main aux élections (plusieurs sommes de 2,000 fr.).	6,000	
Reçoit une traite sur Londres de 500£ (12,500 fr.).	. . . .	12,500
En 1853-1855, il touche sur les fonds de l'intérieur (chiffre officiel) 35,000 fr.	. . . .	35,000
De plus, il possède, ainsi que M. Bure, en Algérie, une concession qui trouvait acquéreur à 100,000 fr..	. . . .	100,000
FOSSEY (Madame) reçoit en mars 1861, 1,500 fr. .	. . . .	1,500
les mois suivants, 1,400 fr.	. . . .	1,400
et depuis, régulièrement 350 fr. (4,200 fr.). . .	4,200	
FOURNIER (Marc). 1868, 1,000 fr.	. . . .	1,000
FRANCESCHETTI, Corse, ex-propriétaire du domaine de Casabianda, lié, par les Pasqualini et les Sebastiani, avec le docteur Conneau, qui le recommande à l'Empereur. (Lettre datée d'Aléria, 7 juin 1861.) L'entremise et la garantie de l'Empereur lui assurent un emprunt de 530,000 fr. au Crédit foncier, somme sur laquelle l'Empereur verse lui-même 200,000 fr.	. . . .	200,000
D'abord actionnaire principal, puis régisseur à 6,000 fr.	6,000	
de sa propriété, vendue pour payer ses dettes, il		

	PENSIONS	DONS
	fr.	fr.

sollicite en janvier 1864, 50,000 fr. qui semblent lui avoir été accordés. 50,000

Une curieuse note du ministère de la Maison (29 janvier 1864), tendant à faire échouer ses demandes de fonds, établit que le domaine de Casabianda, estimé par M. Franceschetti à 1,612,000 fr., n'a qu'à grand'peine paru au Crédit foncier une garantie suffisante pour le prêt de 530,000 fr. Lors de cette opération, Casabianda était déjà une société en commandite au capital de 1,500,000 fr. M. Franceschetti avait fixé lui-même la valeur de son apport à 1,200,000 fr., sur lesquels 813 actions étaient déposées chez M⁰ Mocquard pour garantir l'Empereur. La société ne pouvant marcher faute de nouveaux actionnaires, c'est-à-dire faute de fonds de roulement, M. Franceschetti, dans quelques lettres à M. Conneau, cherche à faire affaire avec un ami du docteur; il propose de rester associé de l'acquéreur jusqu'au remboursement de ses actions : 300,000 fr. suffiraient pour racheter les autres.

C'est alors que le Crédit foncier et la Liste civile, pour rentrer dans leurs avances, ont fait vendre la propriété, qui ne trouvait pas acquéreur à 200,000 fr. L'État, qui l'acheta 528,000 fr. (1862), dut y dépenser 500,000 fr. et devra y dépenser encore le double pour la mettre en valeur.

M. Franceschetti, régisseur avec une pension de 6,000 fr., semble avoir peu fait pour remplir certains engagements relatifs à sa gérance. Selon la note, il se contente de vivre sur Casabianda sans l'améliorer, vendant à son profit chevaux, récoltes et tout l'attirail d'exploitation.

On peut estimer sans crainte les sommes qu'il a touchées de l'Empereur, outre ses appointements, à 250,000 fr.

FRAYE, propriétaire, en 1847, du *Crockford-Club*, à Londres, dut rendre à Louis-Napoléon, sur la demande de M. Andrews, secrétaire du prince, 2,000 £ (50,000 fr.) qu'un fripon, habitué de son

	PENSIONS	DONS
	fr.	fr.

club, avait voulu extorquer au prince. Ces faits
énigmatiques semblent attestés par une lettre
d'un sieur L. de Mauny, ancien secrétaire du
Crockford-Club (3 octobre 1853).

M. Fraye, ruiné par l'abandon des grecs dont il
n'avait pas voulu favoriser l'entreprise, demande,
le 29 juin 1865, un secours à l'Empereur. En
marge de la demande, la réponse : *rien à faire.*

FRÈRE (ancien serviteur de l'impératrice Joséphine). 1853, pension 3,000 fr.	3.000	
FRIANT (Dot de la fille du colonel), juin 1867, 24,000 fr.	. . . .	24,000
FRIRION (Baronne) veuve d'un général de l'Empire. 1853, pension, 3,000 fr.	3,000	

G

GALLIERA (Duc DE), mandataire du marquis Pallavicino (voir ce nom) pour le remboursement d'un
prêt de 524,000 fr. hypothéqué sur Civita-
Nova[1] ; intermédiaire pour l'acquisition de l'hôtel
Sebastiani et de la Motte-Beuvron.

---

[1] Gênes, le 18 février 1851.

*A M. MOCQUARD. CHEF DU CABINET PARTICULIER DE
S. A. M. LE PRINCE LOUIS-NAPOLÉON BONAPARTE,
A PARIS.*

MONSIEUR,

M. le marquis E. L. Pallavicino me charge de vous
écrire pour vous dire que, d'après les accords pris entre
M. le prince Bonaparte et lui, il vient de nommer M. le
duc de Galliera son mandataire spécial, pour toucher
en son nom, des mains du prince Bonaparte, la somme
de 524,000 fr. Veuillez donc, Monsieur, passer chez le
duc de Galliera, qui demeure dans la rue d'Astorg, n° 16,
pour fixer le jour qu'il lui conviendra pour régler cette
affaire.

M. le duc vous remettra après le remboursement de
la somme totale les pièces suivantes :

	PENSIONS	DONS
	fr.	fr.
GALVANI (veuve d'un ancien commissaire des guerres de l'Empire). 1853, pension 1,200 fr.	1,200	
GAZAN (Madame), pension de 6,000 fr.	6,000	
GEOFFROY. 1853, pension de 1,200 fr.	1,200	
GEORGE (Mademoiselle). 1853, pension de 2,000 fr.	2,000	
GILLEMAND (Léon), ancien serviteur, déjà pensionné en 1847. Touche en 1853 une pension de 1,200 fr. . . . . payée par la maison Orsi et Armani de Londres.	1,200	
GILLET DU COUDRAY (Veuve). Son mari, filleul du roi de Hollande et de la reine Hortense, fut secrétaire du prince. Situation précaire. Sollicite un secours.		
GIRARD (Veuve), petite-fille d'un M. Tauzin, qui aurait favorisé la mise en liberté de madame de Beauharnais (1794), demande un secours pour payer 3,000 fr. de dettes, et une minime pension.		
GIRARD (Désirée). 1853, pension de 2,000 fr. . .	2,000	
GIROUD DE VILLETTE (Madame Maria), née Bonneville		

1° Quittance entière et définitive des 324,000 fr. . .	. . . .	324,000

2° Pouvoir spécial à Raphaël Defferari, duc de Galliera, de toucher au nom du marquis la somme susdite ;

3° Consentement à la radiation de l'hypothèque sur le domaine du prince à Civita-Nova ;

Finalement une quittance pour la somme de 1,665 fr. 50 c. dus sur la somme totale, soit : pour intérêts depuis le 15 janvier jusqu'au 15 février.   1,631 00

Procuration au vicomte de Casabianca pour la radiation d'hypothèque sur une partie du domaine du prince. 15 00

Frais de procuration expédiée à Paris. .   19 50

TOTAL. 1,665 50	. . . .	1,665

Veuillez, je vous prie, m'accuser réception de la présente, et agréez l'assurance de ma considération très-distinguée.

Votre très-humble et très-obéissant serviteur,

Félix ARADO.

	PENSIONS	DONS
	fr.	fr.

de Bleschamps, petite-nièce de la princesse douairière Lucien Bonaparte, artiste lyrique, ne cesse de réclamer des secours et au moins une compensation pécuniaire pour les obstacles mis à sa carrière musicale. A force d'envoyer des billets de concert, cette dame obtient de temps à autre, 500 fr., 400 fr.

Enfin, en 1862, il lui est alloué un secours annuel de 500 fr. **500**

Mais elle ne se tient pas pour battue et revient à la charge, comme le prouve assez un volumineux dossier (1852-1866). On y voit qu'elle se transportait dans toutes les résidences de la cour pour y donner des concerts, et sans se faire faute d'exploiter sur ses affiches sa parenté lointaine avec la famille impériale. Rien n'est plus curieux que la pétition adressée par elle au Sénat, et où elle demande la permission d'actionner le Préfet de police, les maires d'Auxerre, de Boulogne, de Douai, de Compiègne, et le procureur impérial de Vichy, coupables d'avoir, *par ordre supérieur*, interdit ses représentations.

GORDON (Madame), célèbre complice de Strasbourg, a touché une pension de 4,800 fr. jusqu'à sa mort **4,800**

Sa sépulture a été payée 720 fr. . . . . . | . . . . | **720**

GOUVILLIEZ (Madame), parente de l'Empereur. 1853, pension de 6,000 fr. **6,000**

GRANIER (de Cassagnac) a rédigé, dans le courant de 1851, une brochure publiée au nom du prince et distribuée à 40,000 exemplaires.

Cette brochure lui a été payée 2,000 fr. . . | . . . . . . | **2,000** par l'intermédiaire de M. Chevalier, trésorier de la présidence (5 août 1851). Le 22 août, le prix du timbre, 2,000 fr., a été versé par M. Bure à M. Chevalier, et des mains de M. Granier a passé dans celles de l'éditeur Plon. . . . . | . . . . | **2,000**

Dans les derniers temps, M. Granier, comme directeur du *Pays*, a reçu de l'Empereur 176,000 fr. . . . . | . . . . | **176,000**

	PENSIONS	DONS
	fr.	fr.
Gricourt (Le marquis de), chambellan et sénateur, a touché 42,000 fr. durant dix-neuf ans (798,000 fr.); plus des indemnités de logement et autres. Mais nous ne rappelons ici les traitements que pour mémoire. Deux notes du ministère de l'intérieur nous le montrent en 1853-1855 recevant 71,000 fr.	42,000	71,000
En mars 1857, nous trouvons à son nom 22,000 fr.	. . . .	22,000
Une lettre très-curieuse, de décembre 1857, nous apprend l'existence au ministère de l'intérieur de fonds politiques distribués aux favorisés, et qui s'élevaient, sous l'administration de M. de Persigny, à 300,000 fr. M. de Gricourt écrit à l'Empereur que, ayant cru pouvoir compter sur 60,000 fr. promis par M. de Persigny, il s'est laissé aller à acheter une propriété de 50,000 fr. M. de Persigny, tombé du ministère, refuse de reconnaître sa promesse, ou, du moins, de la recommander à son successeur. De là un grand embarras pour M. de Gricourt, qui ne sait avec quoi payer son immeuble. Aussi reçoit-il, le 1er mars 1858, des mains de M. Thélin, 120,000 fr.	. . . .	120,000
Grimaldi (De), banquier, s'est trouvé mêlé de très-près aux affaires du prince, de 1850 à 1852.		
En 1850 on lui doit 50,700 fr.	. . . .	50,700
Il fournit une traite de 102,000 fr. sur Londres, remise au docteur Conneau. Il écrit à ce dernier : « Voici, sous ce pli, *la lettre officielle convenue* « *entre nous,* au sujet de la remise des 4,000 « livres sterling. »	. . . .	102,000
En 1851, il est l'intermédiaire pour le prêt Narvaez, remboursé l'année suivante entre ses mains. On lit en marge d'une de ces lettres : *Lui réclamer les pièces originales du payement par M. L. Faucher.*		
Il propose d'ailleurs de compléter, si besoin est, le remboursement. Lui-même a prêté ou procuré une somme de 350,000 fr.	. . . .	350,000

II.   8

	PENSIONS	DONS
	fr.	fr.

dont 150,000 fournis par M. Lebœuf de Mont-
germon, sénateur.

    M. de Grimaldi a proposé au prince ou à son
entourage de nombreuses spéculations et en a
fait quelques-unes , si l'on s'en rapporte à une
note annexée à une pièce d'août 1852 et ainsi
conçue : 600,000 *fr. pour Grimaldi, avant le
départ du prince.* . . . . | .... | 600,000?

    La même année, il propose un emploi de
25 millions en chemin de fer (Granville, Cette,
Bordeaux, Bayonne, etc.). Il « a vu le ministre,
« qui prêche à tous la fusion » de deux compagnies sans doute, car on lit en marge : 800 *ki-
lomètres*). Il désire que la concession soit faite
avant la session des conseils généraux et confiée
aux personnes les plus sérieuses (en marge : Ezpeleta, Granier de Cassagnac, Heeckeren) ; « que
« le prince dise *Je veux,* comme il a fait pour
« toutes les choses qu'il a voulu faire réussir. »

    Dans une lettre très-vive, non datée, où il
annonce l'envoi à MM. Baring de 105,000 fr., il
s'élève furieusement contre un *juif* qui l'a ca-
lomnié, et termine ainsi : « Un dévouement de
« cœur qui a précédé la fortune de Son Altesse,
« et qui saurait au besoin y survivre. »

GUISOLPHE (Madame), en 1869, pension de 6,000 fr. | 6,000 |

GUITAUT (Madame DE), 1857 (échange de terrains?),
183,075 fr. . . . . | .... | 183,075

GWYNNE (Mary). Le nom de cette dame se trouve
déjà dans les comptes de M. Bure durant la captivité de Louis-Napoléon, 1844-1846; ses relations avec lui sont donc antérieures à cette date.
Elle reçoit dès cette époque une pension de
6,000 fr., qui n'a cessé d'être payée régulière-
ment, au moins jusqu'en 1868. . . . . . . | 6,000 |

    En 1852, mariée à un médecin, qui n'a ni
diplôme ni clientèle, elle demande 25,000 fr.
pour l'établir. . . . . | .... | 25,000

Accordé. Dans une pressante lettre à M. Bure,
elle appelle l'Empereur son bienfaiteur. Mainte-

	PENSIONS	DONS
	fr.	fr.

nant enceinte et réduite à la misère, elle rappelle à M. Bure (1853) les « preuves d'intérêt, » les « marques d'amitié » qu'elle lui a données « lorsqu'elle était heureuse. » Elle lui demande, *en échange*, de faire doubler sa pension de 6,000 fr. pour tout le temps que durera la préparation des examens de son mari, médecin.

En 1868, madame Gwynne continue à demander des secours. L'Empereur, qu'on engageait à refuser, donne un à-compte de 12,500 fr. . . .

		12,500

H

Haussmann père obtient, par l'intermédiaire de M. Conneau, le 8 avril 1870, une somme de 3,000 fr. . . . .

		3,000

Hautpoul (Marquise d'), veuve du général d'Hautpoul, grand référendaire.

L'Empereur lui fait écrire, le 19 août 1865, qu'elle ne sera pas négligée lors de la promulgation de la nouvelle loi sur les pensions des veuves des grands dignitaires. Le 1er mars 1866, Madame d'Hautpoul remercie de la pension de 10,000 fr. qui lui est allouée sur le trésor public; elle espère, en outre, qu'elle ne sera pas oubliée quand paraîtra le IIe volume de la *Vie de César*.

Hecquet (Femme), veuve Colon, née Anne Bautron d'Amazy, après avoir habité Clamecy, s'est établie à Alger, où sa maison a été fermée sans rémission pour cause de chants politiques. Elle expose que son premier mari, soldat, honoré de la confiance du prince à Ham, a, depuis, travaillé à la propagande et aux élections bonapartistes. Mais en vain conservait-il avec soin *les débris d'une superbe pipe*, cadeau du prince; il n'a pu obtenir de l'Empereur 14,000 fr pour relever son commerce. Sa veuve sollicite une avance de 15,000 fr. pour son second mari. Refus poli (1865).

	PENSIONS	DONS
	fr.	fr.
HIPPENMAYER, serviteur dévoué, reçoit diverses sommes, entre autres 4,000 fr. le 31 janvier 1865, et 4,000 fr. encore le 17 mars	. . . .	8,000
HOFFE (Enfants), pension 1853, 1,200 fr.	1,200	
HOURSEAUX. Services en décembre 1848 et décembre 1851, 1,000 fr. (1870).	. . . .	1,000
HOWARD (Miss), créée par l'Empereur comtesse de Beauregard. La commission a déjà publié les pièces qui établissent l'énormité des avances que cette dame aurait faites au prince avant le 2 décembre. Elle recevait en 1853, 400,000 fr. mensuels, jusqu'à acquittement d'une somme de plusieurs millions.	4,800,000	
HUBERT DE BURGH, chambellan honoraire. Il lui est ouvert, en 1854, sur Baring un crédit de 25,000 fr.	. . . .	25,000

I

ISABELLE DE BOURBON, ex-reine d'Espagne. Ses dépenses de bouche à Pau (hôtel de France tenu par Gardères) se sont élevées à 5,632 fr. du 30 septembre au 2 novembre 1868. La liste civile a obtenu quittance pour 5,000 fr. une fois payés.	. . . .	5,000
ISABEY (au château de Versailles). 1855, pension de 6,000 fr.	6,000	
Sa veuve, 5,000 fr.	5,000	

J

JABLONOWSKI (1865). Pension de 6,000 fr. sur la cassette.	6,000	
JANVRY (Madame DE), ancien serviteur, pension de 1,800 fr.	1,800	
JOSSE, premier vicaire à Fontainebleau, obtient,		

	PENSIONS	DONS
	fr.	fr.
le 28 février 1854, une somme de 1,560 fr. . .	. . . .	1,560
pour messes dites depuis 1848 tous les dimanches à la chapelle du château, demeurée sans chapelain.		
JOUBERT. 1858, 1,200 fr. de rentes 4 et demi p. 0/0.	1,200	
JUNIAC (DE), reçoit en 1858, 20,000 fr.	. . . .	20,000
en 1863-1864, 5,000 fr. durant quatorze mois, en tout 90,000 fr. Peut-être s'agit-il de quelque acquisition.	. . . .	70,000

K

KNÜSSY (Madame), Laübly, « fille du menuisier « Laübly, à Ermatingen, près la maison du doc- « teur Dobler, a épousé un sculpteur; ils ne « sont pas heureux et voudraient partir pour « l'Amérique. Elle se dit fille de Sa Majesté. Une « lettre a été écrite par elle à l'Empereur, il y « a huit jours, et lui a été remise par Hippen- « mayer. » (Note de M. Bure, sans date.)

L

	PENSIONS	DONS
LABARRE (1852). Pension, 6,000 fr.	6,000	
LABORDE (Colonel), ancien officier de l'Empire, gouverneur du Luxembourg, au moins dès 1853; touche, outre ses appointements, une pension annuelle de 3,000 fr.	3,000	
Ajoutez : en 1861, janvier, 26,000 fr. . . .	. . . .	26,000
pour logement, 3,000 fr.	. . . .	3,000
pour mobilier, en avril, 14,000 fr.	. . . .	14,000
en décembre, 7,000 fr.	. . . .	7,000
Total égal: 60,000 fr.		
Une pension de 2,000 fr. était en outre allouée à son petit-fils en 1853.	2,000	
LAPEYROUSE (Madame). Pension de 6,000 fr. (1865).	6,000	
LARMIER (Mademoiselle). Février 1860, 40,000 fr. .	. . . .	40,000

8.

	PENSIONS	DONS
	fr.	fr.
LASSALLE (Mademoiselle), *de Boulogne*. Juin 1857, dot : 14.000 fr..	. . . .	14,000
LATOUR DE PÉRIGNY (Madame), ex-dame d'honneur de la reine Hortense; par an, 2,400 fr. (1853)..	2,400	
Mademoiselle de Périgny, fille de la précédente, a part aussi aux libéralités impériales.		
LATOUR SAINT-YBARS, « homme de lettres distingué, » a reçu, le 10 juillet 1860, 2,300 fr. « pour exonérer son « fils. » (Reçu signé Mocquard.) .	. . . .	2,300
LEBREGEAL (1852), appointements 1,800 fr.	1,800	
LECONTE DE LISLE, à partir de juillet 1864, pension de 3,600 fr..	3,600	
LEFÈVRE-DEUMIER, bibliothécaire de la présidence et plus tard de l'Empereur, distributeur de secours aux gens de lettres et artistes. Ses appointements étaient de 7,000 fr..	7,000	
M. J. Lefèvre-Deumier, auteur de poésies assez estimées, avait écrit pour le prince une brochure intitulée : *la Province à Paris*, et dont trois cents exemplaires furent payés à l'Imprimerie impériale, en 1852, 225 fr..	. . . .	225
En 1855, madame A.-Louise Lefèvre-Deumier reçoit 5,000 francs par mois. Nous avons de cette dame six lettres de remercîment, datées de différents mois. Ces sommes sont remises par l'intermédiaire de M. Mocquard. Elles semblent être un secours à M. J. Lefèvre, toujours souffrant.	. . . .	30,000
Après la mort de son mari « dont la dernière pensée a été pour S. M. (1858), » madame Lefèvre-Deumier conserve une pension, dont elle demande, en 1863, l'augmentation.		
LÉON (Le comte), personnage qui devrait peut-être être rangé parmi les membres de la famille impériale. Il a toujours eu 6,000 fr. de pension. .	6,000	
Le 7 juillet 1853, le comte Léon, se fondant sur des décrets impériaux des 30 avril, 8 et 31 mai et 29 juin 1815, annulés par la Restauration, réclame 872,670 fr. qui lui auraient été attribués		

	PENSIONS	DONS
	fr.	fr.

par Napoléon Ier sur les prix de vente des bois de l'Etat dans le département de la Moselle.

Il prétend actionner (1857) le ministre des travaux publics en payement de 500,000 fr. qui, dit-il, lui seraient dus pour études préparatoires et démarches relatives au chemin de fer du Nord.

Il devait toucher après la mort de sa mère, madame de Luxbourg, une rente de 19,000 fr. attribuée à cette dame par Napoléon Ier lors de son mariage avec M. Augier. Déshérité par madame de Luxbourg, il intente un procès aux légataires (1868), ne cessant d'implorer l'aide et la bienveillance de l'Empereur. Le 10 août 1869, il demande 10,000 fr. ; à diverses dates, 5,000 fr., 7,000 fr. qu'il doit et ne peut rembourser. Il sollicitait vainement, vers la même époque, la concession des boulevards des Amandiers et Parmentier, et celle du chemin de Tours à Montluçon.

On se contente de payer de temps en temps ses dettes, notamment en juin 1860. 7,202 fr. 50 c.

et, en janvier-juillet 1864, 60,000 fr.

On se contente... 7,202 fr. 50 c.		7,202 50
et, en janvier-juillet 1864, 60,000 fr.		60,000

De son côté, la comtesse Léon écrit qu'elle a un besoin urgent de 5 à 6,000 fr. Elle obtient la pension de ses fils à Sainte-Barbe. Elle demande aussi la faveur d'une commande pour une mine belge où elle a des intérêts. Nous ne savons trop ce qu'il est advenu de ces réclamations sans fin et sans mesure ; aussi n'inscrivons-nous en marge que les sommes dont nous possédons les reçus.

Léon (Charles) et Léon (Gaston), élèves; 1870, prix de leur pension, 1,100 fr.

Léon (Charles) et Léon (Gaston)... 1,100 fr.	1,100	
Leras (1870). 4,000 fr.		4,000

Levie (Madame Letizia, née Ramolino), cousine germaine et filleule de Madame Mère, a eu quatorze enfants. Poursuivie pour une dette de 40,000 fr., et encouragée par un acte de munificence de l'Empereur envers ses frères, lors du voyage de Leurs Majestés en Corse, elle sollicite des secours

	PENSIONS	DONS
	fr.	fr.
à partir d'avril 1862. Elle obtient en 1863 une pension de 1,200.	1,200	
Levillain, employé à la caisse de M. Bure, part avec son camarade Cardon pour la Californie (San-Francisco), à bord du *Ferrières*, navire appartenant à M. de Rothschild. Le président paye leur voyage (1,400 fr.), 1850.	. . . .	1,400
Lombard, nom qui revient souvent dans les listes des subventions, a reçu, le 12 novembre 1853 (fonds de l'intérieur), 20,000 fr.	. . . .	20,000
Lorette (Madame), « veuve *d'un homme mort en votant.* » Pension de 600 fr.	600	

Louis-Napoléon. (Même réserve que pour le comte Léon.) Les comptes de M. Bure, 1844-1848, nous présentent souvent, dans les années 1845-1846, cette indication : Mois de nourrice de Louis, 32 fr. Divers achats de linge ou de cadeaux pour la nourrice sont aussi mentionnés.

Le 29 avril 1870, un jeune homme qui signe : Louis-Napoléon arrive d'Amérique à Paris, et le lendemain écrit à l'Empereur une lettre dont nous détachons les renseignements et les extraits suivants :

Laissé dans l'obscurité et dans l'ignorance de son origine, le jeune Louis s'engagea sans doute et demeura au Mexique, pour y végéter de longues années ; il se maria à Puebla, où la mère de sa femme lui aurait administré du poison.

Il prétend avoir vengé la mort « d'un de ses pa-« rents, le duc de Reichstadt, » en la personne de Maximilien, archiduc d'Autriche. « Il ne nous reste « plus, dit-il, que la mort de notre oncle Napo-« léon Ier à venger ! »

Enfin, échappé à la mort « au Mexique et ail-« leurs, » il est arrivé par son travail à se mettre en mesure de revoir la France et « le père « chéri, » qui lui *aura* pardonné. Il revient plein d'ardeur pour le travail.

« Nous aurons beaucoup à causer. Tous mes

	PENSIONS	DONS
	fr.	fr.

« souvenirs d'enfance, je les ai encore bien pré-
« sents à la mémoire.

« .. Cher père, je vous en supplie, rendez-
« moi à moi-même Recevez-moi dans vos bras
« paternels, que j'aie au moins ce bonheur de
« vous voir, de vivre à vos côtés, comme un
« homme honorable. Si vous m'aimez comme je
« vous aime, toute froideur sera rompue, je dé-
« sire vous faire oublier le passé et qu'on dise de
« votre Louis : Il fait l'honneur de son père et
« soutient dignement son nom

« ... Je me suis dirigé hier à la maison du
« notaire Bournet de Veron, rue Saint-Honoré,
« n° 83 ; j'ai vu affichée la vente d'une maison à
« Rueil au prix de 140,000 fr. Je puis y vivre
« jusqu'à ce que je vous aie prouvé mon apti-
« tude et mon sincère repentir. Je crois que
« vous m'accorderez bien ceci, je suis si content
« de me voir enfin rentrer en grâce...

« Je vais aujourd'hui me retirer à Rueil, voir
« Édouard Bossu, mari d'Alexandrine Vergeot,
« ma sœur adoptive, à moins que vous ne dis-
« posiez autrement. Cependant j'ai à remercier
« Dieu et faire une prière sur les tombeaux de
« mes aïeux; puisque je suis arrivé, c'est le
« moins que je puisse faire, et c'est mon devoir,
« comme chrétien et fils respectueux. — Louis-
« Napoléon. »

M

		PENSIONS	DONS
Mancel (Pierre). « Je prie M. Bure de remettre à « M. Mancel la somme de 1,500 fr. Louis-Napo-« léon Bonaparte. » 4 avril 1849. Suit le reçu de M. P. Mancel.		. . . .	1,500
Mangin (Colonel) (1869-1870), 225,000 fr.		. . . .	225,000
Mantoue (Madame de Gonzague-) a dû engager ses diamants en garantie d'une dette de son mari; elle sollicite un secours de 2,000 à 3,000 fr. En 1854, elle obtient 1,000 fr. On trouve cette note			

	PENSIONS	DONS
	fr.	fr.
de la main de l'Empereur : « A Conneau. Lui « envoyer 1,000 fr. »	. . . .	1,000
MARCO SAINT-HILAIRE. 1853, pension de 2,000 fr.	2,000	
MAROLLES (Mademoiselle DE). 1869, pension de 6,000 fr..	6,000	
MARPON (DE) propose, sur renseignements de M. Roger-Dubos, consul de France au Chihuahua, et du cousin de celui-ci, M. Delille, l'acquisition de 530 lieues carrées, représentant 824,468 hectares, moyennant moins de 460,000 piastres, environ 2,300,000 fr. L'ingénieur, M. Laur, qui a fait les évaluations avec la compétence et le soin nécessaires, est à Paris. Il s'agit de terrains fertiles, et surtout de mines autrefois exploitées avec le plus grand avantage. Secret et rapidité. (La lettre est sans date.)		
MARRAST mère (Madame) a reçu jusqu'à sa mort une pension de 2,400 fr..	2,400	
MARRAST (Achille). En 1855, pension de 6,000 fr. En 1856, M. Ach. Marrast, qui vient de perdre sa mère et qui n'a pas « de quoi la faire enterrer, » demande un supplément de secours et reçoit, en mars 1856, 5,000 fr.; le 9 janvier 1857, 2,000 fr..	6,000	7,000
Madame Marrast, en 1865, pension de 4,000 fr.	4,000	
MAYER, 1,000 fr. pour travail commandé. (Sans date).	. . . .	1,000
Diverses petites sommes procurées par le général de Montholon pour travaux d'impression ou services électoraux (1848).		
MERCIER, capitaine en retraite, 1870, 1,000 fr. . .	. . . .	1,000
MERCY-ARGENTEAU (DE) occupe gratuitement, en 1858, un logement de 12,360 fr. par an dans une des maisons de l'Empereur, rue d'Albe ou François Ier. Ce détail nous est fourni par un compte de M. de Béville (15 octobre 1858). . .	12,360	
M. de Mercy-Argenteau, en 1869, achète d'un M. le duc (Persigny?) un hôtel, rue de l'Elysée,		

	PENSIONS	DONS
	fr.	fr.

avec tapisseries et tableaux, pour une somme de 300,000 fr.

La perte du vendeur est, paraît-il, de plus de 100,000 fr., et l'Empereur devrait l'*indemniser*, car cette vente a eu pour effet de couper court à certaines réclamations de la Ville, relatives aux *caves des petits hôtels*. (Mᵉ Lavoignet, notaire.)

MIKOWSKA (Comtesse), née DE ROVIGO. Un don de 8,000 fr. (1857) . . . . | . . . . | 8,000

MILLER, capitaine anglais, demande, par un prêt de 10,000 £ (250,000 fr.) à une *illustrious person in France*, une sûreté plus solide que la garantie d'un M. Poictevin, qu'on proposait comme endosseur des traites (fin 1849).

MIRÈS, propriétaire du *Journal des chemins de fer*, a dépensé plus de 400,000 fr. dans l'intérêt de l'industrie; il invoque la protection de Son Altesse (1851-1852).

MONSELET (Ch.), 17 mars 1854, reçoit 500 fr. par l'intermédiaire de M. Albert de Dalmas, sous-chef de cabinet. . . . . | . . . . | 500

MONTHOLON (Comte DE), l'un des plus anciens et des plus aventureux serviteurs de Louis-Napoléon. Nous avons vu, à l'article *Chanoine aîné*, qu'en 1839-40, à l'époque de Boulogne, il avait fait pour 50,000 fr. de traites garanties par le prince. En 1846, après son évasion de Ham, le prince donne aussi sa garantie aux éditeurs Paulin et Ch. Mévil pour la publication du récit de la captivité de l'Empereur à Sainte-Hélène par M. de Montholon. En 1848 et 1849, le général est un des principaux agents électoraux de Louis-Napoléon; il dirige l'armée des afficheurs et des colporteurs, et les paye avec l'argent des comités, avec celui qu'il peut se procurer, et surtout avec son crédit, qu'il exploite jusqu'à épuisement. Nous possédons des cinquantaines de traites signées Montholon et des billets à ordre, toujours

	PENSIONS	DONS
	fr.	fr.

acquittés, parfois non sans peine, par la caisse de M. Bure. La pénurie relative du prince, en 1848, ne peut être mieux établie que par les réclamations nombreuses d'afficheurs et d'ouvriers non payés.

En 1852 (avril), M. de Montholon reçoit 50,000 fr. . . . . | . . . . | 50,000 |

De plus, il jouit d'une pension de 6,000 fr. . . | 6,000 | |

Montholon (Mᵐᵉ de), femme du précédent, reçoit aussi une pension de 5,000 fr. . . . . | 6,000 | |

Montijo (Comtesse). Il lui est fourni, en 1861 (janvier), une traite sur Madrid de 600,000 fr. . . | . . . . | 600,000 |

Mornay (Comtesse de) reçoit, en 1857, un prêt de 50,000 fr. . . . . | . . . . | 50,000 |

Morny (Comte, puis duc de). Nous ne trouvons guère de traces de M. de Morny dans les papiers des Tuileries; on ne pourrait pas affirmer que les quelques centaines de mille francs qui lui sont de temps à autre assignées ne soient pas uniquement le prix d'opérations sur les terrains de l'hôtel d'Albe. Une lettre de M. de la Pierre, sur des acquisitions possibles au Mexique, lui est adressée. (Voir ce nom.)

Morris (Général) touche en 1863 et 1864 une somme de 64,000 fr. à raison de 8,000 fr. par trimestre. . . . . | . . . . | 64,000 |

Moskowa (Edgar Ney, devenu en 1857 prince de la).

Comme organisateur de la vénerie, il a manié régulièrement, en 1852 et années suivantes, environ 200,000 fr. par an. Ses appointements d'aide de camp étaient de 12,000 fr. Nous avons de lui une lettre du 25 février 1852, où il demande 300 fr. et pense bien que M. Bure ne sait pas plus que lui où il en est de son traitement. Vers 1862, ses créanciers devinrent exigeants, et l'Empereur lui paya ses dettes, à raison de 22,000 fr. par mois, d'avril 1862 à octobre 1863. Total, 400,000 fr. . . . . | 12,000 | 400,000 |

	PENSIONS	DONS
	fr.	fr.
MUEL-LÉON, chef d'escadron au 1er spahis, à Médéah, 1870, 6,000 fr.	. . . .	6,000

N

NARVAEZ, duc de Valence, prête en 1851 une somme de 500,000 fr. (Voir t. II, p. 5.).	. . . .	500,000

O

ORNANO (Marquis CUNEO D'). Nous trouvons, à ce nom, la lettre suivante, qui vaut la peine d'être reproduite :

« SIRE, je supplie Votre Majesté d'excuser ma
« franchise et ma hardiesse. *Je nourrissais l'es-*
« *pérance d'une position à Paris.* Les bonnes
« dispositions exprimées par Votre Majesté en ma
« faveur m'en avaient presque donné la certi-
« tude. J'ai éprouvé depuis de cruelles décep-
« tions. Il ne me reste plus qu'à lui faire savoir
« que je ne suis pas si étranger à la famille im-
« périale qu'on s'est plu à le manifester.

« Je faisais partie, avec mon père, de la so-
« ciété particulière de M. le comte de Saint-Leu
« pendant son long séjour à Rome. Mon oncle le
« prélat, surtout, avait des relations d'amitié avec
« lui, comme le constatent les lettres du prince
« que je conserve près de moi. M. le général
« Armandi le sait parfaitement. J'ai suivi avec
« le prince Napoléon, frère de Votre Majesté, le
« cours de physique expérimentale à la Sapienza
« de Rome. J'ai failli être emprisonné, en 1840,
« lors du débarquement de Boulogne, me trou-
« vant alors à Paris, comme madame Salvage de
« Faverolles peut le confirmer. J'ai été employé
« par madame la princesse Pauline Borghèse
« dans ses affaires litigieuses avec son mari ; et
« mon oncle, qu'elle appelait son ami, régla avec
« succès ces différends et la fit rentrer dans ses
« droits d'épouse et de sœur de l'Empereur Na-

	PENSIONS	DONS
	fr.	fr.

« poléon. J'ai une liasse de lettres de cette mal-
« heureuse princesse à cet égard. La reine Ca-
« roline, elle-même, s'était fait guider par mon
« oncle dans des questions d'intérêt avec le car-
« dinal Fesch, comme les lettres de cette prin-
« cesse en font foi. Le prince et la princesse
« de Canino, Lucien et Alexandrine Bonaparte,
« étaient si intimement liés avec mon oncle,
« qu'ils appelaient leur parent, qu'ils m'offrirent
« la main de leur fille Jeanne, que des raisons
« politiques, la position de mon père et la loi du
« 12 janvier 1816 me forcèrent, malgré moi, à
« refuser : ce qui est attesté par une correspon-
« dance suivie. J'ai été moi-même en rapport
« avec M. le comte de Survilliers, dont j'ai des
« lettres qu'il m'adressa à l'égard de la cathé-
« drale d'Ajaccio.

« Je vais donc quitter Paris et la France avec
« le regret de ne pouvoir servir Votre Majesté.
« Mes vœux la suivront du moins, dans tout ce
« qu'elle fera de grand pour le bonheur de la
« patrie.

« Je suis avec le plus profond respect, Sire,
« de Votre Majesté, le très-humble et très-fidèle
« serviteur et sujet.

« Marquis d'Oɴɴᴀɴᴏ, rue des Beaux-Arts, 10.

« Paris, 19 août 1863. »

Nous ne savons si l'auteur de cette lettre est
le même que M. Cunco d'Ornano, président du
tribunal d'Ajaccio, qui légalisait en 1852 la signature de madame Marianne Bonaparte.

Oɴɴᴀɴᴏ (Napoléon ᴅ'), déjà lié avec le prince en
1846 et 1847, en Angleterre.

Il reçoit en 1853, sur les fonds de l'intérieur,
27,850 fr. ; le 11 janvier 1854, 15,000 fr. ; en
février, même année, 4,000 fr. ; plus tard,
6,000 fr. ; total, 52,850 fr. pour payer des
dettes criardes . . . . | | 52,850

Ajoutez un traitement de 6,000 fr.. . . . . | 6,000 |

Un M. d'Ornano meurt en 1865, c'est le même

	PENSIONS	DONS
	fr.	fr.

sans doute, et l'Empereur solde un certain nombre de mémoires insignifiants, qui ont passé sous nos yeux.

ORSAY (Le comte D') , lié avec Louis–Napoléon en Angleterre, reçut sous la présidence une pension de 24,000 fr. . . . . | **24,000** |

Après sa mort, pour liquider ses dettes en France, que M. Laffitte (août 1852) évalue à 30,484 fr. . . . . | . . . . | **30,484** |

sa pension est affectée durant un an à ses créanciers.

ORSI, qualifié « ami du prince » dans une lettre de M. Bouffet-Montauban (1861) était en effet lié avant 1848 avec le prétendant. Il était, avec son associé, M. Armani, à la tête d'une entreprise industrielle (*metallic lava*) et financière. Leur maison recevait, dès cette époque, certains fonds déposés par le prince et destinés à divers payements, par exemple aux pensions Gwynne, Brunetière, Gillemand, Wezyk.

Le 14 mars 1851, M. Orsi a besoin de 5,000 fr. et les demande à M. Bure, pour un mois environ. | . . . . | **5,000** |

Il est, au moins dès cette époque, représentant à Paris de la maison Orsi et Armani.

En 1852, c'est par ses mains que passent les remboursements Rapallo (250,000fr.).

En 1854, il lui est alloué, sur les fonds de l'intérieur, 50,000 fr. | . . . . | **50,000** |

En 1856 et 1857, il touche 5,000 fr. par | . . . . | **60,000** | mois; depuis 1858, régulièrement, par mois, 1,000 fr.; ce qui donne à penser qu'il était pour le prince autre chose et plus qu'un banquier et qu'un dépositaire. . . . . | **12,000** |

Parmi les entreprises où M. Orsi a tenté de mettre à profit la reconnaissance *impériale*, nous pouvons citer l'ouverture projetée de la rue de l'Impératrice. Nous avons, du 16 novembre 1865, une lettre où il demande à M Mocquard si, « étant donné un capital assuré de 100 à 120 « millions, avec un conseil d'administration et des « demandeurs en concession offrant toute garan-

	PENSIONS	DONS
	fr.	fr.

« tie, M. le préfet serait disposé à nous écouter
« pour le percement de la rue de l'Impératrice. »
Dans un résumé annexe, nous lisons : « M. Moc-
« quard demande à l'Empereur si Sa Majesté
« l'autorise à interroger M. Haussmann, » et
au-dessous, au crayon : « Oui, l'Empereur consent. » En tête : « Le 24 novembre 1863, envoi
« à M. Orsi d'une lettre pour M. Haussmann ;
« classement particulier. »

P

	PENSIONS	DONS
PALLAVICINO (Marquis), prête à Louis-Napoléon, en 1848, avec hypothèque sur Civita-Nova, une somme de 524,000 fr., remboursée, en 1852, avec intérêts. (Voir Galliera.)	. . . .	324,000
PATTÉ (Général). Dot de sa fille, 24,000 fr. . . .	. . . .	24,000
PELOUX (Madame), à partir d'août 1864, pension de 1,000 fr. mensuels	12,000	
PEREIRE. Cette maison semble avoir de tout temps entretenu des relations financières avec l'Empe-reur. Nous en trouvons, à partir de 1860, des traces nombreuses et importantes. Il y a un compte Pereire auquel sont portées, en 1860, les sommes suivantes, avancées à l'Empereur pour l'acquisition des terrains des rues d'Albe et de l'Élysée, et l'hôtel Wittgenstein : 120,000 fr., 136,029 fr., 145,000 fr., 167,500 fr., 155,000 fr., 250,000 fr., 128,223 fr., en tout, 1,101,852 fr.		1,101,852
En juillet 1861, M. Pereire, reçoit, à valoir sur sa créance, 285,478 fr. 55 c.	. . . .	285,478'55
En 1861-1862, M. Pereire prête au duc d'Albe 500,000 (remboursés par qui?)	. . . .	500,000
Il avance, en outre, pour les constructions, 1,500,000 fr., dont on lui paye les intérêts.. .	. . . .	1,500,000
En 1863, il verse le solde du prix de la vente des hôtels, rue de l'Élysée, 442,092 fr. 25 c. . .	. . . .	442,092'25
On lui paye des intérêts qui s'élèvent, par trimestre, à 35,000 fr.		

	PENSIONS	DONS
	fr.	fr.
PERSIGNY (FIALIN, comte, puis duc DE). Ses menées et son rôle politiques sont trop connus pour qu'on insiste sur la part qu'il prit aux élections de 1848.		
Le 28 août 1849, écrivant de Berlin à M. Bure pour le remercier d'un effet de 2,500 fr., il termine ainsi sa lettre : « Gardez bien la clef de « votre coffre-fort, car vous en aurez bientôt be-« soin. »	....	2,500
En 1853, le livre de chèques de l'Empereur porte cette indication à la souche : « Persigny, « 60,000 fr., dernier payement. »	....	60,000
Pendant son ministère de 1857 , il avait promis, sur les *fonds politiques de l'intérieur*, 500,000 fr. à divers personnages, dont était M. le marquis de Gricourt.		
En novembre et décembre 1867, dans un compte Mocquard (notaire), on trouve, au nom de M. de Persigny, deux sommes de 40,000 fr.,	....	80,000
et, en 1869-1870, sept payements de 40,000 fr., et un de 20,000 fr., en tout 500.000 fr.	....	300,000
Nous trouvons, dans les papiers de M. Bure, une note au crayon qui laisse à penser. Elle est ainsi conçue :		
« Proposition au secret à Persigny de cent « mille francs, pour l'autorisation du prince pour « l'établissement de docks au chemin de fer de « Rouen. »		
PETITPIERRE, ancien secrétaire du prince Louis en Suisse. A partir de. mars 1852 , pension de 6,000 fr.	6,000	
PEUPIN, employé , sous Conneau, aux dons et secours, puis directeur-adjoint, reçoit, outre son traitement, 3,000 fr. pour indemnité de logement (1852).	3,000	
PHARAON (Florian) reçoit 2,000 fr. par mois depuis 1867. L'Empereur lui donne, en trois payements, pour son journal *l'Étincelle*, une somme de 150,000 fr.	24,000	150,000
PIEAU, maire d'Erdeven (Morbihan) sollicite de		

	PENSIONS	DONS
	fr.	fr.

l'Empereur (1869) , le remboursement de 200,000 que lui a coûté l'exploitation des huîtrières concédées à madame Bacciochi.

PIEMONTESI, ancien maire de Montmartre (1866), 7,000 fr. (dépenses électorales en 1848). . . . . | . . . . | 7,000

PIERRE (Vicomte DE LA) attaché au corps expéditionnaire, écrit de Mexico, 10 mars 1865, à M. de Morny, pour lui proposer, ainsi qu'à l'Empereur, l'acquisition *des mines d'or et d'argent de Guanajato*. A sa lettre est jointe une note à l'appui qui doit être de M. Laur, ingénieur, et qui mérite toute confiance.

« Votre Excellence, dit M. de la Pierre, n'i-
« gnore pas qu'il a été question autrefois pour
« l'Empereur d'acquérir *des mines en Califor-
« nie*, notamment dans le district de Mariposa.
« L'affaire actuelle conviendrait mieux à Sa Ma-
« jesté, ce me semble, d'abord par la discrétion,
« le secret se trouvant renfermé entre trois per-
« sonnes, chose qui n'a pas eu lieu pour les ac-
« quisitions de Californie dont on a parlé, même
« en France et publiquement... Le capital, divisé
« en douze cents actions au porteur de 5,000 pias-
« tres chacune, suffirait à faire disparaître la
« personnalité de Sa Majesté et celle de Votre
« Excellence. »

La production annuelle étant de 4,959,727 piastres d'argent et de 453,041 piastres d'or, le bénéfice net du fabricant, de 25 p. % (1,353,192 piastres ou 6,765,960 fr.) : le capital social (30,000,000) et le fonds de roulement (3.000,000 f.) dont 1,500.000 immédiatement nécessaires) pourraient être remboursés en cinq ans, à raison de 6,000,000 annuels.

Il est plus que probable que la mort du prince Maximilien et celle du duc de Morny firent avorter cette fructueuse opération.

PIERSON (Mademoiselle), 1,200 fr. par an, en attendant un bureau de tabac (1853). . . . . | 1,200 |

PINSON (François) sollicite vainement l'intervention

	PENSIONS	DONS
	fr.	fr.

de Sa Majesté « à l'effet d'être remboursé de « 6,800 fr. qui lui seraient dus par M. Aug. Hyr- « voix. »

Poggi (1868, dons et secours), au moins 10,000 fr. . . . . | | 10,000

Poggioli (Sylvestre), très-ancien ami, fondé de pou- voir du prince pour l'emprunt Pallavicino (1848), a été pourvu, à une époque indéterminée (1852), d'une recette générale, en Corse sans doute, puisque le docteur Conneau lui demande s'il en préfère une en France. Il jouit sous l'Empire d'une pension de 6,000 fr. dont le tiers est con- servé à sa veuve (1859) par l'entremise de M. Conneau . . . . | 6,000 |

Nous avons de M. Poggioli une lettre du 14 août 1852, où il se plaint à M. Bure que le président lui ait fait répondre par un aide de camp, et rappelle qu'à Ham on lui écrivait quel- quefois deux fois par jour.

Ponsard (F.) a « reçu de l'Empereur, par les mains de « M. Mocquard, la somme de 25,000 fr. » (2 avril 1858. Reçu signé.) . . . . | | 25,000

Puységur (Madame de), née Saint-Arnaud ; dot, en trois termes, 300,000. Nous avons le reçu de deux de ces termes (juillet-novembre, sans date). . . . . | | 300,000

Q

Querelles (Comte de) touche, aux dons et secours, de 1852 à 1868, 4,400 fr. . . . . | | 4,400

Querelles (Mademoiselle Hermine de), sœur du vi- comte de Querelles, complice de Strasbourg ; pension, 2,400 fr. . . . . | 2,400 |

R

Rapallo. Ce nom figure, avec ceux des industriels banquiers Orsi et Armani, sur des documents

	PENSIONS	DONS
	fr.	fr.

antérieurs à la présidence. M. Rapallo, en 1848 ou 1849, a prêté au prince une somme de 250,000 fr. . . . . | . . . . . . | 250,000

Le 30 mars 1850, il demande 4,500fr. arriérés et 1,000 fr. par mois, ce qui ne fait même pas l'intérêt à 5 p. 0/0. En octobre 1850, embarrassé par suite d'engagements pris à l'occasion du départ de son fils pour Calcutta, il fait demander par M. Orsi une somme de 7,500 fr. imputable sur le capital et les intérêts de sa créance. On lui doit d'ailleurs 10,000 fr. d'arriéré.

Enfin, avant la fin de 1850, il a été remboursé de 25,000 fr., puis, en 1852, de 210,000 fr. Reste dû, à cette époque, 15,000 fr. Le 14 avril 1856, Rapallo se déclare satisfait de ses avances, et s'en remet à la générosité de l'Empereur pour une pension. Dans la même lettre, il annonce la remise, à un tiers désigné, de sa correspondance avec le prince Louis[1].

REGNAULT DE SAINT-JEAN D'ANGELY (Comtesse DE), pension, 6,000 fr. . -. . . . . | 6,000 |

REINERT, agent électoral bonapartiste, brasseur, se plaint, dans des lettres burlesques, que ses opinions lui aient fait perdre sa clientèle. L'Empe-

---

[1] MONSIEUR,

Pour prouver à Sa Majesté l'Empereur mon dévouement à sa personne ainsi qu'à sa cause, depuis que j'ai eu l'honneur de le connaître, je désire finir comme j'ai commencé.

Moi Ernest Rapallo, déclare avoir reçu de Sa Majesté l'Empereur toute satisfaction pour mes avances, présent, passé et avenir, et laisse à sa générosité de faire pour moi ce qu'elle croira pour rendre le reste de mes jours heureux.

En outre, je m'engage à remettre entre vos mains toute la correspondance que j'ai eue avec Sa Majesté.

J'ai l'honneur d'être, Monsieur, votre très-humble et très-obéissant serviteur.

E. RAPALLO.

Paris, 14 avril 1856.

	PENSIONS	DONS
	fr.	fr.

reur, de sa main, lui alloue 50,000 fr. sur sa cassette (février 1854). . . . . | . . . . | 50,000

Richer, reçoit en 1867, 2,750 fr. par mois. . . . | . . . . | 33,000

Rolin (Le général) reçoit, en août 1854, 36,000 fr. | . . . . | 36,000

Rollet, ancien officier, son cautionnement, 7,900 fr. | . . . . | 7,900

Romey (Charles), encouragement littéraire (1852), 500 fr. . . . . . . : . . . . | . . . . | 500

Romieu. Une note au crayon trouvée dans les papiers de M. Bure laisse entrevoir le parti que les familiers du prince savaient tirer de sa complaisance. Même en ne leur donnant pas d'argent, le maître savait leur en faire gagner. Voici cette note :

   « Palais de cristal.

   « Véron . . |
   « Drouville. | Promesse à M. Romieu. s'il obtient
   « Callou . . | l'adoption du plan Itorf (Hittorf),
   « Romieu. . | 100,000 fr. actions. »
   « Itorf . . |

Rother, Allemand ou Suisse, demande quelque argent pour son terme et pour payer des dettes contractées durant la maladie de sa femme. Il signe : « Le déjà reconnaissant. » 27 février 1866, 1,250 fr. ; 27 avril, 1,000 fr. . . . . | . . . . | 2,250

Rothschild. Les rapports financiers du prince et de l'Empereur avec la maison Rothschild ont été constants, au moins depuis 1848. Une série de comptes courants, souvent assez chargés, ne nous révèle rien de très-particulier. Nous y relèverons en 1848, 1849 et 1850, trois déficits de 30,000 fr., 25,000 et 64,712 fr. 80 c. La dépense totale pour 1850 s'est élevée à 199,712 fr. 80 c.; le dépôt était de 135,000 fr.

   En 1852 (septembre), la maison Rothschild prête 500,000 fr. remboursables 250,000 fr. fin courant, 250,000 fr. fin prochain.

   En 1860, la maison Rothschild fournit (à titre d'avance ou de prêt?) 600,000 fr. destinés sans doute à un achat de 26,400 fr. de rente 3 p. 0/0 (600,530 fr. 45 c.).

	PENSIONS	DONS
	fr.	fr.

En 1861, nouvelle avance de 1,024,212 fr.

La même année, traite fournie sur des banquiers de Madrid (envoyée sans doute à madame de Montijo), 689,739 fr.

Une vente de rentes, qui produit 1,125,500 fr. semble destinée à rembourser la maison Rothschild. Reste en compte au crédit : 424,212 f. 05 c.

Sept lettres du baron J. de Rothschild à M. Bure (février-juillet 1869) sont relatives à l'achat pour l'Empereur de 100,000 fr. de rentes sur l'emprunt 1868, et à une somme de 500,000 fr. portée, suivant les instructions de M. Bure, sur le compte de celui-ci.

	PENSIONS	DONS
Roucy (De), à Compiègne, 1868-70, a reçu une somme de 6,000 fr.	....	6,000

S

	PENSIONS	DONS
Sacaley, sous-chef du cabinet de l'Empereur, reçoit, outre ses appointements, en 1869, une somme de 24,000 fr.	....	24,000
Saint-Amand (Demoiselle Adèle de), en 1859, pension de 2,000 fr.	2,000	
Saint-Arnaud (La maréchale), pension de 20,000 fr.	20,000	
Saint-Cricq, pour sa publication (?), 1,600 fr. (1857).	....	1,600
Saint-Félix (Jules de), gratification en juin 1852, 500 fr.	....	500
Saint-Georges (De), 1865. Pension de 6,000 fr. qui lui est servie à Bruxelles.	6,000	
En décembre 1860, M. de Saint-Georges a reçu 25,000 fr.	....	25,000
Saint-Simon (Marquise de), de 1866 à 1869, 9,000 fr. aux dons et secours.	....	9,000
Sandon (Léon), pensionné après sa sortie de Charenton, a reçu de janvier à août 1870, par les mains du docteur Conneau, 4,000 fr.	....	4,000

	PENSIONS	DONS
	fr.	fr.
Santini, gardien du tombeau de l'Empereur, reçoit sur les fonds de l'intérieur un traitement de 3,000 fr.	3,000	
Sari de Saint-Georges (Madame), 1853-1854, 12,000 fr. sur les fonds de l'intérieur.	. . . .	12,000
Sari (Napoléon) sollicite sans résultat, en 1869, l'emploi d'inspecteur général des établissements de bienfaisance.		
Sarrans, septembre 1862, 3,000 fr.	. . . .	3,000
Saurin (Général). 1864, par mois, 3,000 fr. . . .	. . . .	56,000
En 1865, 5,000 fr. par mois.	. . . .	60,000
Schaller (De), colonel, complice de Strasbourg, est fréquemment secouru. A partir de janvier 1859, il jouit d'une pension de 12,000 fr.	12,000	
En 1862, il avait déjà, sans compter son traitement, reçu par sommes annuelles de 20, 25, 15,000 fr., une allocation de 120,000 fr. sur la cassette.	. . . .	120,000
En 1863, une nouvelle somme de 50,000 fr. est mise à sa disposition ; en 1864, c'est encore 28,500 fr.	. . . .	50,000
	. . . .	28,500
M. de Schaller avait éprouvé de grands malheurs vers 1865. Sa femme, dans une maison de santé, lui coûtait 450 fr. par mois, au moment même où des spéculations malheureuses, entreprises pour sauver son gendre M. Forel, industriel dans les Vosges, l'avaient mis aux abois ; il aurait voulu, outre 40,000 fr. qui lui furent accordés.	. . . .	40,000
le payement mensuel de la pension de sa femme. Sa fille, madame Marie Forel sollicitait pour lui énergiquement, et M. Conti se chargeait d'aiguillonner la reconnaissance du maître. (Lettres de novembre 1865.)		
Faut-il confondre avec la libéralité précédente celle qu'obtient, à un autre titre, ce semble, madame Marie Forel dans cette même année 1865 ? Cette dame demande à l'Empereur 50,000 fr. ou au moins 40,000 fr. que son père doit encore sur		

	PENSIONS	DONS
	fr.	fr.
sa dot à M. Forel. On lui donne les 40,000 fr. et elle sollicite encore les 10,000 autres. En somme, la famille de Schaller a reçu au moins, de 1857 à 1865, 240,000 fr. sans compter la pension.		
Schuyt de Castricum (1850), ancien écuyer du roi Louis, pension 1,200 fr.	1,200	
Sibuet (Baron) a reçu en 1870, 5,000 fr.. . . .	. . . .	5,000
Shepard (comptes Mocquard) touche, de juillet à octobre 1867, 100,000 fr. sans doute pour l'affaire des maisons ouvrières de Vincennes. . . .	. . . .	100,000
Smith (G. S.) reçoit de l'Empereur, par MM. Baring, 67,900 fr..	. . . .	67,900
Solano (Madame la comtesse de), dame d'honneur honoraire, pension 2,400 fr.	2,400	
Soltykoff, pour solde (acquisitions de terrains), 205,000 fr. en juillet 1864.	. . . .	205,000
Stadler (Eug. de), homme de lettres. 21 janvier 1868, a reçu 6,000 fr. de M. Pietri (Franceschini).	. . . . . .	6,000
Ailleurs 2,000 fr. pour un travail commandé par M. de Persigny.	. . . .	2,000
Strode touche, à titre inconnu, une somme totale de 900,000 fr. par 50,000 fr. mensuels, échelonnés sur le second semestre des années 1862-1863-1864.	»	
	. . . .	900,000
Stupuy (père), blessé le 2 décembre, pension de 2,000 fr..	2,000	
Sylvestre (Théophile), depuis 1867, 12,000 fr. par an sur la cassette.	12,000	

T

T. (Madame?). Nous trouvons allouées à cette dame inconnue les sommes de 90,000, 30,000 et 80,000 fr., toutes pour l'année 1857. La mention *pour solde* montre qu'il s'agissait d'un payement convenu et une fois fait de 200,000 fr.	. . . .	200,000

	PENSIONS	DONS
	fr.	fr.
TARENTE (Duc DE), en 1869, reçoit, par 2,000 fr. mensuels, une somme de 24,000 fr.	. . . .	24,000
TASCHER, famille nombreuse alliée aux Beauharnais, et, par suite, aux descendants de la reine Hortense.		
Le comte Tascher de la Pagerie, parent et aide de camp d'Eugène, vice-roi d'Italie. Un décret du 21 juin 1852 lui alloue une pension de 6,000 fr.	6,000	
Est-ce lui qui, dans une note autographe de l'Empereur, au crayon, devient le duc Tascher? Tascher (Ch.), chef d'escadron, sollicite, le 10 février 1868, une somme de 1,850 fr. pour payer une dette. . . . . Il l'obtient.	. . . .	1,850
Tascher; à la Martinique, fils du cousin germain de l'impératrice Joséphine, jouissait d'une pension de 2,400 fr. Il est mort avant 1866. .	2,400	
Tascher (Théobald), frère du précédent, venu des colonies sans ressources, en 1858, sollicite pour lui la pension de son aîné. Il obtient seulement 2,000 fr.	2,000	
Il demande en vain que l'allocation soit élevée à 3,000 fr. Il ne semble pas avoir obtenu non plus la perception d'un sieur Ohier, décédé, ni un secours de 10,000 fr. qu'il demandait pour payer ses dettes. Nous ne savons s'il a été plus heureux pour un emploi de sous-lieutenant dans la légion étrangère.		
Madame Tascher, parente de l'Empereur, pension de 600 fr. (21 juillet 1853)	600	
Madame la comtesse Henri Tascher de la Pagerie, pension de 600 fr. (29 octobre 18:.3). . .	600	
Tascher de la Pagerie (Henri), pension de 1,200 fr. (28 février 1854)..	1,200	
Desvergers de Sannois, de la famille Tascher de la Pagerie, 6,000 fr. (28 février 1854). . .	6,000	
Mademoiselle Clémence Tascher de la Pagerie, 1,200 fr. (même date).	1,200	
Madame Barillon, née Tascher de la Pagerie, 1,200 fr. (même date).	1,200	

	PENSIONS	DONS
	fr.	fr.

Tascher de la Pagerie (Hortense), 1,200 fr. (7 avril 1855). . . . . — **1,200** —

C'est donc environ 25,000 fr. par an que nous coûtait la famille Tascher.

TEMBLAIRE, sous-préfet de Mostaganem, sous la présidence; correspond avec M. Bure. lui dénonce le régisseur de sa concession, le nommé Brasseur, et lui parle en faveur d'un agent nommé Lelorrain. Il reçoit, très-certainement, des secours ou une pension régulière (2,000 fr.?). . — **2,000** —

M. Temblaire, après avoir refusé la préfecture de Constantine, pour raison de santé, fut nommé par l'Empereur, en 1852, inspecteur général de la librairie et de l'imprimerie; non admis dans ces fonctions par M. de Persigny, et nommé simplement inspecteur honoraire, il redemande en 1863 la position qui lui avait été promise; il sollicite en 1868 la croix d'officier de la Légion d'honneur; chevalier depuis seize ans, il est, dit-il, le seul membre du *comité Piat* qui ne soit pas encore officier.

En 1865, M. Temblaire avait reçu 2,500 fr. qu'il restait devoir à l'imprimerie Paul Dupont pour la publication des Œuvres de l'Empereur. — .... — **2,500**

Son fils, M. Napoléon Temblaire, filleul de Napoléon III, attaché depuis sept ans au ministère de l'intérieur, demande une place d'inspecteur adjoint aux prisons ou à l'assistance (1862-1863). La recommandation de l'Empereur semble avoir été longtemps éludée par la mauvaise volonté de MM. Persigny et Boudet.

TERNANO. Nous trouvons sous cette signature la lettre suivante, qui ne nous paraît pas sans intérêt :

« SIRE,

« En ma qualité de *pensionné* de la cassette
« de l'Empereur et de membre d'une famille dont
« le dévouement a été éprouvé en 1792 et 1815,
« je crois de mon devoir de faire connaître à

	PENSIONS	PENSIONS
	fr.	fr.

« Votre Majesté ce qui se passe dans ce moment
« à Ajaccio.

   « Des hommes, qui ne sont pas les amis des
« Bonaparte, ont fait croire au prince Pierre,
« votre cousin, qu'il n'avait qu'à concourir pour
« être nommé député de la Corse. Il les a écou-
« tés et s'est mis sur les rangs... Cette manœuvre
« n'a d'autre but que de faire subir un échec au
« prince Pierre, échec que les malintentionnés
« croient pouvoir atteindre le nom de Bonaparte,
« qui ne peut être atteint que par le bon Dieu. »
(Ajaccio, 25 mai 1863.)

   Cette affaire se serait résumée pour le prince
Pierre en une augmentation de pension.   –

THEIL (Mademoiselle), Madame Lespiau (juin 1858) :
  un titre de rente dont le produit (24,951 fr. 50 c.)
  est destiné à lui constituer une dot. 24,951ʰ50

THÉLIN (Charles), très-ancien serviteur et homme
  de confiance de Louis-Napoléon, trésorier de la
  cassette particulière. Ses filles ou sœurs, mesde-
  moiselles Thélin, recevaient une pension (1,800
  et 1,200).   3,000

THEULLIER. 1864-1870, *passim*, reçoit 5,000 fr. par
  mois.

THIÉRION, gouverneur de Saint-Cloud (1863),
  4,000 fr..   4,000

THOURET, de juillet 1863 à 1868 au moins, reçoit
  9,000 fr. par an.   9,000

TREUILLE DE BEAULIEU (Colonel). Dot de sa fille,
  24,000 fr.   24,000

TROÏLI (Comte DE). 12,000 fr. de pension (1853).   12,000

V

VALENCY (Bossu DE). 1850, 500 fr.   500
  don du prince pour la remise de la correspon-
  dance avec M. Joly (?) ; 1856, don de 10,000 fr.   10,000

VERGEOT. Ce nom revient fréquemment dans les

	PENSIONS	DONS
	fr.	fr.

pièces que nous analysons; il est porté par un très-ancien serviteur du prince et par une dame ou demoiselle Alexandrine, très-favorisée en tout temps. On n'aura pas oublié que le personnage qui signe Louis-Napoléon et se dit fils de l'Empereur l'appelle sa sœur adoptive. Voici, sans autre commentaire, les renseignements recueillis :

	PENSIONS	DONS
Avril 1865, Alexandrine Vergeot rembourse 200 fr. (?), qu'elle devait sans doute à quelque créancier	. . . .	200
Juillet 1845, vendu au nom de Vergeot 390 fr. de rente 5 pour 0/0, 9,473 fr..	. . . .	9,473
14 octobre 1845, *acte de reconnaissance des enfants Vergeot* (au notaire, 30 fr.).		
Janvier 1847 et mois suivants, Alexandrine Vergeot touche une pension de 1,600 fr. . . .	1,600	
Mars, loyer 1,000 fr., plus une somme de 3,000 fr..	. . . .	4,000
Août, gratification, 500 fr.; une pièce de vin, 200 fr.	. . . .	700
Novembre 1848, loyer un terme et demi, 310 fr..	. . . .	310
Vin, vaisselle, meubles, lingerie, pendule, ustensiles de cuisine; en tout, 3,440 fr. 05 c. . .	. . . .	3,440'05·
1er mars 1849, pension mensuelle, 500 fr. .	6,000	
De décembre 1850 à juillet 1851, A. Vergeot reçoit, en sept payements, une somme de 50,000 fr..	. . . .	50,000
1er août 1852, Alexandrine Vergeot reconnaît avoir reçu de M. Bure pour cinquième et dernier payement, par ordre du prince-président, 5,000 fr. A supposer les payements égaux, c'est un don, peut-être une dot, de 25,000 fr. . . .	. . . .	25,000

Alexandrine figure encore, sur la liste des pensions en 1853, pour 6,000 francs mensuels; mais l'article qui la concerne est rayé au crayon.

Viallet de Condrieu, membre de sociétés chorales et de secours mutuels dans l'Isère, a fait au prince impérial un legs dont nous ignorons la va-

	PENSIONS	DONS
	fr.	fr.
leur et que M. Anselme Petetin conseille de rendre public.		
VIEILLARD, ancien précepteur de Louis-Napoléon, sénateur, avait quelques menues dettes, payées en 1858; en tout, 10,000 fr. Cette somme ne paraît pas être une pension, car elle est soldée par parties inégales : 5,784 fr. 85 c. et 4,215 fr. 15 c.	....	10,000
VIGNON (Claude). Pension de 6,000 fr., à partir de septembre 1862.	6,000	
VILLAUME père (à Nancy). Pension de 1,500 fr. (1853)	1,500	
VINOT (Baron). En 1869, pension de 6,000 fr.	6,000	
VOGT (?). Il lui est remis, en août 1859, 40,000 fr.	....	40,000

W

	PENSIONS	DONS
WALDOR (Madame Mélanie) a reçu, en 1858, une somme de 5,000 fr.	....	5,000
En décembre 1856, elle sollicite pour son cousin, M. Moret d'Aiguebelle, une sous-préfecture dans le Midi.		
Elle offre, en 1865, une cantate, *Paris au désert*, intercalée dans une pièce de circonstance (Voyage de l'Empereur en Algérie).		
Enfin, nous la trouvons portée, en 1859, pour une pension de 6,000 fr.	6,000	
WEYNAND (Comte). C'est sans doute à titre de directeur intendant de quelque ferme impériale qu'on lui remet (septembre-décembre 1858) 150,000 fr.	....	150,000
WELDEN (Baronne DE) née de Rupplin, reçue avec affection par la reine Hortense, ne cesse d'envoyer à l'Empereur de menus souvenirs et de lui rappeler sa situation précaire et celle de ses filles. Elle va jusqu'à lui demander de faire habiller sa petite-fille, qui va faire sa première communion (1858-1868). Peu de mois se sont passés sans lettre de la famille de Welden.		

	PENSIONS	DONS
	fr.	fr.

WEZYK, ancien serviteur. Secours nombreux, bien que modiques, depuis 1847 ; pension de 800 fr. (1853) . . . . | 800 | |

WILSON. (W), mars 1858, accuse à M. Mocquard réception d'une traite de 500 £ (12,500 fr.) sur Baring.. . . . . | | 12,500 |

WOHL., constructeur à Strasbourg. En 1866, il a reçu une avance de 40,000 fr., dont il lui est fait remise en 1868. . . . . | | 40,000 |

En 1870, il demande 50,000 fr. et éprouve un refus.

WYSE (Sir Thomas), mari de la princesse Letizia Bonaparte-Lucien. On sait, par les comptes Bates (voir ce nom), que le prince Louis lui avait prêté 400,000 fr. sur des garanties insuffisantes.

Sir Th. Wyse et la princesse Letizia ne vécurent pas longtemps ensemble, et, comme il arrive dans ces sortes de situations, ne manquèrent pas de rejeter les torts l'un sur l'autre.

On pourra juger des griefs, vrais ou faux, de madame Wyse par quelques extraits d'une lettre de la vicomtesse d'Arlincourt, adressée au comte de Survilliers (Joseph Bonaparte).

« Votre infortunée nièce, après avoir été sept
« ans victime des plus indignes traitements de la
« part de son mari (M. Wyse), se décida enfin à y
« mettre un terme ; elle quitta son mari. Elle a
« de lui une pièce bien importante : c'est un écrit
« par lequel il déclare que, sous le rapport de la
« fidélité conjugale et de la conduite, il n'a pas le
« moindre reproche à lui faire ; puis il lui permet
« de vivre où elle voudra, comme elle voudra, avec
« qui elle voudra, sans qu'aucune autorité, civile
« ou religieuse, puisse l'inquiéter. Par cet écrit en-
« core, il lui assure une pension de 6,000 livres
« de rentes. Mais, ce que ne pouvait prévoir la prin-
« cesse Letizia, M. Wyse, après s'être montré le
« plus mauvais des maris, a encore voulu être un
« père barbare ; il a abandonné à la haine d'une
« malheureuse femme son fils aîné, le jeune Napo-

	PENSIONS	DONS

« léon Wyse. Cette femme cruelle, après l'avoir
« remis aux mains d'un infâme médecin, nommé
« M. Rat, pour faire périr cette innocente créature
« par suite d'horribles traitements, le fit enfermer,
« quatre mois après, à Maréville près Nancy, dans
« une maison d'aliénés : il y avait été placé comme
« le fils d'un paysan dont la monomanie était de
« se croire le petit-neveu de l'Empereur et le fils
« d'un riche Anglais, lord de la trésorerie. Chaque
« fois qu'il rappelait ses titres de grandeur, il n'ex-
« citait que la pitié et se voyait traiter plus sévè-
« rement encore. Enfin il découvrit le lieu qu'ha-
« bitait sa mère et lui fit connaître son sort ; elle
« accourut le délivrer. Cette intéressante histoire,
« dont nous avons les preuves sous les yeux, a
« tellement touché M. d'Arlincourt, qu'il va en pu-
« blier le récit dans un ouvrage auquel il travaille
« en ce moment, et dont la publicité pourra être
« utile au jeune Napoléon Wyse et à sa mère. »

Suivent des détails sur les démarches et dépenses de madame Wyse, pour « mettre son pau-
« vre enfant sous la protection du Lord chancelier
« (ce qu'elle a obtenu). »

« Que demanderait aujourd'hui votre malheu-
« reuse nièce, M. le comte ? Une chose qui me pa-
« raît juste ; elle vous supplierait de lui prêter
« 12,000 fr., qu'elle vous rendrait dans trois ans,
« sur la pension de son fils. Il a maintenant dix-
« huit ans, et, dans trois ans, à sa majorité, il
« aura droit à 15,000 fr. de revenu.

« M. d'Arlincourt, qui porte un vif intérêt à
« madame Wyse, et qui écrit les malheurs de son
« fils, se trouverait heureux de pouvoir terminer
« son récit en proclamant hautement la généro-
« sité des nobles parents qui viendront à son aide.

« Aix-la-Chapelle, ce 2 juillet 1841. »

D'autre part, la famille Wyse n'avait pas pris avec
moins de chaleur le parti de sir Thomas. Nous
avons sous les yeux une lettre de son frère, sir
George Wyse (octobre 1862), qui demande une

	PENSIONS	DONS

audience à l'Empereur pour lui exposer les dernières volontés de sir Thomas, « mort victime
« de chagrins domestiques causés par la conduite
« indigne d'un membre de la famille Bonaparte. »
Le testament de sir Thomas est attaqué devant les
tribunaux. « On espérait que le puissant appui
« de l'Empereur arrêterait diverses divulgations
« peu favorables à d'autres membres de la famille
« Bonaparte-Wyse. » Mais l'aîné des fils Wyse, Alfred, n'a rien épargné pour outrager la mémoire
paternelle. 1° Il a ramené sa mère, séparée depuis trente-quatre ans, au domicile conjugal,
« peu de semaines après la mort de celui que sa
« conduite scandaleuse et celle de ses deux fils lé-
« gitimés avaient conduit au tombeau. » 2° Il a annoncé à Dublin l'arrivée de madame de Solms, en
la qualifiant « princesse Marie de Solms, née Bo-
« parte-Wyse. » 3° Il a annoncé la naissance d'un
fils de madame Jum, qu'il désigne comme née Bonaparte-Wyse, « bien que lui-même eût signé ré-
« cemment un document légal d'où il résulte que
« lui et son frère William sont les seuls enfants de
« sir Wyse. » De plus, cet Alfred se dit autorisé par
l'Empereur, qui « doit payer les frais du pro-
« cès. » Si tout cela n'est pas démenti, sir George
Wyse, « pour faire prévaloir les désirs de son frère
« Thomas, va être contraint d'entrer dans les dé-
« tails de très-pénibles et anciens faits, » qu'on
passerait bien volontiers sous silence.

Y

YVAN (Docteur). Il demande à l'Empereur de quoi
marier sa fille et habiller sa femme pour la noce ;
il ne fixe pas de chiffre (4 juin 1861).

Z

ZELLER (Madame), ancienne directrice des postes à
Ham. Services rendus au prince ; bureau de tabac
en 1869.

On nous a demandé, de divers côtés, sur quelles pièces et d'après quels documents nous avions établi la liste qui précède. Outre les lettres et requêtes plus ou moins confidentielles tombées aujourd'hui dans le domaine public, un grand nombre de comptes officiels nous ont permis de livrer à une juste publicité quelques noms appartenant au personnel secret et au cortége complaisant de l'Empire. Voici, entre mille autres, un de ces tableaux précieux.

CASSETTE PARTICULIÈRE DE L'EMPEREUR.

APERÇU DU MOIS DE JUIN 1870.

Mourmelon (Marne), 4ᵉ à-compte sur 100,000 fr. . .	10,000
M. Granier de Cassagnac, 3ᵉ à-compte sur 160,000 fr. .	16,000
M. Bachon, 6ᵉ à-compte sur 72,000 fr.	6,000
Baron David, pour juin.	3,000
Vases antiques pour Saint-Germain, solde de 16,000 fr.	4,000
Annales de l'Empire, solde de 6,000 fr.	1,000
Représentation de Mˡˡᵉ Nilsson au bénéfice des artistes. .	1,000
Société des médaillés de Sainte-Hélène d'Avignon. . .	1,000
M. Torchy, travaux du général Favé.	1,000
M. Bulliot, travaux du commandant de Reffye.	3,000
M. Mouchot, *idem*.	1,000
M. Ganneron.	5,000
M. Soulié.	24,000
M. Cornu, tableau.	20,000
	96,000

Quelques intéressés paraissent avoir mal interprété certaines indications consignées dans notre résumé alphabétique. Ainsi, le mot *dot* suivi d'un point d'interrogation a donné lieu aux insinuations les plus maladroites et les plus blessantes pour la personne qui en est l'objet. Un grand nombre de filles de militaires ont reçu en dot, il est facile de s'en convaincre en parcourant les pages qui précèdent, des sommes de 20 ou

25,000 francs. Le point d'interrogation ne suppose donc qu'une destination fort probable et fort avouable. Rien de plus et rien de moins.

Quant aux *puritains* signalés par certains anonymes, ils voient avec plaisir une œuvre éminemment morale soulever les récriminations des complices et des complaisants. Le coup a porté. Où donc serait la responsabilité politique et sociale, si ceux qui ont sollicité ou accepté les faveurs du 2 décembre devaient échapper aux yeux de la génération que leurs capitulations de conscience ont condamnée à l'humiliation et aux désastres?

———

Au dernier moment, nous retrouvons encore les documents suivants, qui nous paraissent de nature à être publiés à la suite de notre travail.

1

Le journal le Peuple français *a reçu chez Marcuard-André ;*

1869.	1er mars.	50,000
	1er avril.	50,000
	27 avril.	40,000
	29 avril.	50,000
	2 juin.	50,000
	14 juin.	50,000
	1er juillet.	50,000
	21 juillet.	50,000
	2 août.	50,000
	17 août.	50,000
	2 septembre.	50,000
	16 septembre.	50,000
	2 octobre.	50,000
	15 octobre.	50,000
	2 novembre.	50,000
	13 novembre.	50,000
	25 novembre.	50,000

	7 décembre.	27,000
	17 décembre..	50,000
1870.	3 janvier.	50,000
	17 janvier..	50,000
	5 février.	50,000
	26 février.	50,000
	25 mars..	50,000
	11 avril.	50,000
	30 avril..	50,000
	1ᵉʳ juin..	50,000
	9 juillet..	50,000
	30 juillet.	50,000
	TOTAL.	1,417,000 ᶠ

2 .

Liste des pensions accordées aux anciens serviteurs de S. M. la reine Hortense, de S. M. l'Empereur et aux hommes (sic) de Boulogne.

Ancel.	300 ᶠ
Bellier.	900
Borlini.	900
Brunet.	900
Buzenet..	300
Madame veuve Clère.	360
Crenne.	900
Demangeot..	2,400
Finckbohner.	300
Frère..	3,000
Gillemand.	1,200
Madame Guibout.	300
Haumeyer (Georges).	500
Jardein.	900
Madame Lefebvre.	300
Lemaître.	600
Mademoiselle Lob (Anna).	600
La vieille Madeleine.	500
Prudhomme.	900
Rickembach (Fritz).	500

Singer (Marianne).	300
Thevoz.	900
Vitry.	600
Weber (Jacob).	500
Wezyck.	800
Winher.	300
Bernard (Joseph), à Mondragon.	600

Nota. Ce dernier nom écrit au crayon.

———

La simple mention du nom de Lebarbier de Tinan nous a valu, de la part de la famille, la communication suivante :

« Parmi les allocations qui figurent au chapitre *Dons et se-* « *cours*, dans les comptes de la liste civile, une somme de « mille francs est portée comme ayant été reçue par *Lebar-* « *bier de Tinan.*

« Il résulte d'informations précises à cet égard que cette « somme n'a été touchée par aucun des membres qui portent, « *de leur chef*, le nom de cette famille. La personne qui l'a « reçue est madame Mercédès Lebarbier de Tinan, *née Merlin* « *de Thionville.* Titulaire d'un bureau de tabac et inspec- « trice des écoles de filles dans le département de la Seine, « cette dame pouvait, à ce dernier titre, se trouver chargée de « distributions charitables. »

———

Pour compléter cette note, ajoutons que madame Lebarbier de Tinan a encore reçu, et à titre personnel, 2,300 francs le 11 avril 1863, et 1,000 francs le 9 mai 1870.

Un mot maintenant sur une réclamation récemment adres- sée au journal *le Temps.* Nous n'entendons pas contester à M. Frédéric Degeorge le titre de républicain ; nous regrettons seulement que beaucoup de républicains d'avant 1848 aient été bonapartistes. Nous avons sous les yeux deux reçus de 200 francs datés de décembre 1858 et signés Frédéric Degeorge.

XXVIII

NOTE SUR LE ROLE DE LA PRESSE DANS LES ÉLECTIONS DE 1869 (PAR M. F. GIRAUDEAU).

30 mars 1868.

Jusqu'à ce jour, le Ministre de l'intérieur a cru nécessaire de décourager toutes les candidatures qui pourraient se produire à côté de la candidature officielle, de traiter en *ennemi de l'empire* quiconque n'aurait pas reçu le patronage administratif.

L'opposition en a profité. Elle a excité, circonvenu, choyé toutes ces ambitions contrariées. Sous prétexte d'*union libérale*, elle a peu à peu attiré vers elle tous ces candidats équivoques, dont la plupart eussent accepté, dont beaucoup avaient sollicité l'investiture officielle.

Elle les a faits *siens*, et le gouvernement sembla battu quand le suffrage universel lui envoyait des hommes qui ne demandaient qu'à le servir.

C'est ce mal qu'il faut éviter. C'est sur ces candidatures équivoques que doit se porter toute l'attention du gouvernement ; car c'est par elles qu'on arrive au second tour ; *et c'est au second tour* (on peut en être certain) *que se feront les élections de* 1869. A Paris seulement, l'opposition compte présenter une liste appuyée par la coalition des journaux hostiles. Partout ailleurs elle compte susciter autant de candidatures indépendantes qu'il s'en pourra trouver, afin de concentrer, au second tour, sur un seul nom tous les suffrages disséminés à la première épreuve.

C'est là le point essentiel, l'objectif qu'il ne faut pas perdre de vue.

On pourrait craindre qu'une transaction affaiblît le principe des candidatures officielles, ce qu'il faut soigneusement éviter. La candidature officielle est une nécessité gouvernementale. Habilement, modérément pratiquée, dégagée des maladresses et des excès qui l'ont trop souvent compromise, elle défiera toutes les attaques.

Il y aurait un moyen, selon moi, de concilier ce double intérêt.

C'est ce moyen que vous m'avez demandé de vous exposer. Je vais essayer de le faire.

Élections de Paris.

Les élections de 1863 ont été mauvaises.

Si l'administration suivait les errements classiques, celles de 1869 seraient plus mauvaises encore. Les noms des députés de Paris auraient une couleur bien plus tranchée que ceux des derniers élus. On parle déjà de porter Félix Pyat, Victor Hugo, etc.

Sur quel moyen compte l'opposition pour réussir? Sur le moyen par lequel elle a réussi en 1863 : sur une coalition de journaux.

Il faut empêcher cette coalition de se former, ou plutôt il faut la retourner contre l'opposition: c'est possible.

Le vote de la loi sur la presse et sur le droit de réunion, la présence de tous les ministres à la chambre, transformation libérale du régime de 1852, inspirent à la partie éclairée de l'opposition le regret de s'être engagée dans la voie de l'hostilité dynastique.

Elle comprend que le moment arrive, que le moment est venu où elle pourrait, avec de sérieuses chances de succès, aspirer à la vie politique. Or, il faut bien le dire, la principale cause de l'hostilité de la jeunesse (et c'est la seule hostilité véritablement dangereuse), ce n'était pas une question de principe, c'était une question d'intérêt. Elle regrettait surtout le régime parlementaire, parce qu'il permettait à toutes les capacités de se faire jour, et que l'Empire n'offrait pas aux jeunes talents de plume ou de parole d'assez larges issues.

Mais, l'empire devenant libéral, la vie politique se ranime; la parole reconquiert son influence et son prestige. M. Pinard est porté fort jeune au ministère par sa réputation d'orateur. Le rôle de la presse s'accroît. De plus grandes destinées s'offrent partout à la jeunesse intelligente. On le sent et l'on attend [1]. Qu'attend-on? La première occasion d'entrer dans la voie de l'opposition sans arrière-pensée, de l'opposition dynastique, de l'opposition constitutionnelle.

---

[1] Comme tous les jeunes avocats avaient, il y a six ans, les yeux fixés sur M. Émile Ollivier, prêts à le suivre s'il eût réussi, tous les jeunes écrivains ont aujourd'hui les yeux fixés sur M. C. Duvernois, impatients de savoir s'il sera plus habile ou plus heureux que son devancier de la tribune.

La lettre du 19 janvier devait être cette occasion. Mais les généreuses intentions de l'Empereur furent si gauchement exécutées, que la confiance ne vint pas et que l'élan fut pour ainsi dire arrêté avant de s'être produit.

Une réaction commence à se manifester. On apprécie plus sainement les concessions faites. Que le gouvernement par ses paroles, que l'administration par sa pratique quotidienne se mette en harmonie avec la situation nouvelle et l'occasion perdue renaîtra d'elle-même.

Le Ministre de l'intérieur, par son dernier discours, a déjà esquissé ce programme. Que le gouvernement, sous une forme ou sous une autre (voir l'annexe A), adresse un nouvel appel à l'accord sur le terrain constitutionnel : il sera entendu. L'opposition se scindera en deux parts. La meilleure, la plus intelligente, la plus vivace se séparera des ennemis systématiques.

A *l'Union libérale*, si elle tente encore de grouper ses débris, elle opposera *l'Union dynastique*[1].

L'Union dynastique se formerait par la presse, sans que le gouvernement dût intervenir. On procéderait de la sorte :

L'administration présenterait, comme de coutume, une liste de candidatures officielles que soutiendraient *la France, le Constitutionnel, la Patrie, l'Étendard* et *le Pays.*

---

[1] Cette dénomination ne m'appartient pas. Elle a été trouvée par M. Duvernois, qui, de son côté, se préoccupait du *second tour* et cherchait (par d'autres combinaisons) à opposer à *l'Union libérale*, cette ligue de tous les mécontents, une ligue de conservateurs de toute nuance et d'amis de tous degrés. Il adhérerait à ce programme. Il se ferait l'instigateur et l'organisateur principal de *l'Union* dans la presse de Paris et de province.

L'opposition radicale, légitimiste et républicaine, aurait également ses candidats, qu'elle voudrait fondre en une liste placée sous le patronage éclectique de *l'Union libérale*.

Le pourrait-elle si *l'Union dynastique* s'était assuré le concours des journaux suivants :

L'Époque ;

La Liberté ;

Le Journal des Débats ;

Le Temps ;

La Presse ;

Le Journal de Paris ;

L'Avenir national ;

Le Courrier français (ou tout autre journal économique populaire, créé ou à créer) ;

L'Univers ;

Le Monde ;

Le Figaro.

Devant un tel faisceau que pourraient faire *le Siècle* et *l'Opinion nationale*, la *Gazette de France* et *l'Union* ?

Pourraient-ils seulement s'unir ?

Or, pour former ce faisceau, il suffirait de donner à chacun de ces journaux un candidat dont il considérât la réussite comme un succès personnel.

Ainsi on pourrait prendre (je n'ai pas naturellement la prétention de dresser une liste ; j'indique seulement des noms-types) :

Pour *la Liberté*, M. Émile Ollivier.

Pour *l'Époque*, M. C. Duvernois.

Pour *le Temps*, M. Hébrard.

Pour le *Journal de Paris*, M. Hervé.

10.

Pour *l'Univers*, M. de Melun.

Pour *le Monde*, M. Cochin (contre M. Guéroult).

Pour *le Journal des Débats*, M. J. Lemoinne.

Pour *la Presse*, M. C.-Clarigny.

Pour *l'Avenir national*, M. Pinart.

Pour *le Courrier français* (ou tout autre journal ouvrier), un ouvrier.

Il serait facile de vous citer tel ouvrier, très-populaire, qui, par son mérite, serait parfaitement digne de siéger au Corps législatif, et qui, par la modération de ses idées, pourrait inspirer au gouvernement une entière sécurité.

Le Figaro n'apporterait pas de candidat à la liste. Mais il y aurait bien d'autres moyens de l'intéresser à son succès [1].

Tous ces candidats s'engageraient (sans qu'il leur en coutât beaucoup) à signer une profession de foi nettement dynastique. Élus, ils siégeraient au centre.

En formant une liste qui réunirait ainsi, depuis M. Cochin jusqu'à un ouvrier, toute la gamme de l'opposition constitutionnelle, on comblerait l'abîme qui sépare aujourd'hui les « amis du premier degré » des ennemis déclarés. Contrairement à la politique qui a prévalu jusqu'à ce jour et qui traitait en ennemi (et par cela seul rendait souvent ennemi) quiconque manifestait quelque velléité d'indépendance, on élargirait assez les cadres de l'armée napoléonienne, on adoucirait assez sa

---

[1] *L'Union dynastique* n'offrirait pas seulement aux journaux de Paris des candidatures à Paris : le nombre en est trop restreint. Tous les journalistes importants ont en province une circonscription où ils rêvent de se porter un jour.

discipline pour que tout ce qui n'est pas radicalement
hostile y pût prendre place.

Ce n'est pas tout : pour que cette conversion soit effi-
cace, il faut qu'elle soit préparée de longue date. Dès
que le plan de campagne serait arrêté, les journaux
coalisés sentiraient eux-mêmes la nécessité de rentrer
sur le terrain constitutionnel.

Il est permis de penser que la victoire les y main-
tiendrait.

Mais ce plan est chimérique ?

Mais une telle alliance, facile à combiner sur le
papier, ne pourrait s'effectuer ?

N'en croyez rien :

Je ne me serais pas permis de vous exposer un tel
système, si je n'avais acquis la *certitude* qu'avec un peu
d'adresse, de persévérance et d'activité, on le réaliserait
aisément.

Des indices nombreux (*que je pourrais vous énumérer
de vive voix*) me permettent de vous l'affirmer : si tous
les journaux ci-dessus désignés n'adhéraient pas à la
ligue, il s'en faudrait de bien peu ; ni *le Temps* ni le
Journal de Paris n'y manqueraient, et M. de Girardin,
pensant en avoir eu la *première* idée, mènerait la campagne[1].

---

[1] Pour *l'Avenir national,* une courte explication est nécessaire. Assurément l'allure radicale que lui ont donnée MM. Peyrat et F. Morin ne le
prépare guère à figurer dans cette union dynastique. Mais *l'Avenir
national* appartient à M. Pinart, candidat officiel de 1803, que ses opinions modérées désignent naturellement pour une semblable liste.
M. Pinart désire vivement être élu. Il a grandement besoin (pour bien
des causes) de la bienveillance du Gouvernement. Il se séparerait de
MM. Peyrat et Morin sous le prétexte de faire une plus large place, dans
son journal, à l'étude des questions économiques et des grands pro-

On conçoit, sans qu'il soit nécessaire de les énumérer, les avantages d'une telle combinaison.

La liste de *l'Union dynastique* passe-t-elle? c'est pour le gouvernement un faible échec. Comparativement au succès de la liste radicale de 1863, surtout de la liste radicale de 1869, c'est un triomphe.

Est-elle battue? Elle aura du moins semé la division, empêché les deux tronçons extrêmes de la coalition de s'unir, diminué le nombre de voix des candidatures hostiles.

Et peut-être, à la faveur de cette division, plusieurs ˙ des candidats officiels réussiront-ils à passer.

A-t-elle réuni le plus grand nombre de voix sans avoir atteint le chiffre nécessaire pour assurer l'élection au premier tour? (C'est l'hypothèse la plus probable.) Placé, cette fois, entre ceux qui se disent ses amis et ceux qui s'avouent ses ennemis, le gouvernement soutient les premiers de tous ses efforts. Il convertit ainsi leur victoire en un succès personnel.

Je ne me fais nulle illusion: plusieurs de ceux qu'il aura fait ainsi réussir pourront mal voter; ils pourront causer des embarras, plus d'embarras peut-être que certains députés radicaux, mais qu'importe? Pour la masse du public, à qui les nuances échappent, pour la province, pour l'étranger surtout, un seul fait subsistera : *Ceux qui se disent ennemis de la dynastie sont*

blèmes sociaux. Il donnerait la direction de *l'Avenir*, ainsi réorganisé, à l'un de ses rédacteurs actuels, M. Horn, économiste sans passions politiques, qui écrivit autrefois dans plusieurs feuilles gouvernementales et qui reviendrait aisément à la modération. Tous les autres rédacteurs pourraient également rester.

battus; ceux qui se disent amis de la dynastie sont élus.
Or, en politique, l'*effet produit est tout*. Un gouvernement n'est malade que si on le croit malade. Il n'est
battu que lorsqu'on le dit, lorsqu'il se dit lui-même
battu.

Élections des départements.

Dans les départements, je l'ai dit, l'opposition compte
multiplier les candidatures de premier tour. Elle ten-
tera d'enrôler tous ceux qui, par leurs relations personnelles, leur influence locale (et le nombre en est grand),
pourraient réunir 2,000 voix, 1,000 voix, 500 voix, en
leur faisant prendre l'engagement de reporter ces voix,
au second tour de scrutin, sur celui d'entre eux qui aura
obtenu le plus grand nombre de suffrages. Tactique
formidable, irrésistible, si à cette ligue les amis du
gouvernement n'opposent pas une contre-ligue organisée par leurs soins.

L'Union dynastique paraîtra donc partout où *l'Union
libérale* essayera de se former. Partout où celle-ci voudra
multiplier les candidatures hostiles, prenant les devants,
elle multipliera les candidatures sympathiques.

Le candidat officiel est-il bien choisi? il passera au
premier tour, ou bien il obtiendra le plus grand nombre
de voix. En ce cas, les voix de *l'Union dynastique* (à qui
le candidat officiel aura, en son nom personnel, promis la réciprocité) lui seront presque assurément acquises.

Si c'est, au contraire, un candidat de *l'Union dynastique* qui a réuni le plus grand nombre de voix, le can-

didat officiel reverse sur lui les siennes, et, si elle le juge
convenable, l'administration le soutient.

En agissant ainsi, elle justifierait les candidatures
officielles ; car elle montrerait que le gouvernement
cherche sincèrement à traduire le vœu du pays ; qu'il ne
met pas ses préférences personnelles au-dessus des
manifestations du scrutin. Cette façon d'agir lui permettrait enfin d'attaquer les candidatures hostiles avec
une certaine énergie. Tandis qu'il est choquant de la
voir combattre ardemment certains candidats se disant
dévoués à l'Empereur, nul ne pourrait trouver mauvais
qu'elle traitât sans ménagements ceux qui se seraient
proclamés les ennemis du trône et de la dynastie.

Un tel programme peut, à première vue, sembler chimérique ; il a du moins l'avantage *de ne rien compromettre*. Il n'enlève pas une voix aux candidats du gouvernement ; il ne divise *que les forces hostiles*.
N'obtiendrait-on que la moitié, que le quart des résultats
poursuivis, ce sera toujours autant de pris *sur l'ennemi*.
Là où le gouvernement doit triompher, on lui rendrait
le triomphe plus facile ; là où il doit être vaincu, on lui
donnerait l'apparence du succès en arrachant aux candidats équivoques l'étiquette de l'opposition pour leur
mettre une étiquette dynastique.

Que risquerait-on à tenter l'entreprise ?

Annexe A (p. 172).

Pour formuler plus nettement ce programme, ne pourrait-on, six
mois avant le scrutin, s'adresser aux électeurs par la voix d'une
brochure ?

Cette brochure rappellerait successivement par des chiffres et par
des faits ce que chaque catégorie de citoyens doit à l'Empire.

Elle comparerait la situation politique, morale, économique de la France impériale avec celle des autres pays, avec celle de la France sous les autres régimes ; elle en tirerait la preuve évidente qu'aucun pays, qu'aucune date de notre histoire ne saurait nous faire envie.

Ceci posé, elle mentionnerait l'appel adressé tant de fois par l'Empereur aux hommes des anciens partis[1]. Elle le renouvellerait. Elle dirait que l'Empire sollicite tous les concours, toutes les intelligences, et que ceux qui voudront se tenir en dehors du large terrain où il vient de se placer ne sont pas seulement les ennemis de l'Empire, mais les ennemis du suffrage universel, les ennemis de la France[2].

Cet écrit serait l'annexe et le complément naturels des Titres de la dynastie. Il ferait ressortir la grande pensée contenue dans cette publication et que la mauvaise foi des journaux hostiles, comme l'inertie des feuilles gouvernementales, ont étouffée.

---

[1] « Je veux concourir à la conciliation de tous les partis dissidents et « ramener dans le courant du grand fleuve populaire toutes les dériva- « tions hostiles qui vont se perdre sans profit pour personne. » (*Discours de Bordeaux.*)

« Je veux inaugurer une ère de paix et de conciliation, et j'appelle « sans distinction tous ceux qui veulent franchement concourir avec moi « au bien public. » (*Discours d'ouverture,* 1852.)

« Le cercle de notre constitution a été largement tracé. Tout honnête « homme peut s'y mouvoir à l'aise, puisque chacun a la faculté d'ex- « primer sa pensée... Aujourd'hui plus d'exclusion. » (*Réponse au cardinal de Bonnechose.*)

[2] J'ai dans les mains de nombreux documents qui pourraient figurer utilement dans ce tableau récapitulatif. Je pourrais, si vous le désiriez, les remettre à la personne qui serait désignée pour l'écrire.

XXIX

LETTRES DE M. DE PERSIGNY ET DE M. DE HEECKEREN A M. MOCQUARD,
DE M. PIETRI A MM. DELANGLE ET DE PERSIGNY.

CABINET
DU
MINISTRE DE L'INTÉRIEUR.

Paris, le 29 mai 1863.

MON CHER MOCQUARD,

Notre collègue le baron de Heeckeren, qui revient du Haut-Rhin, m'a remis une requête formée par un grand nombre des habitants de la ville de Thann, qui supplient instamment l'Empereur d'accorder au sieur W..... (C...), instituteur adjoint des écoles primaires, la remise de la peine de huit mois de prison, à laquelle il vient d'être condamné par le tribunal correctionnel de Colmar, pour outrages aux mœurs.

. Il résulte d'un grand nombre de certificats joints à cette demande et même d'une lettre spéciale adressée au procureur impérial par les parents des élèves de cet instituteur, que, malgré sa faute, le sieur W....., par ses bons antécédents, ne serait pas indigne de la clémence qu'on sollicite pour lui. J'ajouterai, en outre, que le baron de Heeckeren m'a assuré que, si les habitants de Thann pouvaient espérer et savoir que, dans quelque temps, l'Empereur daignerait accueillir leur requête, la grâce de cet individu produirait le meilleur effet dans la circonscription électorale où le gouvernement combat la candidature de M. Keller. Je vous serai donc très-obligé de vouloir bien parler très-brièvement de cette affaire à Sa Majesté et de me faire connaître la réponse de l'Empereur.

Agréez, mon cher Mocquard, l'expression de mes sentiments bien dévoués.

Le Ministre de l'Intérieur,

F. DE PERSIGNY.

MISISTÈRE
DE L'INTÉRIEUR.
—
CABINET DU MINISTRE.

Paris, le 29 mai 1863.

MON CHER COLLÈGUE,

Il est de la dernière urgence que cette affaire soit expédiée demain matin à M. Delangle, qui la connaît et qui l'attend, afin de lui donner une solution immédiate.

De mon côté, je dois envoyer à Thann une dépêche télégraphique dont l'effet sera très-important.

Je recommande donc cette transmission à tous vos soins obligeants.

Agréez, mon cher collègue, l'assurance de mes sentiments les plus affectueux.

Baron DE HEECKEREN.

A Monsieur Mocquard.

CABINET DE L'EMPEREUR.

Minute n° 6401.

Palais des Tuileries, le 30 mai 1863.

Mon cher Delangle,

Tu attends, me dit-on, pour lui donner une solution immédiate, le recours en grâce ci-joint en faveur du sieur W....., auquel s'intéresse M. de Heeckeren, et qui m'est transmis par M. de Persigny. Je m'empresse de te l'envoyer.

· Tout à toi,

Le Chef sans titre,

Fr. Pietri.

Mon cher Persigny,

Suivant l'ordre de l'Empereur, je me suis empressé de transmettre à M. Delangle, qui, d'après la lettre de M. Heeckeren, doit lui donner une solution immédiate, le recours en grâce, en faveur du sieur W....., faisant l'objet de votre lettre du 29 mai.

Votre dévoué,

Le Chef sans titre,

Fr. Pietri.

XXX

LETTRE DE M. LOUVET, DÉPUTÉ, A L'EMPEREUR, AU SUJET DE LA CEINTURE DE LA VIERGE.

Saumur, 17 novembre 1855.

Sire,

L'église du Puy-Notre-Dame, près Saumur, possède une des plus précieuses reliques de la chrétienté. C'est une ceinture de la Sainte Vierge, donnée par Guillaume VI, duc d'Aquitaine, qui l'avait rapportée des croisades. La tradition dit qu'elle fut tissée par Marie elle-même. Les archives de l'église du Puy et de nombreux documents historiques attestent l'authenticité de cette relique. Les rois de France ont eu de tout temps une grande foi en cette ceinture. Anne d'Autriche la portait à Saint-Germain-en-Laye dans l'année 1628, quand elle accoucha d'un prince qui fut Louis XIV. S'il vous plaisait, Sire, de placer Sa Majesté l'Impératrice sous la protection de cette relique pendant le grand événement qui va couronner votre bonheur domestique et consolider le repos de la France, je ne doute pas que le curé et Monseigneur l'évêque ne s'empressassent de déférer au désir de Votre Majesté.

J'ai l'honneur d'être avec le plus profond respect, Sire, de Votre Majesté, le très-humble et très-obéissant serviteur et sujet.

Le Maire de Saumur, député au Corps législatif;

LOUVET.

MINISTÈRE
DE L'INTÉRIEUR.

DIRECTION GÉNÉRALE
DU PERSONNEL
ET DU CABINET.

XXXI

LETTRE DE M. G. DE SAINT-PAUL A M. CONTI.

Paris, le 3 août 1865.

Mon cher monsieur Conti,

M. le Ministre de l'intérieur me charge de vous prier de vouloir bien placer sous les yeux de l'Empereur le numéro ci-joint du *Phare de la Loire*. Vous savez que ce journal avait pris l'initiative d'une souscription populaire à dix centimes, à l'effet d'offrir à la veuve du président Lincoln une médaille d'or au nom de *la démocratie française*.

Aujourd'hui, *le Phare de la Loire* annonce la constitution d'un comité de vingt personnes (chiffre adopté afin de paraître respecter le code pénal) « qui devra « propager la souscription indéfiniment prolongée, de « telle sorte qu'elle atteigne un total de cent mille « souscripteurs. »

Ce comité se compose exclusivement d'anciens membres du Gouvernement provisoire, d'hommes qui ont joué un rôle en 1848 et de démocrates des plus avancés : Louis Blanc et Victor Hugo figurent à côté de MM. Albert, Étienne Arago, Pelletan, Charles Thomas, etc.

Nous n'avions pas cru jusqu'ici pouvoir mettre obstacle à une manifestation qui empruntait un caractère tout particulier à la nature de nos rapports avec l'Amérique.

Enhardi par la réserve que le gouvernement avait observée, *le Phare de la Loire* transforme l'hommage rendu à un grand caractère en une machine de guerre dirigée contre le régime impérial par les hommes de 1848. Nous allons surveiller attentivement cette nouvelle phase. Je ne sais pas encore si la loi nous fournira des armes, à cause de la précaution prise par le comité de ne pas dépasser le chiffre de vingt membres. J'examinerai attentivement cette question et je prendrai là-dessus les ordres du Ministre; mais Son Excellence a pensé qu'il était désirable, d'ores et déjà, que l'attention de Sa Majesté fût appelée sur une affaire qui peut, d'un jour à l'autre, nécessiter une intervention officielle.

Je joins à ma lettre le dernier rapport du préfet de l'Aisne sur la situation électorale de la quatrième circonscription de son département, laissée vacante par le décès de M. Geoffroy de Villeneuve.

Agréez, mon cher Monsieur Conti, l'assurance de ma haute considération et de mon sincère attachement.

Le Conseiller d'État, Directeur général,

G. DE SAINT-PAUL.

XXXII

LETTRE DE M. PRON, PRÉFET DES BASSES-PYRÉNÉES,
AU MINISTRE DE L'INTÉRIEUR [1].

PRÉFECTURE
DES BASSES-PYRÉNÉES.
—

CABINET DU PRÉFET.
—

Paris, le 2 janvier 1859.

Monsieur le Ministre,

Une dépêche télégraphique privée, arrivée aujour-
d'hui à Pau, annonce *qu'une vacance existe dans le conseil de préfecture des Basses-Pyrénées*, par suite sans
doute de la nomination de M. Lebaume au poste de secrétaire général dans un autre département.

J'ai hâte de supplier Votre Excellence de vouloir bien
ne désigner pour la vacance *aucun des concurrents indigènes* qui aspirent à devenir conseillers et qui ne rem-
plissent aucune des conditions voulues. Ces candidats
sont :

1° *M. le baron de Saint-Jammes, âgé de 55 ans.* —
Nullité tracassière et cancanière. — Ce serait la plaie
d'une préfecture.

2° *M. le vicomte de Nays.* — sourd. — *Créature de
M. le baron de Crouseilhes*, dont il serait l'agent, et, au
besoin, l'espion dans les bureaux.

3° *M. Desclaux de Lescar.* — *Autre nullité.* — *Parent
de M. de Crouseilhes* et pire encore que le précédent
candidat.

---

[1] En tête de la lettre est écrit : *A lui-même.*

Je suis, avec le plus profond respect, de Votre Excellence, le très-obéissant et très-dévoué serviteur,

Le Préfet des Basses-Pyrénées,

A. PRON.

XXXIII

LETTRE DE L'ARCHEVÊQUE DE BOURGES A L'EMPEREUR, SUR L'INFAILLIBILITÉ DU PAPE.

SIRE,

Le siége de Lyon est pourvu : je puis donc parler maintenant, sans crainte d'être soupçonné d'une pensée quelconque d'intérêt.

Un évêque qui a eu l'honneur d'être reçu par Votre Majesté avant de partir pour Rome m'a affirmé qu'on avait dit à l'Empereur que, *seul* avec l'évêque de Nîmes, je m'étais prononcé dans mes *mandements* pour *l'infaillibilité personnelle* du Pape. On a même ajouté, si je ne me trompe, que j'étais *très-exagéré*, que j'étais un ultramontain fanatique.

A cette accusation, dont je n'ai pas besoin de rechercher l'origine ni le but, je réponds simplement que *jamais*, dans aucun *de mes mandements* ou *lettres pastorales*, je ne me suis prononcé pour *l'infaillibilité personnelle et séparée* du Souverain Pontife. Tous mes mandements sont là pour attester ce que j'avance.

Dans cette question comme dans toutes les autres,

j'ai tenu et je tiendrai toujours à ne pas me séparer de la grande majorité des évêques. Par suite, mon langage a toujours été calme et modéré ; toujours je suis resté à l'écart des *exagérations*, de quelque côté qu'elles vinssent. Par caractère comme par principe, je ne les aime pas : elles faussent la vérité. Je n'aime pas davantage les partis : je considère qu'il ne devrait pas y en avoir dans l'Église, pas plus que dans l'État..... Dans l'État, je suis avec l'Empereur; dans l'Église, je suis avec le Pape. Voilà, en deux mots, ma profession de foi.

Mgr Maret a dit à la fin de son ouvrage : « On peut « affirmer qu'il n'y a *jamais eu d'erreur* dans les juge- « ments des Papes qui méritent véritablement le nom « de jugement *ex cathedrâ*. »

Mgr de Châlons, dans une lettre rendue publique, dit également : « Aujourd'hui *tous* les catholiques ad- « mettent l'infaillibilité du Pape. »

Je n'ai rien dit de plus; peut-être même ai-je dit moins, en ce sens que j'ai été moins affirmatif.

Telle est, Sire, l'exacte vérité.

J'aurais dû peut-être faire plus tôt cette démarche : je ne l'ai pas voulu ; je me serais reproché toute ma vie d'avoir cherché, en pareille circonstance, à exercer une influence quelconque sur les décisions de Votre Majesté. Aujourd'hui que le motif qui me conseillait le silence n'existe plus, il m'a semblé que je devais à la vérité et à moi-même de rétablir les faits et de dissiper les préventions injustes qu'on a tâché d'inspirer à l'Empereur contre moi. Je n'ai pas eu d'autre but : si j'ai réussi, je suis content, je ne désire rien de plus. Je me trompe,

Sire, je désire que Votre Majesté me conserve toujours sa bienveillance, et j'espère toujours en être digne, comme toujours j'en serai reconnaissant.

Je suis avec le respect le plus profond, Sire, de Votre Majesté, le très-humble et très-obéissant serviteur et fidèle sujet.

† C. A. (DE LA TOUR-D'AUVERGNE-LAURAGUAIS).

Archevêque de Bourges.

Rome, le 8 mars 1870.

XXXIV

LETTRES ADRESSÉES A L'EMPEREUR AU SUJET DE LA VIE DE CÉSAR.

---

§ I

LETTRES DE SAVANTS ET DE PRINCES ALLEMANDS.

Parmi les milliers de lettres adressées à l'Empereur de tous les points de l'Allemagne pour solliciter son attention ou ses largesses, on peut mettre à part celles, au nombre d'une centaine, qui sont relatives à l'ouvrage de Napoléon III sur la *Vie de César*. Ces lettres contiennent des demandes ou des remercîments. Des commis studieux, des industriels chargés de famille, des étudiants pauvres sollicitent la faveur d'un exemplaire, qu'ils ne peuvent acheter. Une veuve, qui n'a rien, demande le précieux livre pour laisser un héritage à ses enfants. Un rabbin propose sa plume pour le traduire en hébreu [1]. Les savants qualifiés et les princes remercient de l'envoi qui leur en a été fait.

---

[1] A côté des traducteurs allemands qui offrent leur service, on en trouve d'anglais, d'américains, de polonais, de hollandais, de suédois.

Voici quelques-unes de ces lettres.

1

Lettre du professeur Zumpt.

Votre Majesté Impériale m'a fait la grâce et l'honneur de me faire parvenir le deuxième volume de l'*Histoire de Jules César*. Je prends la liberté de lui exprimer mes remercîments les plus respectueux.

La première partie de ce deuxième volume est consacrée aux guerres des Gaules. Je n'ai pu que m'y instruire, tout en admirant l'étude la plus exacte des détails jointe à l'appréciation générale des faits militaires et politiques. C'est un monument durable, qui ne pouvait être élevé à la mémoire du plus grand des Romains que par un esprit aussi élevé que le sien.

La deuxième partie raconte l'histoire politique de cette époque. Je suis presque honteux d'y voir cité mon nom, surtout si je compare la mince valeur de mes recherches à la grandeur de cette exposition. Elle s'écarte essentiellement d'un point de vue aujourd'hui adopté. Elle provoquera sans doute les contradictions; mais elle en triomphera, parce que, en appréciant avec justesse les faits, elle poursuit en même temps des tendances vraiment morales et ayant pour objet le bonheur des peuples.

Daigne Votre Majesté me permettre de lui exprimer de nouveau l'expression de mes sentiments les plus

M. Rangabé, pour le grec; A Calfa Nar Bey, pour l'arménien ; Baboo-Kalee Proshono Sing, de Calcutta, pour le bengali, etc.

sincères. Je suis avec le plus profond respect, de Votre Majesté Impériale, le plus humble serviteur.

Professeur A. W. Zumpt [1].

Berlin, 8 juillet 1866.

———

2

Lettre du professeur Heller.

Berlin, le 19 février 1865.

Sire,

Les immenses progrès que les recherches entreprises en personne, ou ordonnées par Votre Majesté, ont fait faire à la meilleure appréciation des opérations militaires racontées par César dans ses *Commentaires*, et les services éminents que Votre Majesté a rendus par là aux lettres, sont justement appréciés, non-seulement en France, mais encore par les savants de l'Allemagne, et l'on admire partout les nobles occupations dont Votre Majesté sait remplir les loisirs que Lui laissent le gouvernement d'une grande nation et la politique du monde.

---

[1] Professeur de littérature latine. L'année précédente il avait remercié du premier volume en écrivant : « Pervenit ad me, Imperator celsissime, « beneficio Tuo volumen splendidissimum, quod de Vita Julii Cæsaris « edidisti. Quo munere noli existimare quicquam mihi contingere po- « tuisse aut exoptatius aut honorificentius..... Qua in quæstione tanta « fuit Tua industria, tanta ingenii magnitudo, tanta rerum maximarum « minimarumque cura, ut eorum ipsorum qui per otium doctrinæ totos « se dediderunt studia viceris. »

Le 4 mai 1869, M. Zumpt fait hommage de deux volumes de lui sur l'histoire romaine, en disant (à M. Duruy) : « J'espère que ce sujet aura « quelque intérêt pour S. M., savant connaisseur de la décadence de la « République romaine. »

Quant à moi, j'ai toujours poursuivi avec le plus vif intérêt toutes ces investigations et toutes ces découvertes dues à l'initiative généreuse et éclairée de Votre Majesté, et j'ai trouvé, après mes fonctions, une récréation agréable en étudiant tout ce que les ressources littéraires de Berlin ont pu me procurer pour l'approfondissement des ouvrages d'un écrivain dans la lecture duquel j'ai eu autrefois l'honneur d'introduire Son Altesse Royale le Prince Frédéric-Guillaume de Prusse.

Ayant eu l'occasion de passer en revue dans le journal philologique de Gœttingue les nouveautés littéraires de tout genre qui se rapportent aux *Commentaires*, j'ose me flatter d'avoir été un des premiers dans ma patrie à mettre sous les yeux de nos érudits un rapport succinct de ce que la France a dernièrement contribué à l'éclaircissement des écrits du grand Romain et dont la plus grande partie n'aurait jamais vu la lumière sans l'impulsion ou sans le concours de Votre Majesté.

C'est cette considération même qui m'a encouragé à prendre la liberté d'envoyer à Votre Majesté les pages que je viens de faire imprimer, quelque peu dignes que je doive les juger d'être soumises à ses yeux. L'intention, j'ose avoir cette confiance dans la magnanimité de Votre Majesté, fera pardonner ce qu'il y a de chétif dans la forme prescrite par le cadre étroit d'un périodique.

Peut-être Votre Majesté daignera-t-elle jeter un regard dans mon petit traité pour se convaincre que j'y ai développé ou esquissé plusieurs vues neuves, tant sur le terrain que sur la marche de quelques expéditions et batailles de César. J'ai aussi hasardé un nouvel essai de reconstruire en idée les trirèmes des anciens, et

j'espère pouvoir bientôt détailler plus amplement quelques-uns de ces points. Enfin j'ai tâché d'éclaircir la
destination des tombelles d'Alaise, question qui a tant
occupé il y a quelques ans les savants de la France et
qui a failli d'offusquer les droits d'Alise, qui désormais
sera redevable à Votre Majesté d'être reconnue sans
contredit pour la véritable ville de César.

Votre Majesté saura, sans que j'ajoute un mot, juger
si, dans ce que j'ai avancé, il y a quelque chose d'utile
ou d'intéressant pour ceux qui font une étude approfondie des *Commentaires* : pour moi, j'aurais cru manquer à un devoir si je n'avais envoyé au plus illustre
des commentateurs de l'écrivain romain un traité qui,
sans cela, ne serait probablement jamais venu entre ses
mains.

Daignez, Sire, agréer l'assurance de la plus profonde
estime et d'un respect illimité avec lesquels j'ai l'honneur d'être, de Votre Majesté, le plus humble et le plus
obéissant serviteur.

H.-J. Heller, professeur.

———

3

Lettre du professeur F. Ritschl [1] *à l'Empereur.*

Sire,

Votre Majesté Impériale a daigné m'accorder gra-

———

[1] Un des plus grands philologues de l'Allemagne. La hauteur de sa
science et de son caractère est appréciée en ces termes dans une Revue
quasi germanique, publiée à Paris (*Revue critique* ; 1868, n° 107,
p. 557) : « M. Ritschl est essentiellement hardi et même audacieux...

cieusement un exemplaire de luxe de l'*Histoire de Jules César*. Si le portrait idéal du plus grand Romain ajoute à la valeur d'un tel présent, la dédicace autographe de Votre Majesté le rend inappréciable. Que Votre Majesté veuille bien agréer pour cette distinction honorifique l'expression de ma reconnaissance la plus profonde et la plus respectueuse !

Je prie en même temps Votre Majesté de me faire la grâce d'accepter en retour un exemplaire de la traduction allemande. Le traducteur a cru travailler dans l'esprit de Votre Majesté, en s'étudiant à éviter toute recherche de l'élégance légère qui caractérise le style des feuilletons modernes, à rendre la simplicité et la concision antiques de l'original, et à reproduire sa période architectonique et ses couleurs sévères. Le traducteur était en cela guidé par la conviction qu'il importait avant tout d'arriver à une ressemblance parfaite, où se refléterait la haute individualité de l'auteur, aussi grand penseur que grand écrivain; il s'agissait d'ailleurs d'un ouvrage qui n'était pas écrit pour l'amusement frivole du moment, mais qui était destiné à exercer et qui exercera nécessairement son influence sur l'éducation historique et politique de plusieurs lustres. Si l'on osait se flatter d'avoir ainsi répondu aux intentions élevées de Votre Majesté, on y trouverait la plus enviée de toutes les récompenses.

« On lui reproche, avec quelque raison, d'avoir des allures trop autori-
« taires. Pendant longtemps il a trôné comme un Jupiter tonnant...
« Les élèves dociles qui acceptent les théories du maître sont approuvés ;
« les autres sont traités de retardataires, de réactionnaires, de thyrso-
« phores... »

L'année dernière, j'ai pris la liberté de soumettre très-humblement à Votre Majesté, au nom de la Société, la trente-sixième livraison des Annales publiées ici par la Société des Antiquaires rhénans. Comme Votre Majesté n'a pas repoussé ce témoignage du plus profond respect, j'y puise l'audace de demander à Votre Majesté la grâce d'accepter aussi les livraisons suivantes, la trente-septième et la trente-huitième, celle-ci publiée en ce moment même. Si Votre Majesté ne juge pas indignes de sa haute attention les tableaux synoptiques de la mosaïque romaine de Nenning, la Société sera peut-être autorisée à se flatter de l'espoir d'oser envoyer également, après leur achèvement, les feuilles coloriées dans la grandeur de l'original, qui sont actuellement sous presse.

Enhardi par la bienveillance indulgente de Votre Majesté, j'ose enfin solliciter d'Elle un accueil gracieux pour quelques petits travaux de moi-même, et je m'estimerais heureux de gagner à mon opinion sur les tessères des gladiateurs l'approbation d'un connaisseur de l'antiquité romaine tel que Votre Majesté.

Je reste avec le plus profond respect, Sire, de Votre Majesté Impériale, le plus humble serviteur.

FRIEDRICH RITSCHL.

Bonn, 14 avril 1865.

4

Lettre du professeur Ritschl à Madame... [1].

TRÈS-CHÈRE PROTECTRICE,

Si j'avais voulu n'être qu'un mercenaire à la solde du commun des libraires, j'aurais pu avoir terminé, il y a quatre semaines déjà, le manuscrit de la traduction. Je sais bien que les libraires donnent la préférence à la traduction la plus négligée et ayant le moindre cachet littéraire, pourvu qu'elle puisse bientôt être publiée, sur le travail le plus consciencieux dont la publication réclame un délai de quelques semaines ; mais j'ai travaillé, non pas pour les libraires, qui, en toutes circonstances, sont et restent des commerçants mesquins et cupides, qu'ils se nomment Plon ou Gerold [2], mais pour l'auteur impérial ; et je l'ai fait, non point parce qu'il est empereur et que, sans aucun

---

[1] Le nom manque ; mais la destinataire est probablement Mᵐᵉ Hortense Cornu, amie d'enfance de Mᵐᵉ Ritschl.

[2] Si le professeur Ritschl maltraite les libraires, de leur côté les libraires ne se louent pas de lui. Karl Gerold écrit à Plon le 14 janvier 1865 : « Cher Monsieur, je n'ai pas encore reçu une ligne de M. Ritschl. « Vous me dites de presser ce Monsieur. Quoique je fasse là tant que je « puis, la pression venant de Paris aura plus de force sur M. Ritschl que « la mienne. Du reste, il est de votre devoir, d'après les stipulations de « notre traité, de mettre le manuscrit à ma disposition en son temps, « afin que je puisse donner à mon travail la sollicitude nécessaire. Nous « avons eu dans le 1ᵉʳ vol. quelques erreurs bien désagréables, montrées « au doigt malicieusement par la critique et les contrefacteurs, seule- « ment parce qu'il fallait presser à la fin tellement le traducteur qu'il « ne pouvait plus mettre les soins indispensables à un pareil ouvrage. Je « ne parle pas des frais énormes et inutiles en même temps que m'a « causés l'arrivée retardée du manuscrit. Il faut donc tâcher de me « donner cette fois meilleure chance, et ce n'est que l'Empereur et vous « qui peut faire cela. »

doute, aucun prince du monde n'a en partage, à un si haut degré que lui, le jugement, l'esprit cultivé, le génie, sans parler de sa puissance et de son influence, mais parce qu'il s'est révélé comme un *savant* profond, intelligent, éloquent, pour lequel j'éprouve autant de sympathie que d'admiration; car je ne doute pas que l'*Histoire romaine* de Mommsen, cet exposé mesquin, rempli de fiel, si éloigné de toute impartialité, qui, au moins en Allemagne, a depuis quelques années captivé tous les esprits, sera immédiatement reléguée au second plan par l'œuvre d'un homme qui, tout en régissant les destinées du monde, arrive au point de vue le plus grandiose et le plus équitable dans la juste appréciation d'une organisation politique ancienne sans égale dans l'histoire du monde. On ne citera plus à l'avenir l'*Histoire romaine* de Niebuhr, ni celle de Mommsen, mais celle de Napoléon, dès qu'il s'agira de reconnaître les ressorts intimes d'un des développements politiques les plus merveilleux, et cela avec l'indication la plus exacte des sources, appuyée sur la plus vaste érudition.

En face d'une production si puissante, ma conscience scientifique, je l'avoue, m'interdisait la négligence et la légèreté. Essayez, à l'occasion, de l'expliquer à l'Empereur; excepté peut-être le roi de Saxe, il est le seul qui sache apprécier à sa juste valeur des mobiles aussi élevés.

Croyez à mon dévouement inaltérable.

Votre

F. RITSCHL [1].

---

[1] Voici le texte de cette pièce :

« Theuerste Gönnerin, wenn ich bloss ein Lohnarbeiter für die banau-

5

Lettre du prince de Bade.

Carlsruhe, ce 9 août 1865.

Sire,

J'ai l'honneur d'informer Votre Majesté de ce que le

« sischen Buchhändler hätte sein wollen, so hätte das Manuscript der
« Uebersetzung schon vor vier Wochen fertig sein können. Ich weiss sehr
« wohl, dass den Buchhändlern die liederlichste Uebersetzung, wenn sie
« nur, in litteratenhaftester Weise abgefasst, recht früh erschienen
« wäre, lieber war als die gewissenhafteste Arbeit, die einige Wochen
« später erschiene. Aber ich habe nicht geglaubt für die Buchhändler zu
« arbeiten, die unter allen Umständen mesquine Kaufleute und Geldma-
« cher sind und bleiben (mögen sie nun Plon oder Gerold heissen), son-
« dern für den kaiserlichen Verfasser. Und zwar nicht etwa, weil es ein
« Kaiser, und weil er ohne Zweifel der gescheidteste, gebildetste und
« genialste aller Fürsten der heutigen Erdenwelt ist, noch weniger weil
« er eben so gewiss der mächtigste und einflussreichste aller Regenten
« der Gegenwart ist, sondern weil er sich als gründlichen, geistreichen
« und stylgewandten *Gelehrten* manifestirt hat, dem ich in dieser Eigen-
« schaft eben so viel Sympathie wie Bewunderung zolle. Denn ich
« zweifle nicht daran, dass Mommsen's römische Geschichte, diese klein-
« lich verbissene, einen einseitigen Parteistandpunkt vertretende Dar-
« stellung, die seit einigen Jahren, wenigstens in Deutschland, alle
« Gemüther gefangen genommen hat, sogleich in den Hintergrund
« gedrängt werden wird durch die Arbeit eines Mannes, der, während
« er die Geschicke der Welt regiert, den zugleich grossartigsten und
« unparteiischsten Standpunkt einnimmt für die Würdigung eines antiken
« Staatswesens, das in der Weltgeschichte nicht seines Gleichen gehabt
« hat. Man wird künftig nicht mehr Niebuhr's oder Mommsen's, sondern
« Napoléon's römische Geschichte citiren, wenn es darauf ankömmt die
« innern Triebfedern einer der wundersamsten staatlichen Entwickel-
« ungen zu erkennen, und zwar mit der exactesten und auf umfas-
« sendster Gelehrsamkeit beruhenden Nachweisung der Quellen zu
« erkennen.

« Einer so grossartigen Leistung gegenüber nachlässig oder flüchtig
« zu verfahren, das, ich gestehe es, ging über mein wissenschaftliches
« Gewissen. Versuchen Sie, wenn Sie Gelegenheit haben, dem Kaiser
« das klar zu machen; mit einziger Ausnahme vielleicht des Königs von
« Sachsen, ist er der Einzige, dem ich zutraue solche ideale Gesichts-
« punkte zu würdigen. »

ministre de France, M. le marquis de Cadore, a eu la complaisance de me remettre, au nom de son auguste Souverain, le magnifique ouvrage dont Votre Majesté a daigné me faire présent.

J'en suis, Sire, on ne peut plus touché et respectueusement reconnaissant, et cela d'autant plus que j'ai eu le rare avantage d'être témoin oculaire du sérieux travail que Votre Majesté a dû faire pour achever la tâche dont jouit à présent le monde éclairé et qu'admirent tous ceux qui ont eu l'honneur de s'approcher de Votre Majesté.

Que Votre Majesté daigne me permettre de regarder son ouvrage, dont Elle vient de m'honorer, comme un gage des sentiments de bienveillance qu'Elle renferme dans Son cœur pour toute l'humanité, et comme preuve d'affection dont Elle fait jouir celui qui est fier d'en avoir été l'objet et qui a l'honneur de se nommer,

Sire, de Votre Majesté, le très-humble et très-obéissant serviteur,

GUILLAUME, PRINCE DE BADE [1].

———

6

Lettre du prince Charles de Hohenzollern.

Dusseldorf, 12 mars.

SIRE,

L'impatience avec laquelle on attendait la publication de la Vie de César a été certainement aussi vive en Allemagne qu'elle a pu l'être en France. Tout le monde comprend que cette œuvre, à laquelle on sait que Votre

---

[1] Cette lettre et les lettres suivantes sont en français.

Majesté a consacré pendant des années tous ses moments de loisir, jettera un nouvel éclat sur les grandes choses qu'Elle a su accomplir.

En daignant m'envoyer un magnifique exemplaire de cet ouvrage, vous m'avez pénétré, Sire, d'une bien vive reconnaissance. Je sentais déjà combien il me serait difficile de vous l'exprimer, quand j'ai vu les quelques mots que Votre Majesté a bien voulu écrire de sa propre main à la première page. Si j'ai dû craindre que dans le passé telle circonstance pénible où je me suis trouvé n'ait altéré les sentiments de Votre Majesté à mon égard, aujourd'hui je trouve avec bonheur la preuve qu'Elle n'a pas cessé de me les conserver tout entiers.

C'est donc un prix inestimable que vous avez donné, Sire, à ce beau livre en y traçant ces mots, qui m'ont si profondément touché, et qui resteront à jamais gravés dans mon cœur.

Que Votre Majesté daigne agréer l'expression très-faible de ma vive et profonde reconnaissance, avec laquelle je reçois ce *souvenir d'amitié*, et l'assurance de tous les sentiments respectueux et d'attachement — dont je suis aussi l'organe de toute ma famille, — avec lesquels je ne cesserai d'y répondre.

J'ai l'honneur d'être, Sire, de Votre Majesté, le très-humble serviteur et très-dévoué cousin.

CHARLES, PRINCE DE HOHENZOLLERN.

———

Nous joignons à ce dossier une lettre du savant M. Mommsen[1], qui n'est point relative, il est vrai, à la *Vie de César*, mais qui n'est pas moins flatteuse que les précédentes.

[1] M. Mommsen, qui témoigne dans ses lettres de sa reconnaissance

7

Lettre de M. Théodore Mommsen à l'Empereur.

Berlin, 14 juin 18Ŀ

SIRE,

J'ose soumettre à Votre Majesté un ouvrage que je viens de publier et que je crois digne, au moins sous un certain point de vue, que Votre Majesté y jette les yeux. Elle se rappellera sans doute la faveur extraordinaire qu'Elle a bien voulu m'accorder, il y a quelques années, regardant les manuscrits de la Bibliothèque impériale. Grâce à cette mesure exceptionnelle, j'ai pu étudier à mon loisir le beau volume du *Digestum vetus* conservé à ladite Bibliothèque, lequel est sans doute le second en importance parmi les quatre ou cinq cents manuscrits des *Pandectes* qui existent actuellement, et ne cède le pas qu'au célèbre manuscrit de Florence. Mon édition des *Pandectes*, dont voici le commencement, est due en bonne partie à cette grâce, et Votre Majesté, qui l'a accordée, ne dédaignera pas d'en agréer le résultat. Si les sciences et les lettres en général ont un caractère international, et si tout le progrès du genre humain se résume dans le développement de cette belle internationalité, qui n'égalise pas les nations, mais qui leur enseigne de se comprendre, c'est-à-dire de se respecter et de s'aimer, tout ce qui se rattache au peuple romain,

pour l'accueil qu'il a toujours reçu en France, est l'auteur de cet écrit récent dans lequel il prouve l'absolue nécessité pour l'Allemagne de prendre à la France l'Alsace et la Lorraine, et considère les Français comme devant tomber, suivant son expression, *de la blague dans le désespoir.*

souche commune de la civilisation actuelle, porte éminemment ce caractère international. Votre Majesté l'apprécie mieux que personne, et il est bien permis à tous ceux qui s'occupent de ces études de s'en féliciter.

Votre Majesté daigne me continuer sa bienveillance, dont Elle m'a déjà donné tant de marques précieuses, et veuille croire au profond respect que je lui porte.

Th. Mommsen.

§ II

1

Sire,

Quand Votre Majesté m'a fait l'honneur (s'en souvient-Elle?) de me lire sa préface, j'en ai été très-frappé : je le suis bien autrement par la lecture de son livre que je viens d'achever.

Au point de vue de la question d'art, qui me touche d'abord, il me paraît avoir un mérite tout nouveau et très-singulier : il donne la vie la plus intense à ses récits sans recourir aux mièvreries de l'anecdote et de ce qu'on a appelé dans ces derniers temps la couleur locale. Il a la sobriété de style et de détails que comporte l'histoire la plus sévère, et il n'en a pas la sécheresse. Il nous initie au mouvement réel de la vie publique chez les anciens, qui était restée pour nous à l'état de légende ; il déroule à nos yeux par grandes vues d'ensemble les destinées logiques du peuple romain ; il nous intéresse passionnément au développement des institutions et des idées, à l'enchaînement fatal des événements. C'est donc une œuvre d'art des plus remarquables.

Mais c'est aussi l'œuvre profonde d'un penseur. Il y a telle page, telle phrase de deux lignes qui ouvrent des perspectives infinies ; le présent et le passé se commentent et s'éclairent l'un par l'autre, se servant réciproquement d'explication et d'enseignement. Pour écrire un livre pareil, la sagacité naturelle et l'élévation de l'esprit ne suffisent pas ; il faut la connaissance intime et la pratique du mécanisme intérieur des événements ; il faut avoir fait de l'histoire en action. L'auteur de la *Vie de César* était seul en état et en position de rendre ce service à la science. La postérité lui saura gré de l'avoir rendu et dédommagera son œuvre des injustices passagères qu'il a prévues et bravées.

Quant à moi, Sire, je remercie vivement Votre Majesté d'avoir bien voulu me comprendre parmi les premiers conviés à cette fête de l'esprit qu'Elle offre aux hommes de bonne volonté, et je La prie d'agréer encore une fois l'expression de profond respect et d'entier dévouement avec lesquels je suis

Son très-obéissant et très-fidèle sujet,

É. AUGIER.

2

Paris, le 27 février 1865.

Sire,

Votre Majesté a daigné me faire adresser, *comme un souvenir de sa part*, un exemplaire du premier volume de l'*Histoire de César*. Je La remercie du fond de l'âme de cette marque de haute bienveillance.

Sire, vous vous appelez Napoléon III et vous êtes l'Empereur des Français... Il ne vous suffisait donc pas d'illustrer votre règne par les gloires de la guerre et par les merveilles de la paix ; il fallait encore, comme l'immortel fondateur de votre dynastie, vous illustrer par les travaux de l'esprit !... Nous saluons votre livre, Sire, comme un monument de cette infatigable activité et de ce génie patient et élevé que Dieu vous a donnés pour les grands desseins qu'il vous a confiés.

Je mets à vos pieds, Sire, avec l'expression de ma vive gratitude, l'assurance des sentiments de profond respect et de dévouement absolu avec lesquels je suis, de Votre Majesté, le très-humble et très-fidèle serviteur et sujet,

QUENTIN BAUCHARD,
Président du Conseil d'État.

———

5

INSTITUT IMPÉRIAL DE FRANCE.
ACADÉMIE DES BEAUX-ARTS.

Paris, le 3 mars 1865.

Sire,.

Votre Majesté a daigné ordonner qu'un exemplaire

de l'*Histoire de Jules César* me fût envoyé. Je prie Votre Majesté d'agréer l'expression de ma profonde gratitude pour un présent dont je sens tout l'éclat et le prix infini.

Une marque d'aussi haute bienveillance m'est doublement précieuse dans la situation où me place mon titre de secrétaire perpétuel de l'Académie des Beaux-Arts; elle me prouve que Votre Majesté a discerné, avec son équité clairvoyante, les devoirs qui me sont imposés et les sentiments qui me sont personnels. Mon devoir est de défendre l'Académie, de protester contre certains actes de l'Administration des Beaux-Arts, de subir les attaques inqualifiables des journaux qu'elle inspire, et de me tenir dans la retraite : mes sentiments envers Votre Majesté n'ont point changé ; ils n'ont d'autre source que le dévouement et la reconnaissance.

Je suis, Sire, avec un profond respect, de Votre Majesté le très-obéissant sujet.

BEULÉ,

Secrétaire perpétuel de l'Académie des Beaux-Arts.

4

SIRE,

Que Votre Majesté me permette de La remercier avec empressement du splendide présent qu'Elle a daigné me faire.

Je viens de parcourir ce livre, si profondément empreint de votre pensée, et j'ai un vif plaisir à relire ces belles pages, dont le souvenir est inséparable, pour moi, de la gracieuse hospitalité de Compiègne.

Il ne me siérait guère de louer ici le rare mérite de cette œuvre si substantielle, si méditée, si virile d'accent, et dans laquelle il me semble que quelque chose de Montesquieu a passé.

Mais, s'il est des situations si hautes qu'elles rendent la louange presque impossible, il n'en est pas qui interdisent à la reconnaissance de s'exprimer librement. C'est un devoir de cœur pour moi de remercier Votre Majesté, qui m'a donné une marque illustre de son bienveillant souvenir.

Je suis avec un profond respect, Sire, de Votre Majesté le très-humble et très-obéissant serviteur et sujet.

E. CARO,

Professeur à la Faculté des lettres de Paris.

Dimanche, 26 février 186 ?.

———

5

SIRE[1],

J'ai pensé que le plus sérieux hommage à une œuvre aussi considérable que celle dont Votre Majesté m'a fait

---

[1] Cette lettre fut envoyée à M. Pietri avec la lettre ci-jointe :

« MON CHER MONSIEUR PIETRI,

« Je recommande à votre obligeance la lettre ci-incluse, dans laquelle « je remercie un peu longuement, je le crains, l'Empereur de l'envoi « qu'il a daigné me faire du second volume de l'*Histoire de César.* Je « me suis laissé aller à causer *épistolairement*, comme si, en ces temps « politiques, l'Empereur avait le loisir de m'écouter.

« J'aurais voulu en même temps vous demander un petit service. Je « publie en ce moment un livre sur la Philosophie de Gœthe. Bien que

présent, c'était d'y consacrer quelques jours de lecture
continue et méditée, et que je serais facilement excusé
du retard mis à mon remercîment, si ce retard avait
pour motif unique le désir de faire une connaissance
approfondie avec ce grand et beau travail. Je viens d'en
achever la lecture et je m'empresse de remercier Votre
Majesté du grave et noble plaisir que je Lui ai dû.

Il me serait impossible (et pour cause, n'étant pas
militaire) d'apprécier à sa juste valeur cette vaste exposition de *la guerre des Gaules d'après les Commentaires*,
qui remplit tout le troisième livre. Cependant, sans
être du métier, on peut sentir, comme d'instinct, ce
qu'il a fallu de persévérance et de sagacité pour arriver
à ce résultat de reconstruction historique, si fortement
liée dans les détails, si logique et si vraisemblable dans
l'ensemble. On devine qu'il y a là, sur les points principaux, un établissement définitif qui portera le nom
de l'historien, et que les parties les plus obscures de cette
grande épopée militaire, depuis la campagne contre les
Helvètes jusqu'à la prise d'Alesia, sont devenues sous
votre plume, aidée du compas, une véritable étude de
précision.

On admire l'art avec lequel, dans le quatrième livre,

« le sujet soit fort éloigné des études ordinaires et des préoccupations
« de Sa Majesté, les plus simples convenances me font une loi d'offrir
« mon livre à l'Empereur. Quelle est la forme la plus simple, la plus
« élémentaire pour cela ? C'est celle que je choisirai si vous avez la
« bonté de me l'indiquer.
      « Mille remercîments d'avance et croyez-moi votre très-dévoué.
                                    « E. Caro,
                       « Professeur à la Faculté des lettres.
                           « 20, rue Saint-Maur-Saint-Germain.
      « Dimanche, 20 mai. »

l'auteur présente dans un double tableau, et comme dans
un parallèle continu, les événements militaires par
lesquels grandissent au dehors, et *l'idée romaine*, et
César, qui la représente, et d'autre part ces troubles
sans cesse renaissants, dans lesquels se consument les
tristes restes de la liberté. Il y a là une impression
générale, habilement ménagée, et d'un effet presque
irrésistible. La conclusion implicite de cette double et
parallèle exposition éclate dans ce rapprochement signi-
ficatif : « A Rome, la vénalité et l'anarchie ; à l'armée,
« le dévouement et la gloire. Alors, comme à de cer-
« taines époques de notre révolution, on peut dire que
« l'honneur national s'était réfugié sous les drapeaux. »

Et quand approche l'heure décisive, quand le dénoû-
ment s'entrevoit déjà, on y est comme préparé et secrè-
tement incliné par cet habile contraste, si bien soutenu, entre les grandeurs militaires, où Rome revit
tout entière, et l'anarchie intérieure, où elle se dévore
et, ce qui est plus triste, où elle s'avilit.

Jamais le caractère de Pompée n'avait été retracé
en traits plus énergiques et plus simples que là où
l'historien, se plaçant dans l'hypothèse d'une victoire
pompéienne, représente ce triste et faux grand homme,
faible comme tous les vaniteux, instrument d'une aristocratie corrompue, cruel et vindicatif, pire que Sylla,
s'il eût triomphé. César ne pouvait espérer une apologie
plus habile, mieux disposée pour entraîner les esprits ;
et votre illustre client, Sire, doit vous savoir un gré
infini, du fond de son immortalité.

En dépit de quelques analogies extérieures, plus on
examine avec attention la peinture si précise que vous

nous donnez de cette époque, plus on se rassure, Sire, en comparant ces temps violents et dépravés avec les nôtres.

L'impression que l'on retire de ce livre, à mesure qu'on l'étudie plus à fond, c'est un sentiment de patriotisme énergique et délicat (car on a une patrie dans le temps comme dans l'espace) qui nous porte, au nom de notre siècle, à répudier tout rapprochement entre la société romaine et la nôtre. De pareils rapprochements ne sont justes ni pour les peuples ni pour les gouvernements modernes, et la conscience historique les condamne comme le sentiment moral les flétrit. L'auteur de l'*Histoire de César* me paraît expliquer à merveille comment la société romaine a péri en perdant le sens de la justice et du droit, et j'ai recueilli un beau trait, jeté en passant dans ce livre, parmi beaucoup d'autres : « Rien n'indique davantage la décadence d'une société, « que la loi devenant machine de guerre à l'usage des « différents partis, au lieu de rester l'expression sin- « cère des besoins généraux. » Que cela est juste et bien observé! La société romaine était une démocratie matérialiste. La nôtre est une démocratie que spiritualisent la conscience du droit, l'amour d'une juste liberté, l'influence légitime de l'opinion, la plus tendre affection pour le peuple, l'espoir viril et fier du progrès, au lieu de ce sentiment de la décadence universelle qui dégradait l'âme des sociétés païennes, l'idée chrétienne enfin, qui est comme le principe intérieur et secret de ces grandes choses et qui empêchera à tout jamais le retour de ces corruptions antiques. Oui, nous valons mieux que les Romains et nous avons mérité d'avoir mieux que des Césars.

12.

Que Votre Majesté daigne me pardonner la longueur inaccoutumée de ce remercîment et agréer l'hommage respectueux de son très-humble serviteur et sujet,

É. CARO.

Professeur à la Faculté des lettres de Paris.

Dimanche soir, 20 mai 1866.

6

MINISTÈRE DE LA MAISON DE L'EMPEREUR
ET DES BEAUX-ARTS.

SURINTENDANCE GÉNÉRALE DES THÉATRES.

A   SA MAJESTÉ L'EMPEREUR.

Palais des Tuileries, le 8 mars 1865.

SIRE,

En daignant me comprendre parmi ses élus, l'auteur de la *Vie de César* m'a fait un honneur dont je suis infiniment heureux, et je supplie l'Empereur de permettre que je dépose à ses pieds mes très-humbles, très-vifs et très-sincères remercîments.

Le respect seul peut m'empêcher d'y joindre l'hommage de mon admiration littéraire pour ce monument magnifique élevé par le second Auguste à la gloire du premier César.

Si depuis longtemps, Sire, rien ne peut plus augmenter mon dévouement pour l'Empereur, ma reconnaissance s'accroît encore envers Sa Majesté de ce nouveau témoignage d'une bienveillance qui est sans prix pour moi, et que je m'efforce de mériter chaque jour davantage.

Je suis heureux de me dire, avec le plus profond respect, Sire, de Votre Majesté, le très-humble serviteur et très-fidèle sujet,

Camille DOUCET.

———

7

Paris, le 1er mars 1865.

SIRE,

Je remercie Votre Majesté de l'honneur qu'Elle a daigné me faire en m'adressant le tome premier de son grand ouvrage :

L'*Histoire de Jules César* par L.-Napoléon !

Quel rapprochement que celui de ces deux noms à dix-neuf siècles de distance ! — Quelle source féconde d'études et de réflexions dans la grandeur des faits, l'immensité des résultats, la variété des appréciations !

Cette lecture vient à propos pour distraire et relever un faible *convalescent*. — Et ce titre, qui exprime mon état, me rappelle encore toute la reconnaissance que je dois à Votre Majesté, pour l'intérêt qu'Elle a bien voulu prendre à ma santé et à mon rétablissement.

Mais, ce que je déplore le plus dans ma maladie, c'est son *inopportunité*. Au moment où vont s'agiter les plus graves questions de *notre droit public*, j'aurais voulu (si mes forces me l'avaient permis) donner à Votre Majesté une nouvelle preuve de mon profond dévouement à sa personne et à sa dynastie, en défendant avec vigueur et précision ces *grandes maximes de gouvernement* qui servent de fondement à l'indépendance laïque de la France et de rempart à ce *pouvoir civil* confié à votre garde, et dont, sous votre règne, il doit être plus vrai que jamais de dire que *l'Empereur des Français ne relève que de Dieu* (et non du prêtre) *et de son épée*, l'épée de Napoléon !...

J'ai l'honneur d'être avec le plus profond respect, Sire, de Votre Majesté, le très-obéissant et très-fidèle serviteur et sujet.

Le Procureur général Dupin.

8

SIRE,

Le souvenir que Votre Majesté daigne m'adresser de sa main est un titre d'honneur inappréciable pour moi et pour mes enfants. L'Empereur ne pouvait me donner un témoignage d'estime dont je fusse plus fier, une marque de bonté qui me fût plus sensible. Je Lui suis profondément reconnaissant de l'avoir pensé, et d'avoir pensé aussi que j'étais digne de comprendre et d'admirer un des premiers cette œuvre qui ne sera pas seulement l'honneur de l'histoire et des lettres. Elle laissera des traces plus profondes. Car élever les études historiques à cette hauteur, enlever le gouvernement des choses de ce monde au hasard, aux accidents, aux mesquines passions, pour le donner tout entier aux inspirations providentielles du génie, aux vues généreuses et aux vastes desseins des grandes âmes, ce n'est pas seulement ennoblir l'histoire, c'est ennoblir l'humanité.

Que Votre Majesté daigne agréer, Sire, avec l'expression de ma reconnaissance émue, celle de mon respect le plus profond et de mon plus absolu dévouement.

Octave Feuillet.

Paris, le 4 mars 1865.

9

Sire,

Je viens demander une grâce à Votre Majesté :
Un exemplaire de l'*Histoire de César !*
De Votre Majesté, Sire, le plus humble des critiques et des sujets.

Arsène Houssaye.

183, avenue Friedland.

10

Sire,

La faveur dont Votre Majesté a daigné m'honorer par le don d'un exemplaire revêtu de votre signature me cause tant de joie et me pénètre d'une si profonde reconnaissance, que j'ose adresser à Votre Majesté elle-même mes respectueux remercîments ; c'est l'héritage glorieux que je léguerai à ma famille ; la pensée que j'ai été jugé digne d'un pareil présent me fortifie et me remplit de courage.

S'il m'est permis d'exprimer mon sincère sentiment sur cette grande œuvre, Sire, non-seulement elle répandra de hauts enseignements historiques et philoso-

phiques, mais elle exercera encore une influence salutaire sur les lettres ; notre littérature, entraînée vers
l'affectation, semble tourmentée du désir de produire
de l'effet ; elle cherche peut-être moins la justesse et la
profondeur des idées que l'accumulation des images ; le
style de la *Vie de César*, ce style où César reconnaîtrait
sa netteté et sa précision, est bien propre à nous ramener au bon goût en montrant que le beau langage vient
des fortes pensées.

Toute mon ambition serait de mériter ce témoignage
de votre auguste bienveillance par un travail qui obtînt
votre approbation. Je fais tout ce que je peux, en me dé-
solant de ne pouvoir faire mieux, et, mille fois plus excité maintenant par la faveur que je reçois, je corrige et
tâche d'arranger le moins mal possible une pièce en
vers que j'ai achevée, que je lirai au Théâtre-Français au
mois de mai, et que je suis bien honteux d'avoir due si
longtemps à Votre Majesté.

Je suis avec le plus profond respect, Sire, de Votre
Majesté, le très-humble et très-dévoué serviteur,

F. PONSARD.

———

11

SIRE,

En ouvrant l'exemplaire de l'*Histoire de Jules César*
que Votre Majesté a daigné m'envoyer, ma première impression a été une vive joie et une reconnaissance profonde, car les mots que Votre Majesté y a tracés de sa

main doublent à mes yeux le prix de ce magnifique
présent.

Combien d'autres émotions se sont succédé dans mon
esprit lorsque j'ai lu ces pages si belles! A l'époque où
vous avez bien voulu, Sire, vous adresser à moi pour la
correction de quelques épreuves, je pouvais me croire
sous l'influence de la séduction attachée à votre auguste
personne ; comment voir, sans être profondément touché, tant de bonté unie à tant de grandeur? Mais hier,
lisant et relisant ces deux premiers livres dans le silence
du cabinet, j'ai bien compris que mon admiration ne
s'était pas trompée. Le tableau si complet, si impartial
de la politique de Rome et de sa conquête du monde,
l'appréciation si nette et si élevée des intérêts nouveaux
que l'aristocratie dégénérée ne pouvait pas satisfaire, les
symptômes de plus en plus nombreux d'une révolution
devenue inévitable, tout cela prépare à larges traits l'ap-
parition de César. Le second livre, dont je ne connaissais
pas une seule page, m'a saisi plus vivement encore.
Tous les Marius, rassemblés en ce jeune homme mer-
veilleusement doué, s'y révèlent l'un après l'autre, mais
épurés et agrandis. L'épisode de Catilina est tracé avec
une impartialité supérieure, qui renouvelle le sujet et
substitue la pensée de l'homme d'État aux déclamations
de la routine. Le consulat de César et de Bibulus forme
un tableau du plus vif intérêt. On aime à suivre le développement des idées et des actes de César exposé par
un génie du même ordre, et on admire ce sentiment des
grandes causes, des causes démocratiques et humaines,
embrassé avec tant de modération et de persévérance.
Les dernières pages sont d'une exquise beauté. La pos-

térité répétera ces paroles : « Ne cherchons pas sans
« cesse de petites passions dans de grandes âmes. »

Dieu me garde d'exprimer jamais une pensée qui ne
serait point la mienne ! Je transmets sincèrement à
l'Empereur les émotions que je viens de ressentir. Je
ne sais pas l'art de flatter, mais je suis heureux d'admirer à cœur ouvert tout ce qui est grand, et la grandeur ici est rehaussée encore par la simplicité. Peut-
être, dans un monde de lecteurs où le clinquant est à
la mode, peut-être, chez certaines écoles littéraires qui
demandent le succès à l'éclat violent des couleurs,
cette sobriété sera-t-elle matière à critiques pour des
hommes qui ont intérêt à rabaisser l'œuvre de Napoléon III ; mais je suis persuadé que le peuple de France
comprendra d'instinct cette simplicité si haute, et tous
les vrais connaisseurs diront que Votre Majesté a parlé
de César dans le style de César.

Daignez agréer, Sire, avec l'expression de ma reconnaissance, l'hommage du profond respect avec lequel
j'ai l'honneur d'être, de Votre Majesté, le très-humble
et très-dévoué serviteur et sujet,

SAINT-RENÉ TAILLANDIER.

Paris, 27 février 1865.

12

SIRE,

Je viens très-humblement remercier Votre Majesté
de l'honneur qu'elle a daigné me faire en m'envoyant
l'*Histoire de Jules César :* ce sera pour moi le plus pré-

cieux des souvenirs, et je le transmettrai à mes enfants comme un titre de noblesse.

Ce second volume continuera le succès du premier. L'intérêt y grandit de page en page comme la fortune de César, et l'idée générale de l'œuvre s'y dessine avec autant de simplicité que de vigueur. Tout lecteur impartial admirera ces deux livres si bien divisés, si bien réunis l'un à l'autre, qui se correspondent et se complètent si heureusement : dans le premier, tout le tableau de la guerre des Gaules présenté avec une précision de détails, une abondance de preuves, une richesse de documents qui épuisent la matière et donnent une vie nouvelle au récit même de César; dans le second, le paral'èle des événements de Rome et des campagnes du glorieux capitaine, c'est-à-dire une philosophie de l'histoire irrésistible. Ce plan si neuf éclaire l'époque tout entière d'un jour inattendu. Jamais historien n'avait aussi exactement suivi, aussi clairement indiqué le progrès simultané de l'anarchie romaine et de la grandeur de César, pendant ces dix années qui décidèrent du sort de la civilisation. Quand on embrasse ainsi l'ensemble des événements, on ne saurait douter que César fut véritablement l'homme de l'humanité, le représentant du droit nouveau, le gardien de l'avenir. Le jugement porté par Votre Majesté sur la victoire d'Alesia me paraît la vérité même. Considérer les Celtes comme nos pères, oublier que nous sommes les fils des Gallo-Romains, c'est pure déclamation. Il n'y avait dans cette lutte que deux ennemis en présence, la civilisation et la barbarie. Le triomphe de Vercingétorix eût jeté Gaulois, Helvètes, Germains, tout le monde barbare, sur le monde civilisé ; César a sauvé la civilisation, cette civilisation dont les vaincus eux-mêmes ont profité si largement. Que les intrigues de Rome paraissent mesquines auprès de ces grandes choses !

Le caractère des personnages qui jouent un rôle dans ce drame immense est tracé, à mon avis, avec une parfaite équité. Le génie vaste et humain de César, la vanité et l'égoïsme de Pompée, la légèreté de Cicéron, tout cela se dessine dans le récit même. Les faits parlent, et l'auteur les traduit dans un style lapidaire avec une sincérité irréprochable. Les conclusions du volume sont de la plus grande beauté. Je ne fais que transcrire ici l'impression sommaire que m'a causée une première lecture de ce grand livre ; combien de choses j'aurais à exprimer encore si je ne craignais d'être importun ! Quelle haute simplicité ! Quelle conviction forte ! Quel sentiment des obligations du chef dans les crises où se renouvelle le monde ! On ne peut s'empêcher ici de joindre, aux félicitations respectueuses adressées à l'écrivain, des vœux sincères adressés à l'Empereur. Que Dieu protége Votre Majesté ! Qu'il continue de lui accorder la gloire, la sagesse et la prospérité en toutes choses !

Daignez agréer, Sire, l'hommage du profond respect avec lequel j'ai l'honneur d'être, de Votre Majesté, le très-humble et très-dévoué serviteur et sujet.

Saint-René Taillandier.

Paris, 17 mai 1866.

15

SIRE,

Aussitôt après avoir reçu le premier volume de l'*Histoire de César*, j'ai prié le chef de votre cabinet[1] de mettre aux pieds de l'Empereur l'hommage de ma gratitude, mais je n'étais pas quitte envers l'historien. J'hésitais pourtant à vous écrire, tant il me semblait difficile de louer Votre Majesté d'une façon qui fût digne d'elle. Je me suis dit enfin que l'admiration d'un honnête homme, simplement et loyalement exprimée, ne saurait déplaire et même avait des chances pour arriver à votre cœur. On cherchera désormais dans la *Vie de César* la pensée de Napoléon III, et cette grande figure à laquelle il semblait que rien ne pouvait ajouter aura reçu ainsi une grandeur inattendue et un lustre nouveau. Assez d'autres apprécieront l'élévation des vues, la profondeur des jugements, la sérénité et la dignité du style; qu'il me soit permis, à moi, de vous remercier au nom des lettres, de l'honneur que vous leur faites. Les lettres en seront éternellement fières et reconnais-

---

[1] Le 5 mars précédent, M. Sandeau avait en effet adressé au chef du Cabinet la lettre suivante :

« Monsieur,

« J'ai reçu le premier volume, que l'Empereur a daigné m'adresser. « Rien ne pouvait m'être plus doux que ce souvenir de Sa Majesté. J'en « suis touché comme si j'en étais indigne; j'en suis fier comme si je le « méritais.

« Veuillez, Monsieur, mettre aux pieds de Sa Majesté l'hommage de « ma respectueuse gratitude; et agréez l'assurance de ma haute consi- « dération.

« JULES SANDEAU.

« Sèvres, 5 mars. »

santes. L'Empereur Charles-Quint, pour avoir ramassé le pinceau du Titien, avait bien mérité des arts. Vous, Sire, vous avez mieux fait. Vous avez pris la plume de Montesquieu, et vous vous en êtes servi.

Je mets aux pieds de l'Empereur l'hommage de mon admiration, de mon respect et de mon dévouement.

Jules SANDEAU.

Sèvres, 20 mars.

14

Lettre de MM. Belmontet et Mathieu, archevêque de Besançon, à M. Conti.

CORPS LÉGISLATIF.

Paris, le 18 mai 1866.

MON CHER CONTI,

Je vous prie de vouloir bien présenter à Sa Majesté mes très-respectueux et très-vifs remercîments pour l'envoi, dont il a daigné m'honorer, du deuxième volume sur J. César.

Je l'ai parcouru à vol d'aigle ; il m'a plus profondément impressionné que le premier volume.

Le grand penseur domine dans ce récit de la guerre des Gaules. Il a fallu un certain courage de philosophe humanitaire pour donner raison à la victoire de César sur Vercingétorix [1]. Le vulgaire comprendra-t-il la portée de cette opinion *napoléonienne*? Je crains que non ; mais, comme au *Rubico, alea jacta est*.

---

[1] Probablement par suite d'un *lapsus calami*, le texte porte *Vincegetorix*.

Je vous adresse pour vous, pour M. Pietri et pour l'ami Sacaley, trois exemplaires de mes *Nobles*.

Cette satire a paru dans *la Comédie*, il y a six ans. Elle n'a pas donc été faite pour la circonstance de la nomination féodale de M. Monier de la Sizerane. Je me serais bien gardé de juger les actes de l'Empereur.

D'ailleurs, sur cette question, j'ai prononcé dans le sein du Corps législatif, en 1852 ou 53, un discours contre le principe nobiliaire.

Cela m'a fourni l'occasion d'écrire à M. Monier une lettre où je lui rappelais qu'en 1852 j'habitais avec lui une maison à Interlaken, où nous avions pour compagnons d'hôtel le duc de Fitz-James, le comte de Bombelles, ministre d'Autriche, et le comte de Talleyrand, ministre de France en Piémont.

Je lui ai rappelé que lui et ces trois personnages, très-royalistes, luttaient toute la journée avec moi pour mes idées *napoléoniennes*, dont ils riaient cavalièrement.

Ils se moquaient de mes relations intimes avec le prince Louis, aujourd'hui l'Empereur.

Eh bien! un de ces rieurs était le sénateur devenu comte par un Bonaparte.

Autre temps, autres opinions!

Voilà ce qui me donne à rire à mon tour, à moi vieux bonapartiste, qui ai épousé la petite-fille d'un conventionnel, laquelle offrit à la reine Hortense de s'exiler avec elle pour aller rejoindre en Amérique le prince son fils, proscrit alors.

M. Monier a fait des vers sur Marie-Antoinette, vers *inconnus et très-médiocres*.

Voilà son mérite.

Moi, j'ai fait toute ma vie des vers très-connus sur le grand Napoléon, sur le roi de Rome.

Voilà mon crime, car on m'en punit par la préférence accordée à de vieux royalistes.

Ainsi va le monde. Mais les gens de cœur restent fermes dans leur cœur.

C'est votre histoire aussi, celle-là.

Tout à vous et vive l'Empereur (le grand, et l'autre grand aussi) !

L. BELMONTET.

15

MONSIEUR,

Le second volume de l'*Histoire de Jules César*, que Sa Majesté a daigné me destiner, m'est parvenu avec votre lettre. En lisant ce bel et étonnant ouvrage, j'ai pensé que Jules César était bien heureux d'avoir conquis les Gaules et composé ses Commentaires ; car sans cela, l'Empereur aurait fait l'un et l'autre.

Je vous prie de déposer aux pieds de Sa Majesté, avec mes profonds hommages, l'expression de ma reconnaissance.

Agréez, Monsieur, l'assurance de mes sentiments les plus distingués.

† CÉSAIRE,
Card. arch. de Besançon.

Besançon, le 22 mai 1866.

X X X V

1

Paris, le 15 octobre 1869.

CHER MONSIEUR,

Je me noie en ce moment faute de quatre billets de mille francs.

Ah! si vous pouviez faire parvenir mon cri d'angoisse jusqu'à l'oreille de l'Empereur !

Recevez, cher Monsieur, l'assurance de mes sentiments les plus distingués.

ALBÉRIC SECOND.

2

CHER MONSIEUR,

L'Empereur a daigné entendre et recueillir mon cri de détresse.

Faites, je vous prie, que mon cri de joie et de reconnaissance parvienne jusqu'à Sa Majesté.

Et croyez aux sentiments de haute considération de votre dévoué serviteur.

ALBÉRIC SECOND.

XXXVI

1

AU MARQUIS DE MOUSTIER.

MINISTÈRE D'ÉTAT.

Cabinet du Ministre.

Cerçay, le 6 août 1866.

MON CHER AMI,

Il y a trois jours, le comte de Goltz vint me voir, me dit que M. de Bismark désirerait obtenir la reconnaissance officielle, immédiate, des annexions acceptées pour la Prusse, jusqu'à concurrence de 4 millions d'habitants, et me prie d'appuyer télégraphiquement auprès de l'Empereur la démarche privée qu'il avait faite, dans ce but, auprès de M. Drouyn de Lhuys.

Je me prêterai à son désir et j'adresserai à l'Empereur une dépêche télégraphique. Toutefois, je fis observer à M. de Goltz que cette question me semblait solidaire de celle de la rectification de nos frontières, et que, probablement, on lui manifesterait la volonté de les traiter simultanément. Mes prévisions se sont réalisées; hier, l'ambassadeur de Prusse m'a communiqué la réponse de notre collègue; celui-ci expose qu'une communication dans ce sens a été faite par Benedetti à M. de Bismark, et qu'on croit devoir attendre une réponse à cette suggestion avant d'aller plus avant

dans les négociations. M. de Goltz trouve notre prétention légitime en principe ; il considère que satisfaction
doit être donnée au seul vœu de notre pays pour constituer, entre la France et la Prusse, une alliance nécessaire et féconde. Mais il est un peu blessé de ce que les
communications qui lui sont faites laissent notre dessein
dans le vague le plus complet, et de ce qu'on semble
ne pas vouloir lui faire connaître les conditions qu'on
pense remplir auprès de M. de Bismark. Je lui ai fait
observer que M. de Bismark avait dû l'instruire ; il m'a
répliqué que non, et il s'étonne d'autant plus d'être
laissé en dehors de cette partie importante des négociations.

Je confesse que je ne vois pas grande utilité à cette
réserve de notre part vis-à-vis d'un ambassadeur qui se
déclare spontanément favorable à nos idées. Je serais
assez d'avis de lui en dire au moins autant qu'à M. de
Bismark, sous une forme officieuse, sinon officielle.
Toutefois, je suis resté muet, et ce filandreux exposé
n'a pour objet que de savoir si je dois ou non délier ma
langue. Sa Majesté veut-elle que, dans mon rôle officieux, je sois ou non explicite à l'égard de M. de Goltz?
Faut-il ne demander que les frontières de 1814? Ne
faut-il pas avoir une prétention initiale plus vaste?
Exprimant une opinion purement personnelle, je peux,
sans inconvénient sérieux, afficher de grandes exigences. Étant l'écho de la pensée impériale, je dois
avoir un langage rigoureux et correct. Éclairez-moi par
un télégramme sur l'attitude que j'ai à tenir, après avoir
pris les ordres de Sa Majesté.

Et maintenant voici quelques impressions que je

15.

crois convenable de vous livrer. 1° Le sentiment public
se prononce de plus en plus dans le sens d'un agrandissement à notre profit ; il est chaque jour dirigé,
entraîné, égaré par les habiletés des hommes de parti.
La presse favorable au gouvernement ne peut pas mo-
dérer ce sentiment, parce qu'elle n'ose le partager dans
une mesure quelconque ; or, c'est là une mauvaise position, qu'il faut faire cesser le plus vite possible. Si
demain nous pouvions dire officiellement : « La Prusse
« consent à ce que nous reprenions les frontières de
« 1814 et à effacer ainsi les conséquences de Waterloo, »
l'opinion publique aurait un aliment et une direction ;
on ne se débattrait plus que sur une question de quo-
tité à laquelle les masses resteraient indifférentes. 2° Je
ne crois pas que cette rectification obtenue vaille quittance pour l'avenir. Sans doute, il faudra que de nouveaux faits se produisent pour que de nouvelles prétentions s'élèvent, mais ces faits se produiront
certainement. L'Allemagne n'en est qu'à la première
des oscillations nombreuses qu'elle subira avant de
trouver sa nouvelle assiette. Tenons-nous plus prêts, à
l'avenir, à profiter mieux des événements ; les occasions
ne nous manqueront pas. Les États du sud du Mein,
notamment, seront d'ici à peu d'années une pomme de
discorde ou une matière à transaction. M. de Goltz ne
dissimule pas, dès à présent, des convoitises vis-à-vis
de ce groupe de confédérés. Aussi je tiens qu'à l'avenir
nous pourrions stipuler pour notre alliance le prix que
nous jugerons convenable.

S. M. l'Impératrice vous a écrit et a bien voulu m'exprimer des pensées toutes contraires. Elle voudrait

demander beaucoup ou rien, pour ne pas compromettre nos prétentions définitives. Mais pour demander beaucoup, il faut être au lendemain de grands succès, et ne rien obtenir aujourd'hui c'est laisser en grande souffrance l'opinion publique.

Je n'entends plus parler de l'acquisition des fusils à aiguille ; or je vous ai dit ma pensée à cet égard ; il est essentiel pour l'armée, soit comme garantie, soit comme expérience, qu'un décret de virement mette à la disposition du Ministre de la guerre une somme considérable pour commencer cette transformation. On ne l'utilisera que dans la mesure du possible, mais l'effet moral sera produit. Voyez en Angleterre : on n'a pas perdu vingt-quatre heures.

Voilà une lettre interminable et dont je me sens honteux. Je vous engage à ne la lire que pendant le loisir des bains.

Donnez-moi des nouvelles de la santé de l'Empereur. Ce malaise prolongé le fera-t-il renoncer à son traitement ou prolonger son séjour ? La date du retour est-elle fixée ou prévue ?

Mes amitiés à la marquise. Toute la smala de Cerçay est en santé parfaite.

Votre tout dévoué.

E. Rouher.

2

A L'EMPEREUR.

MINISTÈRE D'ÉTAT.

Cabinet du Ministre.

(Sans date

Sire,

J'avais commencé la rédaction d'une note relative à la question que nous avons agitée hier. Elle est informe et illisible. Toutefois, à raison de l'urgence, et en faisant abstraction de tout amour-propre d'auteur, je la transmets à Votre Majesté, qui pourra se la faire lire par M. de Saint-Vallier, plus familiarisé avec ma mauvaise écriture.

Daignez, Sire, agréer l'assurance de mes sentiments les plus dévoués.

E. ROUHER.

1

L'Empereur est préoccupé de la fausse position qui lui serait faite par l'acceptation de la Vénétie et serait disposé à déclarer, par un acte officiel, qu'il rend à l'Autriche sa parole.

Cette mesure est-elle commandée par la situation?

Quelle impression ferait-elle sur l'opinion publique en France?

Quels avantages ou quelles complications apporterait-elle aux négociations pendantes?

2

La note du 5 juillet a sans doute proclamé la cession pure et simple de la Vénétie à la France, et les termes absolues de cette note ont pu autoriser à penser, d'une part, que la transmission était opérée sans conditions, de l'autre, qu'elle était constatée par un instrument authentique et régulier ; mais cela était contraire aux faits et à la nature des choses, car l'Autriche est restée en possession, la France n'a pas pris livraison, et l'Italie a continué contre son ennemi une lutte qu'elle ne pouvait interrompre sans méconnaître ses engagements envers la Prusse. Sans doute ces incidents, que Sa Majesté ne pouvait comprimer par aucune force matérielle disponible, ont pu éveiller de justes susceptibilités, mais enfin la lumière s'est faite ; l'opinion publique a compris que la cession de la Vénétie était moins une opération réelle qu'un moyen de négociation, qu'un levier pour l'obtention de l'armistice, et cette interprétation plausible, naturelle, qui dégage l'honneur et la dignité du gouvernement français, est acceptée par tous les hommes sérieux.

Pourquoi donc agiter de nouveau cette question, délicate sans doute, mais qui est entrée aujourd'hui dans une phase d'apaisement ? Nous sommes certains de l'obtention de l'armistice, la suspension des hostilités est signée, les luttes sur ce qu'on appelle *notre territoire* sont interrompues. Loin d'être exposée à des blessures nouvelles, notre susceptibilité a reçu des garanties.

Mais, dit-on, cette situation est absolument fausse ; nous sommes propriétaires apparents de la Vénétie, et en réalité l'Autriche ne reconnaît pas notre droit, ou tout au moins en entoure l'existence de conditions inacceptables, pendant que l'Italie déclare ne pas vouloir accepter la Vénétie des mains de la France et ne consent à la recevoir que de celles de l'Autriche. N'est-il pas plus raisonnable de faire cesser l'équivoque qui couvre les positions respectives, de revenir au vrai et de renoncer au funeste présent qui nous a été fait ?

Je ne saurais nier que l'équivoque s'est produite au lendemain du 5 juillet, mais je maintiens et répète qu'elle est aujourd'hui dissipée pour ceux qui examinent et se rendent compte de tout. Je ne vois aucun profit à enregistrer officiellement un désaccord qui prêtera à de nombreux commentaires et servira de prétexte aux attaques ennemies. Quant à l'Autriche, quelles conditions oppose-t-elle à la cession de la Vénétie ? Ces conditions sont absolument indépendantes et du nom du cessionnaire et de la forme de la cession. En effet, elles s'appliquent au pouvoir temporel du pape, à des restitutions d'argent, au régime du port de Venise, etc. Or ces conditions, l'Autriche peut-elle espérer les faire accepter par la Prusse et l'Italie ? Évidemment non. La Prusse est liée sur ce point vis-à-vis du gouvernemen italien, et celui-ci n'est disposé à aucune concession ; les maintenir, c'est recommencer la guerre, et alors il est bien surabondant de s'occuper de la Vénétie, puisque la résolution désespérée de l'Autriche de recourir de nouveau aux armes entraînerait du même coup et la cession de la Vénétie, et l'armistice, et la médiation. Si au contraire l'Autriche doit, en définitive, abandonner ces conditions, il n'y a pas lieu de les présenter aujourd'hui comme une raison déterminante de la conduite que nous avons à tenir. La seule observation fondée, à mes yeux, que fasse l'Autriche est celle-ci : « Si l'ar-« mistice n'est pas suivi de la paix, je ne puis me trou-« ver alors dans des conditions plus mauvaises qu'à « présent, car la livraison de Vérone comme gage de « l'armistice me dépouille d'une forteresse que j'ai in-« térêt à conserver si la guerre continue. » Cette réflexion aurait peut-être dû être faite plus tôt, elle nous aurait évité une fausse démarche vis-à-vis de l'Italie; mais il advient que l'Italie déclare ne pouvoir accepter la remise de Vérone par l'intermédiaire d'un commissaire français. Eh bien, cette double résistance, loin de compliquer les négociations, les simplifie. En effet, elle permet de dire à l'Italie : « Ne parlons plus de Vé-« rone comme gage de l'armistice; seulement, à l'in-« vitation de la Prusse, que le cabinet de Florence de-« mande comme préliminaire de paix la stipulation de « la remise, lors du traité définitif, de toute la Vénétie « sans conditions, et le cabinet français négociera au-« près de Vienne dans ce sens. »

Mais ici l'objection reparaît : comment et dans quelle forme se fera la cession de la Vénétie lors de la signature du traité de paix? Oh! je confesse qu'à ce moment cette question de forme me trouvera bien accommodant et bien désintéressé. En effet, lorsque l'Empereur aura fait accepter l'armistice et sera parvenu à faire triompher la paix en Europe, son grand but aura été atteint, son autorité aura reçu une sanction suprême. Dès lors, les

questions de forme ne seront plus que des questions
puériles, que l'opinion satisfaite envisagera avec la plus
suprême indifférence. Il en serait tout autrement aujourd'hui, au milieu des préoccupations et des indéci-
sions qui agitent le public : la renonciation publique
à la cession de la Vénétie serait interprétée comme un
aveu d'impuissance, une impossibilité d'obtenir l'armistice, une probabilité de reprise de la guerre. En
France, on en serait ému et affligé ; les partis hostiles
proclameraient brusquement l'avortement des combinaisons de l'Empereur ; en même temps, le parti révolutionnaire en Italie chercherait à voir dans cet abandon
une victoire. En effet, si la guerre continuait, il croirait
avoir atteint son but ; si, au contraire, il obtenait de la
résignation de l'Angleterre une cession directe, il présenterait ce résultat comme un succès contre la France.

Toute résolution relative à la Vénétie avant la signature de l'armistice est donc inopportune et entachée
d'inconvénients sérieux.

Nota. Certaines confidences nous autoriseraient à
penser que la Prusse pousse à la demande du Tyrol.
Est-ce encore là une manœuvre souterraine pour se
conserver les apparences de la modération et donner à
l'Italie l'attitude de l'opiniâtreté ?

3

MINISTÈRE D'ÉTAT.

Cabinet du Ministre.

Paris, le 18 septembre 1867.

SIRE,

Je viens compléter les indications que j'ai données, par dépêche télégraphique, à Votre Majesté, sur les affaires du Crédit mobilier. Cette négociation, longue, hérissée de difficultés, pour le succès de laquelle j'ai été obligé de me mettre en relations directes avec la plupart des régents de la Banque, m'a démontré trois choses : 1° l'absence de toute autorité de la part de Rouland ; 2° une hostilité violente, fortement mêlée de spéculation à la Bourse, de la part de tout ce qui est finances, en dehors de la Banque, contre toutes les sociétés constituées ou régies par MM. Pereire ; 3° des maux intérieurs dans les sociétés du Crédit mobilier et de l'Immobilière, beaucoup plus graves que je ne l'avais présumé.

MM. Pereire avaient eu la pensée d'un emprunt de 75 millions remboursable après trois ans. Cette somme et ce temps étaient utilement calculés à leur point de vue. En effet, d'une part, la Société immobilière ne possède plus que des constructions et des terrains vagues. Ses propriétés à Marseille, qui représentent 177 millions, sont invendables ; quant à ses propriétés à Paris, qui valent 114 millions, on ne veut pas en acheter dans l'espoir prochain d'une dépréciation par liquidation judiciaire. Le passif s'élève à plus de 220 millions. Or les intérêts de ce passif sont supérieurs aux revenus de l'actif. Quant au Crédit mobilier, son portefeuille se compose en presque totalité de valeurs très-difficilement vendables et fortement dépréciées, pendant qu'il est sous le coup d'un passif exigible de 100 millions.

La conversion de son passif en dette payable à terme, jusqu'à concurrence de 75 millions, lui permettrait d'attendre des circonstances meilleures pour la réalisation de son actif. Malheureusement, je l'ai écrit à Votre Majesté, l'opération n'a été possible que jusqu'à concurrence de 37 millions et demi. C'est de ces circonstances que la Bourse a déduit sa propension à la baisse sur les valeurs des sociétés Pereire.

Cependant rien ne périclite pour quelque temps, et j'ai eu hier une longue conférence avec M. de Germiny, qui est disposé à prendre la direction du Crédit mobilier, conférence dans laquelle nous avons ébauché un plan qui donnerait une vie nouvelle à ces affaires. Si j'en reconnais l'exécution difficile, je ne la crois pas impossible. M. de Germiny a demandé à réfléchir aux idées que je lui ai soumises. Aussitôt qu'elles nous seront devenues communes, je les soumettrai à la haute approbation de l'Empereur.

Mon voyage à Nantes s'est exécuté aussi rapidement que possible. Arrivé le dimanche matin, j'en repartais le lundi à 7 heures du matin. J'ai trouvé dans le haut commerce un bon esprit politique et des témoignages très-vifs de dévouement à Votre Majesté.

Nous allons nous réunir, les ministres présents à Paris, dans quelques minutes. Nos préoccupations et notre causerie porteront probablement sur les affaires d'Italie. Je suspends ma lettre pour pouvoir faire connaître à l'Empereur le résultat de notre échange d'idées.

19 septembre 1867.

Garibaldi paraît décidé à faire son expédition. On soutient qu'au lieu de chercher à traverser de vive force les lignes italiennes, il s'introduirait subrepticement à Viterbe, provoquerait une insurrection et se dirigerait sur Rome, dont la garnison ferait, en majeure partie, défection. Cette entreprise a-t-elle quelque chance de succès? M. de Sartiges, que j'ai vu hier soir, est convaincu que non. Mais il ne saurait y avoir inconvénient à arrêter des résolutions en vue de ces éventualités.

Tout est suspect dans cette malheureuse affaire. Garibaldi n'a-t-il personne derrière lui? N'a-t-il pas reçu de l'argent de M. de Bismark? Cette question de Rome n'est-elle pas destinée, comme en 1866 la Vénétie, à devenir le motif d'une alliance offensive et défensive entre la Prusse et l'Italie? Cette alliance n'est-elle pas en voie de formation, dans l'hypothèse de conflits ultérieurs? Toutes ces circonstances me préoccupent, mais ne sauraient, à mes yeux, modifier la conduite à tenir. Si Garibaldi envahit Viterbe et marche sur Rome, nous devons envoyer immédiatement 10,000 hommes à Civita-Vecchia, poursuivre et expulser Garibaldi, offrir au pape de rentrer à Rome, si par hasard il l'avait déjà quittée, puis ramener notre corps d'armée et, l'insuffisance de la convention du 15 septembre ainsi

constatée, offrir aux différentes puissances européennes
la constitution d'une garantie collective. Cette attitude
me paraît la seule conforme à notre dignité et à nos
intérêts. Ne rien faire nous donnerait une apparence de
complicité et renouvellerait toutes les accusations dirigées contre nous à propos des Marches et de l'Ombrie.
Ce serait pour des élections plus ou moins prochaines
une cause assez sérieuse d'affaiblissement. D'ailleurs,
les temps actuels veulent que nous fassions énergiquement respecter la foi des traités, et une conduite résolue
est plus propre à empêcher des alliances regrettables
que les apparences de l'irrésolution.

Les Italiens nous demandent ce qu'ils doivent faire,
et s'ils doivent poursuivre Garibaldi au delà de la frontière; leur présence à Viterbe, si nous nous étions
réservé l'occupation de Civita-Vecchia et de Rome, ne
me paraîtrait pas un inconvénient, en ce sens qu'elle
prouverait une communauté de vues. Mais alors les
limites de l'occupation et la nécessité d'une évacuation
simultanée devraient être nettement convenues par un
échange de notes.

Si l'Empereur donnait son adhésion aux idées que je
me promets de lui soumettre, d'accord avec MM. de la
Valette et Vuitry, il y aurait urgence : 1° à réunir à
Toulon les bâtiments nécessaires; 2° à diriger quelques
régiments et des forces combinées de Lyon sur Toulon.

De nouveaux incidents se sont produits hier dans
l'affaire du Crédit mobilier. MM. Pereire rencontrent
des hésitations de la part de leurs administrateurs à
s'engager vis-à-vis de la Banque; ils sont eux-mêmes
peu disposés à s'obliger, et veulent tantôt donner leur

démission, tantôt rester à la tête de leurs affaires. Par suite, ils rêvent les combinaisons les plus illusoires et les concours les plus impossibles. On ne saurait être dupe désormais de tous ces mirages qui les ont abusés ; il faut en finir de cette crise, résolûment et le plus tôt possible. Le mal est énorme : ces affaires succombent sous des exigibilités tout à fait hors de proportion avec les ressources disponibles. Aucun allégement ne peut être espéré, si ce n'est celui consenti par la Banque ; il faut donc que MM. Pereire se mettent en mesure pour l'obtenir et laissent la place à d'autres individualités ne soulevant pas d'hostilités violentes. Ces messieurs auront peut-être recours à Votre Majesté : je la supplie de les décourager nettement, car, si d'ici à huit jours ils ne se résignent pas, ils vont droit à la faillite. Je ne sais même si aujourd'hui, quoi qu'on fasse, on pourra l'éviter.

C'est vraiment quelque chose d'inouï que de voir les administrateurs de ces sociétés disposés à se laver les mains des désastres qui menacent cette masse d'actionnaires. Ils se figurent tout simplement pouvoir rester riches au milieu des ruines qui les entoureraient. C'est certainement la plus folle des illusions : il faut qu'ils demeurent bien convaincus, car c'est une chose juste et morale, que leur fortune et leur honneur sont pleinement engagés dans ces malheureuses entreprises.

Je fais mes excuses à Votre Majesté de cette missive démesurée, mais ce sont, à proprement parler, deux missives dans une seule.

Daignez, Sire, agréer l'assurance de mon profond respect et de mon entier dévouement.

E. ROUHER.

P. S. J'enverrai sous très-peu de jours à l'Empereur une note relative aux élections. L'Empereur ne croit-il pas utile que le maréchal Niel ait un intérimaire au moins désigné, sinon officiel? Il n'est pas inutile de se prémunir contre les incidents les plus invraisemblables.

La polémique relative au maréchal Bazaine me paraît très-regrettable ; elle maintient dans le débat public, fort inutilement, l'affaire du Mexique. Le maréchal ne paraît pas s'en soucier, ou mieux il va demander de l'appui à des journaux de l'opposition. L'Empereur ne croirait-il pas convenable que le Gouvernement doive intervenir officiellement dans ce débat? Le maréchal Bazaine pourrait adresser au Ministre de la guerre un rapport officiel sur l'expédition du Mexique ; ce rapport serait mis sous les yeux de l'Empereur par le Ministre ; il serait approuvé et inséré au *Moniteur*. Si on ne fait rien, le maréchal Bazaine et le gouvernement continueront à être attaqués sans se défendre. Cette inertie a des inconvénients.

L'Empereur a-t-il pris connaissance de l'article du prince Napoléon sur l'Allemagne inséré dans *le Siècle?*

4

A L'EMPEREUR.

MINISTÈRE D'ÉTAT.

Cabinet du Ministre.

Cerçay, le 24 septembre 1867.

SIRE,

Votre Majesté a daigné terminer sa lettre par des témoignages de haute bienveillance, dont je lui exprime ma gratitude avec effusion. Je ne saurais dire à l'Empereur tout le bonheur que j'en éprouve. Si un dévouement sans limites suffisait à les mériter, j'oserais croire que j'en suis digne.

Que Votre Majesté me permette aussi de la remercier des félicitations qu'elle a bien voulu m'adresser à propos de la biographie de Billault et de la prier d'être l'interprète de mes remercîments auprès de Sa Majesté l'Impératrice.

Votre Majesté m'avait à peu près donné la permission de remettre la décoration à l'artiste qui a fait la statue de Billault. Je n'en ai point usé, d'abord parce que l'œuvre est d'une grande médiocrité, puis parce que le préfet se montrait trop malheureux de n'avoir pas réussi dans sa demande en faveur du maire, et préférerait, par suite, qu'aucune distinction honorifique ne fût distribuée. Maintenant que cette récompense ne constituera plus un précédent en matière d'inauguration de monument, j'appelle de nouveau l'attention de l'Empereur sur la situation du maire de Nantes. Le préfet, qui est un administrateur distingué, a eu peut-être le tort de faire la petite spéculation de ne pas insister pour l'obtention de cette croix au 15 août, croyant l'obtenir sans difficulté au 15 septembre ; mais, en réalité, il y aurait des inconvénients politiques à ajourner cette récompense à l'égard du magistrat d'une grande cité qui lutte courageusement contre un conseil municipal hostile et porte résolûment le drapeau du gouvernement. Je ne connais pas personnellement M. Dufour; la mort subite de son frère l'avait éloigné de Nantes le jour où

j'y étais; mais on m'a affirmé qu'indépendamment
même de ses fonctions municipales il avait les titres
les plus sérieux à la décoration.

J'envoie à Votre Majesté une note sur les élections.
Mon sentiment se résume en quelques mots : attendre
le terme légal est une imprudence; une dissolution
immédiate a d'incontestables avantages, mais elle est
trop utilitaire, un peu équivoque, subreptice et peu-
reuse; elle viole toutes les bonnes traditions du gouvernement représentatif. Des élections au mois de mai
prochain se présentent avec de sérieuses chances de
succès, quoique avec certaines difficultés et certains
périls de plus. Leur succès, plus chèrement acheté, donnera au gouvernement une force incontestée, une autorité plus vraie et plus durable.

Garibaldi semble encore hésiter dans son agression
contre Rome. Après tant de fanfaronnades, je regrette-
rais presque son abstention. Il serait plus utile à notre
politique générale que nous eussions l'occasion immédiate d'assurer l'intégrité des États pontificaux sur de
nouvelles bases. Sinon, la crise pourra éclater dans des
circonstances inopportunes et gênantes pour nos bons
rapports avec l'Italie.

La circulaire Bismark produit la plus désagréable impression. M. de Moustier se demande quelle attitude
diplomatique il doit prendre vis-à-vis de ce document,
dont la portée semble devoir être aggravée par l'adresse
du parlement fédéral. Il en écrira à Votre Majesté. Il
me semble, en ce qui concerne les journaux officieux,
qu'ils doivent se borner à dire que cette circulaire est
bien plutôt un moyen d'aplanir des difficultés inté-

rieures et de faire voter des impôts nouveaux très-
peu populaires, qu'elle n'est un acte d'agression vo-
lontaire à l'égard de la France. M. de Bismark se
sert du nom de la France vis-à-vis de ses confédérés
comme on se sert du nom de Croquemitaine vis-à-vis
des enfants pour les rendre obéissants. La presse française ne saurait être dupe de ce jeu-là et contribuer
à son succès par une polémique irritée. Elle conservera
donc la quiétude la plus parfaite dans ses appréciations
sur les affaires d'Allemagne, bien convaincue que les
intérêts français n'auront pas à souffrir des événements
ultérieurs et que la paix de l'Europe ne saurait être à la
merci de telle ou telle expression malencontreuse. Nous
sommes d'accord avec M. de Moustier pour faire développer ce thème par les journaux.

L'affaire du Crédit mobilier est entrée dans une phase
d'apaisement. Maintenant qu'ils ont échappé au péril du
jour, MM. Pereire commencent à se laisser entraîner à
des idées de regret et de réaction. Ces sentiments sont
dans l'ordre naturel des choses, et, loin de s'effacer,
s'accentueront chaque jour davantage, parce que chaque
jour leur donnera un peu plus la mesure de leur isolement, de leur chute et de leur responsabilité. Ils sont
vraiment à plaindre; ils n'avaient pas mérité les haines
féroces qui les ont poursuivis et dont leur témérité a
facilité le triomphe. Mais leur abdication personnelle
était devenue inévitable, et aujourd'hui tous les efforts
doivent se concentrer dans l'étude des moyens propres
à éviter de trop grands désastres. A ce point de vue,
l'intervention de la Banque ne nous donne qu'un répit
et du temps. La direction de M. de Germiny comme pré-

sident des deux sociétés ne nous donne elle-même
qu'une force contestée et un peu compromise par le souvenir des emprunts mexicains ; mais nous n'avons pas
eu le choix des personnes. M. Fremy a bien voulu, au
dernier jour, consentir à accepter la présidence du Crédit mobilier ; mais, absent de Paris pendant que les négociations étaient en pleine activité, il n'a pu donner
signe de vie que lorsque les négociations sur les personnes étaient beaucoup trop avancées. M. Fremy doit
être actuellement à Biarritz ; il serait bien utile que
Votre Majesté l'invitât à nous donner le plus entier
concours, car nous aurons grand besoin de tous les
bons vouloirs réunis. Au fond, le nœud gordien de
toutes ces affaires est dans la liquidation favorable de
l'actif de la Société immobilière. Or la réalisation
avantageuse de cet actif demande beaucoup de temps,
alors que les embarras du Crédit mobilier, causés
par l'imprudente immobilisation de son capital, exigent une prompte réalisation de ressources. Comment sortir de ce cercle vicieux? Voici le moyen que
j'ai soumis au préfet de la Seine et qu'au premier abord
il n'a pas repoussé.

La vente forcée de l'actif de la Société immobilière, indépendamment de la ruine causée aux actionnaires, produirait une sérieuse dépréciation pour
les immeubles dans Paris, causerait ainsi une grande
perturbation dans les nombreuses entreprises qui ont
pour but des percements de rues et des reventes de
terrains, réagirait même d'une manière très-fâcheuse
sur les valeurs des immeubles que possède la ville de
Paris, porterait enfin une certaine atteinte à la po-

pularité des travaux qui s'exécutent dans la capitale.

A ces divers points de vue, l'intervention de la Ville s'explique et se justifie. Mais en quelle forme pourrait-elle s'exercer? Quelles sécurités pourrait-on lui fournir? La Société immobilière est concessionnaire de la rue Impériale, qui va du Théâtre-Français à l'Opéra à travers la butte des Moulins. Cette concession est faite moyennant une subvention de 30 millions. C'est sur ce marché, non encore régularisé, que je voudrais enter ma combinaison. La Société immobilière réorganisée émettrait, sous la garantie de la ville de Paris, des obligations payables en quatre-vingt-dix-neuf ans, pour une somme de 100 millions. Ces obligations auraient un placement action; leur produit servirait à désintéresser le Crédit mobilier, qui dès lors serait sauvé d'une catastrophe. Les propriétés de la Société immobilière reprendraient toute leur valeur, parce que tout le passif de la Société serait converti en une dette à long terme. Quant à la ville de Paris, elle recevrait, à titre de garantie de son cautionnement, une hypothèque générale sur toutes les valeurs immobilières de la Société. Elle conserverait entre ses mains la subvention de 30 millions comme un gage; enfin elle organiserait sur la Société même un système de contrôle destiné à sauvegarder ses intérêts. Cela serait nécessaire pour la validité de cet arrangement. Elle serait sans doute difficile à obtenir; cependant je n'en désespérerais pas, si cette disposition faisait partie d'un ensemble de mesures destinées à régler les finances et l'octroi de la cité.

Cet arrangement ferait, il faut bien l'avouer, entrer deux grandes et malheureuses affaires dans une ère de prospérité. Mais il ne sera possible que si Votre Majesté en fait sa chose propre et insiste vivement pour son adoption ; car je ne me dissimule pas qu'on pourra, avec une certaine raison, soutenir que le crédit de la ville de Paris est ainsi détourné de sa destination légitime, et que l'opération en elle-même n'est pas exempte de certains risques. Il est d'ailleurs à désirer que les négocia-ions sur ce sujet soient entamées le plus promptement possible. Daignez, Sire, excuser cette longue lettre et agréer l'assurance de mon profond respect et de mon entier dévouement.

E. ROUHER.

P. S. J'apprends à l'instant que Garibaldi serait entré sur le territoire pontifical. Votre Majesté a été avertie par le télégraphe et a dû donner ses ordres à la marine et à la guerre.

5

À L'EMPEREUR.

MINISTÈRE D'ÉTAT.

Cabinet du Ministre.

Cerçay, le 26 septembre 1867.

SIRE,

Je soumets à Votre Majesté une note confidentielle relative à deux vacances de recettes particulières ; je prie l'Empereur de me transmettre ses ordres par une simple note à la marge.

Les titres du Crédit mobilier et de la Société immo-bilière sont toujours l'objet d'une ardente spéculation à la Bourse, Ces dépréciations exagérées n'ont pas d'inconvénient au fond des choses, car elles ne modifient pas l'actif réel ; mais elles effrayent considérablement tous les petits porteurs et amènent des déclassements de titres qui sont fâcheux. Les amis de M. Fremy, et notamment M. de Persigny, regrettent vivement tout à la fois que le gouverneur du Crédit foncier n'ait pas été nommé président du Crédit mobilier, et que M. de Germiny ait été désigné pour cette position.

Pas n'était besoin de cet exemple pour savoir combien la critique est aisée. D'abord M. Fremy, après avoir ballotté les pauvres Pereire d'espérances en déceptions pendant plus de quatre mois, les avait définitivement abandonnés, puis M. Fremy, dans les dernières négociations qui ont eu, Dieu merci, une assez grande publicité, s'est tenu à l'écart jusqu'au moment où les choses étaient accomplies : il n'a paru, à la dernière heure, que pour formuler une condition impossible, sa nomination de président du Crédit mobilier, par décret impérial, nomination qui ne serait régulière qu'après la révision des statuts votée en assemblée générale d'actionnaires. Enfin, je dois dire à l'Empereur qu'à tort, sans doute, la Banque avait fait objection à la désignation de M. Fremy. Sa préoccupation était de ne pas venir en aide au maintien ou à la reconstitution de ce qu'elle appelait une maison de jeu. Or, elle apercevait volontiers M. Soubeyran se glissant sous le manteau de M. Fremy et se servant du Crédit mobilier, non pour le sauver, mais pour l'éreinter dans de continuelles spéculations de Bourse. M. de Germiny, dont je ne méconnais pas les inconvénients, leur inspirait une plus grande

14.

confiance, parce qu'il est ancien gouverneur de la Banque.

Après tout, ni l'un ni l'autre ne représente un *Deus ex machina*; le succès est tout entier dans la combinaison que j'ai soumise à Votre Majesté.

Daignez, Sire, agréer l'assurance de mon profond respect et de mon entier dévouement.

E. Rouher.

P. S. Si M. Fremy se décidait à accepter ce que je lui ai offert, la présidence de la Société immobilière, ce qui est la chose importante, je tâcherais de décider M. de Germiny à l'abandonner, quoique je doive reconnaître combien aujourd'hui la démarche serait tardive.

———

6

A L'EMPEREUR.

MINISTÈRE D'ÉTAT.

Cabinet du Ministre.

Cercay, le 29 septembre 1867.

Sire,

Une nouvelle crise s'est produite dans les affaires dirigées par MM. Pereire. Une note publiée dans les journaux annonce que les intérêts des obligations du chemin du Nord de l'Espagne ne seront pas payés le 1er octobre. Ce sinistre n'a, à aucun degré, pour cause les affaires de la Société immobilière et du Crédit mobilier, et nous n'étions pas en position de le conjurer.

La construction du chemin du Nord de l'Espagne a coûté beaucoup plus d'argent qu'on ne l'avait cru dans dans le principe ; le capital actions avait été bien vite absorbé, puis il avait fallu émettre des obligations à un taux assez défavorable. La ligne, une fois ouverte, n'a pas donné des produits suffisants pour le service des intérêts des obligations. Le Crédit mobilier espagnol a consenti à faire des avances pour ce dernier pendant plusieurs années, dans l'espoir que le cabinet de Madrid réaliserait les quasi-promesses par lui faites et viendrait en aide aux compagnies de chemins de fer de l'Espagne, qui toutes sont en grande souffrance.

Votre Majesté sait les péripéties auxquelles cette négociation a été soumise et les résistances que nous avons rencontrées pour un acte de réparation légitime.

Le Crédit mobilier espagnol, découragé par ce mauvais vouloir, privé d'ailleurs par la crise financière actuelle de ses principales ressources, a refusé de continuer ses avances et force a été d'annoncer le non-payement des intérêts des obligations.

J'avais signalé à M. Mon l'imminence de ce nouveau désastre et le nouvel obstacle qui en résulterait pour accorder aux valeurs de l'État espagnol la cote qu'il persiste imperturbablement à réclamer ; mais mon avertissement n'a produit aucun bon résultat. J'ai même dû déjouer une petite manœuvre des agents de change, probablement provoquée par quelque agent secondaire et dont le but était d'avoir les bénéfices de la cote officielle sans l'avoir obtenue régulièrement.

J'ai cru devoir transmettre ces détails à Votre Majesté, d'abord pour éviter une confusion sur les causes de cette situation, ensuite pour justifier la prière que je fais à l'Empereur de saisir toute occasion favorable pour insister après du gouvernement de Madrid dans l'intérêt des porteurs français de titres espagnols.

Daignez, Sire, agréer l'assurance de mon profond respect et de mon entier dévouement.

E. Rouher.

XXXVII

LETTRE DU PREMIER PRÉSIDENT DE LA COUR DE CASSATION, M. PORTALIS, AU GARDE DES SCEAUX.

Paris, ce 18 mai 1852.

Monsieur le Garde des Sceaux,

Les magistrats de la Cour de cassation ont été profondément affectés en lisant hier dans le Moniteur un article communiqué qui énumère la série des hauts dignitaires et de divers fonctionnaires publics qui seront seuls admis aux audiences qu'accorde au palais de l'Élysée le Prince Président de la République, les mardis et samedis de chaque semaine.

Les magistrats de la Cour de cassation ne sont point compris dans cette nomenclature. Cette exclusion dépouille la compagnie d'un honneur dont elle a été en possession tant qu'ont duré l'Empire et la Monarchie, c'est-à-dire tant que le Chef de l'État a admis en sa présence les hauts dignitaires et les principaux fonctionnaires publics de l'État.

La Cour de cassation possède un titre qui lui assure la constante possession de cet honneur. Le 6 vendémiaire an xi, M. de Luçay, Préfet du palais, informa, par ordre du Premier Consul, M. Muraire, alors Premier Président du tribunal de cassation, que tous les dimanches, à onze heures et demie du matin, le Premier Consul recevrait les membres de la Cour de cassation. Ce tribunal arrêta que cette lettre serait transcrite sur ses registres et que tous les dimanches un certain nombre de ses membres se rendraient auprès du Premier Consul.

Les magistrats de la Cour de cassation ne peuvent invoquer en leur faveur une plus puissante autorité ; ils mettent leurs droits sous la protection du Premier Consul, qui le leur a concédé.

Je suis, par ma position, le représentant de la Compagnie que j'ai l'honneur de présider, son organe naturel auprès du gouvernement, et je dois vous adresser à cette occasion, Monsieur le Garde des sceaux, ses justes représentations.

Le rang que tient la Cour de cassation dans l'État la place immédiatement après les grands Corps politiques. Elle n'est pas seulement à la tête de l'ordre judiciaire : la loi qui l'a fondée fixe sa résidence auprès du Corps législatif, l'associe à l'esprit de la législation et l'institue comme un appendice et un auxiliaire de la législature, en lui imposant le devoir de signaler chaque année au Corps législatif les imperfections des lois qu'elle est chargée de maintenir et que son expérience lui révèle ; elle exerce un grand pouvoir disciplinaire sur la magistrature toute entière. Comment ses membres pourraient-

ils être exclus des audiences du Chef de l'État lorsque
les agents de l'administration y sont appelés? Ne pourraient-ils offrir au Président de la République un tribut
de lumières et d'informations dignes de lui ? La marche
de la justice l'intéresse-t-elle moins que la marche de
l'administration? Le maintien de l'unité de législation,
ce grand bienfait de l'Empereur Napoléon, et de l'uni-
formité de jurisprudence, importeraient-ils moins à
l'ordre public et au bon gouvernement de l'État que
l'équilibre et la balance des intérêts matériels de la
société?

La faveur dont je réclame le maintien pour la Cour
de cassation ne tire pas d'ailleurs à conséquence ; aucune autre Compagnie ni aucun autre ordre de fonctionnaires ne peut lui être assimilé ; elle est unique dans
l'organisation de l'État.

Si cette prétérition contre laquelle je m'élève,
Monsieur le Garde des sceaux, n'est justifiée par aucune
considération tirée de la hiérarchie politique, quel autre motif pourrait l'avoir amenée? Le dévouement des
magistrats de la Cour de cassation à leurs devoirs est
constant. L'affliction que leur cause la décision que je
vous signale est une preuve du prix qu'ils attachent à
être admis auprès de la personne du Prince Président de
la République. Pourraient-ils ne pas s'associer à la reconnaissance publique, quand ils sont témoins du consolant
spectacle que présente la France pacifiée et florissante
en ce moment même dont l'approche inspirait à tous
les bons citoyens de si justes et de si profondes inquiétudes?

Ce serait pour moi, Monsieur le Garde des sceaux,

lorsque chaque jour me rapproche du moment où je devrai me séparer d'une Compagnie à laquelle je suis attaché depuis si longtemps à tant de titres, par tant de liens, et à laquelle je dois tant de reconnaissance, ce serait, dis-je, pour moi une profonde douleur de la quitter, en quelque sorte amoindrie aux yeux du public par la perte d'un de ses honneurs les plus précieux. J'espère que vous obtiendrez pour elle la rectification d'un article où je me plais encore à croire qu'on n'a commis qu'une omission involontaire. J'ai d'autant plus de confiance dans le succès de ma démarche que je m'adresse à un Ministre, membre de la Cour de cassation lui-même [1], et non moins jaloux que moi-même de la considération de la Compagnie qui s'honore de le compter parmi les siens.

Agréez, je vous prie, Monsieur le Garde des sceaux, l'assurance de ma haute et respectueuse considération.

Le premier Président,

Cte PORTALIS.

[1] M. Abbatucci, alors Garde des sceaux, avait été nommé conseiller à la Cour de cassation le 22 mars 1848.

XXXVIII

LETTRE DE M. P.-M. PIETRI A M. MOCQUARD

(Au sujet de l'observation du dimanche.)

CABINET
DU
PRÉFET DE POLICE.
—

Paris, le 21 avril 1854.

MON CHER MOCQUARD,

Je te renvoie avec la note de l'ex-gendarme Gondal,
un rapport sur l'association pour l'observation du dimanche, que, conformément à son désir, tu voudras
bien mettre sous les yeux de l'Empereur.

Tout en tenant compte de l'exagération des craintes
qu'a pu concevoir l'esprit peu éclairé du gendarme
Gondal, je suis persuadé que cette association est une
mauvaise chose, au point de vue politique, et que, loin
de l'encourager, il ne faut rien négliger pour en arrêter les progrès et mettre obstacle à son organisation.
C'est déjà trop d'avoir les sociétés de Saint-Vincent-de-
Paul, Saint-François-Xavier, et autres, sur lesquelles
on n'ose pas trop porter la main et qui nous enlacent
de toutes parts.

Dans la nouvelle société pour l'observation du dimanche, à côté de quelques chrétiens qui veulent sanctifier
le jour du repos, de quelques marchands enchantés de
pouvoir aller à la campagne le dimanche, jouant les
uns et les autres dans tout cela un rôle secondaire,
nous trouvons des meneurs s'efforçant de créer, sur tous

les points de la France, des centres d'action d'une propagande hostile au gouvernement impérial.

Au moment où le gouvernement abdique en partie au profit des autorités locales en décentralisant l'action administrative, on ne peut admettre que des associations, fondées évidemment pour attaquer le gouvernement et le saper peu à peu, afin d'être prêtes à le battre en brèche au premier jour, soient encouragées à se ranger sous une volonté unique et soient mises à même de lutter avec plus de chances de succès.

Tout à toi.

PIETRI.

XXXIX

LETTRE DE M. E. CHESNEAU A M. CONTI, ET RÉPONSE.

Paris, 4 mars 1869.

MONSIEUR LE SÉNATEUR,

Lorsque vous m'avez fait l'honneur de me recevoir, vous m'avez fait espérer que vous mettriez sous les yeux de Sa Majesté le mémoire intitulé *Réflexions politiques sur la littérature, la presse et l'esprit public.* Bien que j'ignore si mon plus cher désir a pu se réaliser, si l'Empereur a daigné s'intéresser aux idées que j'exposais dans ce mémoire, voulez-vous me permettre de vous entretenir encore de ce projet au moment où va se produire un fait qui me parait avoir sa gravité ? Rédacteur

15

du *Constitutionnel*, j'apprends que décidément ce journal va passer à l'opposition.

En présence de cette défection, je me demande s'il
n'y aurait pas lieu (sans renoncer à jamais à la fondation d'une revue) de remplacer ce journal tiède, vieilli
et qui nous échappe, par une feuille qui irait à la même
classe de lecteurs, mais que nous ferions plus jeune,
plus vivante, plus vaillante, plus littéraire et surtout
plus dévouée.

Il faudrait arriver le plus tôt possible afin de faire la
campagne des élections.

Puis-je espérer que vous voudrez bien arrêter votre
esprit à cette idée que je vous expose si sommairement?
Voudrez-vous l'examiner avec la bienveillance que vous
avez déjà mise à m'écouter, et lui donner, si vous le
jugez bon, les mêmes suites?

Daignez agréer, Monsieur le Sénateur, l'hommage de
mes sentiments respectueux et profondément dévoués.

ERNEST CHESNEAU.

138, rue de Rivoli.

A M. CHESNEAU.

CABINET DE L'EMPEREUR.

—

Minute.

—

Palais des Tuileries, 16 mars 1869.

MONSIEUR,

Votre mémoire sur la littérature, la presse et l'esprit
public a été soumis à l'Empereur. Sa Majesté a donné
son approbation aux idées qui y sont exprimées, et Elle

verrait avec plaisir la réalisation du projet dont vous m'avez entretenu.

L'adhésion de l'Empereur est, de même, acquise à votre plan de journal; mais je dois vous informer que Sa Majesté ne pourrait s'associer par un concours d'argent à ces deux utiles créations.

Le chef du Cabinet,

CONTI.

X L

MINISTÈRE DE LA GUERRE.

—

Paris, le 27 octobre 1865.

MON CHER MONSIEUR,

J'ai reçu hier au soir de Sa Majesté une lettre qui m'honore grandement. Je vous prie de mettre aux pieds de l'Empereur l'expression de ma reconnaissance et celle d'un dévouement qui ne faiblira jamais.

Les hommes vieillissent et certains gouvernements aussi ; la Restauration était vieille en 1830. — Louis-Philippe et son gouvernement avaient bien vieilli en 1848. — L'Empire est condamné à rester toujours jeune, en sachant s'affermir de temps à autre par des actes de vigueur.

Dans le sentiment intime du pays, que je crois bien connaître, l'Empire n'a pas été acclamé pour donner la liberté, mais pour fortifier le principe d'autorité et garantir les intérêts de tous.

En ce moment on tâte le gouvernement. Si les désordres aux Écoles recommencent demain, il faut absolument qu'un coup de vigueur y mette fin. L'opposition sait qu'il règne un certain malaise dans l'armée. — Les rapports reçus ces jours derniers des départements le signalent ; les propos qui se disent au café du Helder par les officiers en résidence et de passage à Paris devraient être adroitement surveillés comme moyen d'appréciation des sentiments des officiers — ce qui n'est pas apparent dans la pratique du service journalier.

Tout à vous.

Général DE LA RUË.

RECTIFICATIONS.

On nous adresse la rectification suivante :

Le M. Vieillard dont le nom est mentionné (tome II, page 161) n'est point M. Vieillard, sénateur, ancien gouverneur du frère aîné de l'Empereur Napoléon III, mais bien son frère, M. Paul Vieillard, ancien officier de marine et adjudant du palais de Compiègne.

M. Narcisse Vieillard, sénateur, était mort le 20 mai 1857.

Madame Charles Delloye, fille aînée du général Patté, nous écrit que la mention faite (tome II, page 148) d'une dot de 24,000 francs, s'applique, non pas à elle, mais à sa sœur, mariée à M. Hesling, lieutenant aux tirailleurs indigènes.

XLI

NOTE DE M. SAINTE-BEUVE AU SUJET DES ENCOURAGEMENTS A DONNER
AUX GENS DE LETTRES.

Cette pièce, écrite de la main de M. Sainte-Beuve, était accompagnée de la lettre suivante, adressée probablement à M. Mocquard.

Ce 31 mars 1856.

MONSIEUR,

Voici une note qui est bien informe ; elle exprime du moins des vœux sincères et dans lesquels domine avant tout l'appréciation de tout ce qui se fait de grand là où vous êtes et dont nous sommes témoins.

Veuillez, Monsieur, agréer l'expression de mes sentiments respectueux.

SAINTE-BEUVE.

Cette note du cabinet résumait ainsi le mémoire de l'auteur des *Causeries* :

5 avril 1856.

M. DE SAINTE-BEUVE. — Nécessité d'exercer une influence sur les hommes de lettres, autres que ceux appartenant à l'Université et aux Académies.

Trois moyens :

1° Soulager les infortunes des écrivains pauvres, au nom de l'Empereur, en ménageant l'amour-propre ;

2° Fondation annuelle pour prix à des sujets désignés par une commission ;

3° Logement au Louvre pour la représentation nouvelle de la littérature, et rapports directs de cette Société avec l'Empereur ou son ministre d'État, en dehors de l'Instruction publique.

Ces moyens ne sont que superficiellement indiqués. La question est soumise à Sa Majesté, avec prière de vouloir bien la faire étudier.

Le gouvernement de l'Empereur n'est pas de ceux qui craignent d'avoir affaire à la démocratie, sous quelque forme qu'elle se présente, parce que ce gouvernement a la puissance et le secret de l'élever et de l'organiser.

La littérature en France est aussi une démocratie, elle l'est devenue. La très-grande majorité des gens de lettres sont des travailleurs, des ouvriers d'une certaine condition, vivant de leur plume.

On n'entend parler ici ni des lettrés qui appartiennent à l'Université, ni de ceux qui font partie des Académies, mais de la très-grande majorité des écrivains composant ce qu'on appelle la *Presse littéraire*.

Cette littérature, jusqu'ici, a toujours été abandonnée à elle-même, et elle s'en est mal trouvée : la société aussi s'en est mal trouvée. Sous la Restauration, cette littérature était encore contenue par des doctrines et des espèces de principes ; sous le régime des dix-huit années, elle n'a plus rien eu qui la contînt, et le désir du gain, joint au besoin de faire du bruit, a produit beaucoup d'œuvres qui ont contribué à la dissolution des pouvoirs publics et des idées.

Il s'est établi une sorte de préjugé, qu'on ne peut diriger cette sorte de littérature vague : c'est une *Bohême* qu'on laisse errer.

Au contraire, rien n'est plus facile que d'y influer efficacement, sinon de la diriger.

Dans l'absence totale de parti pris, dans l'état de dissémination et de dispersion complète où en est cette littérature, la moindre attraction venue du centre la ferait rentrer et se mouvoir dans l'orbite des choses régulières, du moins quant à son ensemble.

Cette littérature est assez fidèlement représentée par la Société dite des *Gens de lettres*. Cette société, dans laquelle est admis, moyennant la plus modique cotisation, quiconque a publié un volume, se compose de la presque totalité des gens de lettres en activité.

La Société des gens de lettres est régie par un Comité qui, jusqu'ici, n'a guère eu à s'occuper que des questions d'intérêts matériels, industriels, relatifs à la littérature, et aussi des soins de bienfaisance envers les confrères nécessiteux dont elle vient à connaître le malheur. Par cela seul que ce Comité se compose de gens de lettres plus en renom, ou ayant assez de loisir pour veiller aux *intérêts généraux*, il offre des garanties, et il en offrirait autant que l'on pourrait désirer.

La Société des auteurs dramatiques, qui diffère par son titre de la Société des gens de lettres, n'en est guère qu'une branche plus spéciale et développée. Les deux sociétés pourraient être considérées comme étant comprises dans la dénomination générale.

Si le regard de l'Empereur se portait sur cette classe de travailleurs appelés les gens de lettres, comme il s'est porté sur d'autres classes d'ouvriers et de travailleurs, cette supériorité souveraine, à qui la France doit tant, trouverait sans nul doute des moyens d'organisation relative et appropriée.

On ne peut que tâtonner en attendant.—Et d'abord, comme dans les infortunes et les misères des gens de lettres l'amour-propre et la mauvaise honte jouent un grand rôle, comme ce sont les plus honteux et les plus fiers de tous les pauvres honteux, on voit combien un intérêt direct, un bienfait direct, régulier, dont l'origine remonterait à l'Empereur et ne remonterait qu'à lui, dont le mode de distribution aurait été réglé ou approuvé par lui, honorerait et relèverait ceux qui en seraient les objets, en même temps que tous les autres membres en ressentiraient une vraie reconnaissance. ·

Et quant à la direction morale à indiquer aux travaux de l'esprit, il suffirait peut-être d'une fondation annuelle par laquelle on proposerait des sujets à traiter soit pour la poésie, soit pour la prose, des sujets nationaux, actuels, pas trop curieux ni trop érudits, mais conformes à la vie et aux instincts de la société moderne. Une commission nommée chaque année pourrait désigner ces sujets proposés à l'émulation de tous.

Louis XIV logeait son Académie française au Louvre. Pourquoi la représentation nouvelle de la littérature n'aurait-elle pas l'honneur d'une pareille hospitalité et n'obtiendrait-elle pas une des nouvelles salles de ce grand palais? Rien n'avertit une littérature d'être digne, sérieuse, honnête, comme de sentir qu'on a l'œil sur elle et qu'elle est l'objet d'une haute attention.

Les corps académiques actuels, par la manière dont ils sont composés et dont ils se recrutent, sont voués pour longtemps peut-être à la bouderie ou à une médiocre action publique. S'ils s'obstinaient à rester en

retard sur la société et à fermer les yeux sur ce qui est,
une telle institution élevée tout en face les vieillirait
vite, et dans tous les cas elle les avertirait.

A un ordre social nouveau il faut des fondations nouvelles et qui en reçoivent l'esprit. Qu'il y ait aussi
l'*Académie du suffrage universel.* L'honneur serait non
d'y être admis, mais d'y être couronné.

Les beaux esprits pourraient sourire d'abord, comme
ils sourient de tout en France ; mais la France n'est
pas dans quelques salons, et les travailleurs, dans
quelque ordre qu'ils soient, sont trop occupés pour
sourire : ils sont sérieux et seraient reconnaissants.

L'ancienne Académie ne relevait que du roi ; c'était
son privilége et sa noblesse ; il serait bon que la nouvelle institution ne relevât aussi que de l'Empereur, le
plus directement possible et avec le moins d'intermédiaires.

Le Ministère de l'instruction publique est trop voué à
la littérature savante, classique et universitaire, pour être
un intermédiaire tout à fait approprié.

Le Ministère de l'intérieur est occupé de trop de choses administratives, politiques.

Ce serait du Ministère même de la Maison de l'Empereur, et, s'il était possible, de la *personne* même du
prince, que relèverait l'institution littéraire. Une audience par année suffirait à consacrer et à maintenir le
lien d'honneur qui flatterait et attacherait les amours-
propres bien placés et toujours voisins du cœur.

On ne fait en tout ceci que balbutier. La pensée napoléonienne, si elle daigne s'arrêter un instant sur cette
question, saura y mettre ce cachet qu'elle met à tout.

15.

Coordonner en un mot la littérature avec tout l'ensemble des institutions de l'Empire, et faire que cette seule chose ne reste pas livrée au pur hasard, voilà le point précis.

Et le moment est propice entre tous, l'à-propos est unique. Si l'on a attendu jusqu'à ce jour, il semble que ce retard même ait été une sagesse, afin de mieux faire et d'agir en pleine lumière et en toute sérénité. Un enfant désiré de la France vient de naître ; une paix qui doit être glorieuse, pour répondre à une si noble guerre, vient couronner tous les souhaits et ouvrir une ère illimitée d'espérances. Il y a comme des soleils de printemps pour les nations. Quelque chose est dans l'air qui adoucit, qui rallie, et oblige tout bon Français à sentir que la France n'a jamais été dans une plus large voie de prospérité et de grandeur. Ce que l'armée, ce que l'industrie, ce que les serviteurs de la France et les travailleurs de tout genre ont obtenu de l'attention magnanime du prince, que la littérature sente qu'elle l'obtient aussi à son tour ; et ces gens de lettres, qui hier encore se décourageaient ou se dispersaient au hasard en laissant s'égarer leur talent, deviendront véritablement alors des serviteurs de la France, des travailleurs utiles et dignes.

XLII

QUELQUES RAPPORTS DU PRÉFET DE POLICE.

CABINET
DU
PRÉFET DE POLICE.
—

1

Paris, le 15 septembre 1867.

ESPAGNE.

L'insuccès de la dernière insurrection a de nouveau profondément divisé les progressistes et les démocrates espagnols.

Ceux-ci reprochent au général Prim d'avoir été faible et incapable; les progressistes, à leur tour, accusent Castelar, Martos, Orense et Olozaga lui-même d'avoir cherché à perdre le maréchal, dont la prédominance les offusquait.

Le chef catalan Valdrich, qui prolonge encore sa résistance, annonce qu'il va renoncer à la lutte pour ne pas compromettre inutilement la vie de ses compagnons.

Les progressistes approuvent cette résolution; ils comptent sur les déclarations de Valdrich pour innocenter Prim, qui justifie lui-même sa conduite dans une lettre à Olozaga, communiquée d'abord à Aguirre, à Becerra, à Zorilla, à Rubio, etc.

La Martinière va tenter des démarches auprès de *la Liberté* et de *l'Époque* pour y défendre la réputation du maréchal.

Celui-ci vit très-retiré à Genève, sous le nom de Got ;
il affecte de cacher sous les apparences de la résignation
l'amertume dont il a le cœur rempli.

Il a repoussé les propositions qui lui venaient de divers corps de troupes offrant de s'insurger, et il leur a
déclaré qu'il ne marcherait qu'après leur soulèvement.

Le gouvernement belge a résolu de ne donner asile
à aucun des insurgés espagnols.

PARIS.

L'adresse en réponse au discours du grand-duc de
Bade frappe visiblement l'opinion et fortifie les appréciations des nombreux nouvellistes qui annoncent que
l'unification de l'Allemagne est dès aujourd'hui ac-
complie.

On s'occupe aussi beaucoup de la continuation des
préparatifs qui se feraient dans nos arsenaux et dans
nos places de la frontière de l'Est, et l'on persiste à
s'attendre à la guerre dans un avenir plus ou moins
prochain.

De là cette stagnation des affaires, que relèvent avec
tant d'amertume les feuilles de l'opposition exploitant
la *grève du milliard*.

On ne se montre pas plus rassuré sur la crise alimen-
taire. Les boulangers annoncent une nouvelle hausse ;
les placards séditieux et les inscriptions à la main se
multiplient.

Les congrès de Malines, de Lausanne et de Genève
ont fourni des enseignements propres à éclairer le pays
lui-même sur ses intérêts les plus chers.

A Malines dominaient des adversaires de l'Empire,

qui critiquent amèrement la politique suivie vis-à-vis
de Rome, et qui ont qualifié de tyrannique la défense
de publier en France l'encyclique. Or la pensée du
congrès de Malines n'a été qu'une protestation contre
l'encyclique. On a vu les chefs de ce mouvement contester eux-mêmes les doctrines du Souverain Pontife,
essayer de limiter son autorité spirituelle et d'infirmer
ses déclarations solennelles.

A Lausanne, on a professé le socialisme dans toutes
ses exagérations, et l'on y a nié les droits du capital et
ceux de la propriété foncière.

A Genève, enfin, les théories les plus anarchiques ont
été préconisées. On y a proclamé l'athéisme et la République universelle.

Il pourrait être opportun de faire ressortir dans la
presse les contradictions de Malines, les dangereuses
erreurs de Lausanne, les détestables folies de Genève.

Le patriotisme a été bafoué dans cette dernière ville.
M. Fermé, collaborateur du journal orléaniste *le Temps*,
a demandé que le drapeau français fût enlevé; un professeur agrégé de notre École de médecine, M. Naquet,
que ce rapport a plusieurs fois signalé, a proposé de
flétrir la mémoire de l'empereur Napoléon Ier.

Les révolutionnaires eux-mêmes s'attendent à la répression de ces scandales, et il importerait de démas-
quer la tactique des orléanistes, qui ont organisé le
congrès dont *le Temps* a pris l'initiative, et celle
de M. J. Favre, qui, dans une lettre des plus vives,
avait adhéré par avance aux résolutions de l'assemblée.

L'odieux de ces saturnales doit peser sur le parti qui

les a provoquées, et dont les prétentions menacent l'ordre social lui-même.

On ne s'occupe guère, à la Bourse, que des affaires du Crédit mobilier et de l'appui prêté par la Banque à cette institution.

Il est difficile d'imaginer le débordement d'attaques dirigées contre MM. Pereire.

L'esprit de parti se mêle aux rancunes et aux jalousies personnelles, et l'on déblatère à la fois contre ces financiers et contre le gouvernement, qui les soutiendrait. On espérait la chute du Crédit mobilier et le contre-coup qui en résulterait parmi les petits capitalistes compromis et dans les entreprises engagées par cette société.

On prétend que, lorsque le capital en a été doublé, les fonds des premiers actionnaires étaient absorbés par des dettes qui auraient dévoré une partie des capitaux provenant de l'émission nouvelle. On affirme que des dividendes fictifs et exagérés étaient payés sur le fonds social lui-même; que l'on a ainsi trompé le public et déterminé une plus-value mensongère, au moyen de laquelle les· administrateurs se seraient démesurément enrichis.

A ce sujet, on réveille d'autres souvenirs, tels que celui des obligations mexicaines et des *pagarès* espagnols.

On accuse le syndicat des banquiers Pinard, Fould et compagnie, d'avoir gagné 13 millions sur la première émission des obligations mexicaines, et 4 millions sur les *pagarès*, alors que les actionnaires eux-mêmes avaient moins de 10 millions sur la première opération, et 240,000 francs à peine sur la seconde, et que les souscripteurs ont à peu près perdu leur mise.

Le Préfet de police.

J.-M, PIETRI.

2

CABINET
DU
PRÉFET DE POLICE.

—

Paris, le 22 septembre 1867.

BRUXELLES.

Les anciens rédacteurs du journal *la Fraternité* vont fonder à Bruxelles un journal intitulé *le Pilori*, et dans lequel on se propose de déverser l'outrage sur les diverses personnalités qui servent l'Empire.

PARIS.

Le mécontentement excité par la cherté du pain ne diminue pas, et il règne parmi nos ouvriers, parmi les femmes surtout, une inquiétude réelle. On recueille des lettres de menaces adressées à des boulangers, des affiches séditieuses apposées dans les faubourgs et dans lesquelles on s'attaque à l'Empereur lui-même, des propos violents qui rappellent la disette de 1847.

Sans se rendre compte des conditions et des causes réelles de la cherté qui pèse en ce moment sur les subsistances, la masse regrette que la taxe du pain ait été supprimée; elle croit à l'agiotage et à des manœuvres qui auraient fait renchérir le blé.

Ces dispositions sont trop générales pour qu'il ne soit

pas nécessaire de les signaler avec persistance; elles sont exploitées avec trop de malignité pour qu'il n'y ait pas lieu de les surveiller avec une vigilance soutenue.

Divers correspondants assurent que les ouvriers se voient et se rassemblent plus souvent, et qu'il se glisse au milieu d'eux des agitateurs qui cherchent à les aigrir.

L'opposition espère qu'il sortira de là des désordres. Les journaux de province annoncent mensongèrement des rassemblements, dont ils voudraient ainsi donner le signal.

« Il y a des bornes à la patience parisienne, disait « hier M. Brisson; on croit le peuple des barricades « mort; il n'est qu'endormi : son réveil sera celui du « lion. Chez nous les masses n'avancent que par sou- « bresauts. »

L'incident du Crédit mobilier a ajouté à ce malaise et aux récriminations qui se produisent, et les articles de divers journaux à ce sujet ont soulevé de détestables passions et amené les critiques les plus amères, qui ne s'arrêtent pas aux administrateurs de la caisse en péril.

Enfin on se préoccupe des projets de Garibaldi. On croit à la connivence ou à l'impuissance du ministère italien, dont la dernière notification officielle n'a été connue que par les journaux de ce matin, et dès hier on lisait avec empressement la lettre de l'évêque d'Orléans, et l'on remarquait le rapprochement que fait le prélat de la fin tragique de Maximilien avec le sort qui menace la papauté.

Il a paru hier, dans une feuille hebdomadaire, consacrée aux opérations financières, le *Journal des Actionnaires*, un bulletin politique qui a eu, à la Bourse et ailleurs, un retentissement des plus fâcheux.

On a vivement commenté cet article, dont l'audacieuse violence égale, si elle ne les dépasse, les attaques les plus injurieuses qui aient jamais été dirigées, sous un régime quelconque, contre les institutions du pays.

Après avoir fait le tableau le plus sombre de notre situation commerciale et déclaré que l'on n'a même pas eu « la triste excuse d'enrichir Paris en l'avilissant, » l'auteur de l'article dit que notre dette flottante dépasse celle de 1848 ; que nos budgets se sont accrus d'un milliard en seize ans ; que nos recettes ont cessé de progresser ; que les budgets des villes et ceux des particuliers ne sont pas moins obérés que celui de l'État.

« Le Mobilier succombe, ajoute-t-il ; la ruine frappe à « toutes les portes, *et les désastres de Law sont dé-* « *passés.* »

Quant à la situation même du pays, le journaliste montre la politique impériale « hautaine et provoquante « à Auxerre, résignée et satisfaite dans les circulaires « de M. de la Valette, toujours agissante et toujours « imprévoyante. »

Passant à l'état intellectuel et moral de la France, l'écrivain signale l'infériorité de notre littérature, la dégradation de nos mœurs.

Il signale le socialisme devenu « un dogmatisme fa- « rouche, favorisé par d'étranges connivences, » et il termine en demandant de quel droit un gouvernement qui a accumulé tant de fautes épuise et amoindrit le pays. « Prétendrait-il garder à lui tout seul la direction

« de nos destinées? » (On joint à ce rapport l'article lui-même.)

Hier, vers cinq heures du soir, un train de voyageurs a déraillé sur la ligne de Vincennes, près des fortifications de Paris.

Deux voyageurs ont été grièvement blessés, huit ou dix autres ont reçu des contusions.

Le Préfet de police,
J.-M. PIETRI.

———

3

CABINET
DU
PRÉFET DE POLICE.
—

Paris, le 28 septembre 1867.

BRUXELLES.

Le correspondant de Bruxelles signale les réunions fréquentes d'un groupe de *solidaires* et d'adeptes de Blanqui dont voici les noms : Deleau, Brismée, Delessalle, Vuilmet, Benoît et Wattcau.

Ce comité révolutionnaire s'excite à attaquer l'Empire, à organiser les ouvriers, à les gagner par des promesses de désarmement et de réduction d'impôts.

D'un autre côté, le mazzinien Igi pousse activement ses menées, et avec ses amis il déclame contre les ministres italiens, contre le roi, contre l'Empereur surtout, « qui doit être désigné à la vengeance de tout patriote « italien. »

Ces excitations ne sont pas isolées. De Londres et de Suisse, comme de Bruxelles, arrivent des avis analogues. A Paris même on s'inquiète de ces menaces, et la préfecture reçoit de divers côtés des avis anonymes.

Des lettres d'Italie, que l'on se communique dans les bureaux des feuilles républicaines, affirment qu'à Turin la garde nationale aurait refusé de marcher contre les rassemblements.

Les récriminations contre la France y sont très-vives. On colporte publiquement que l'ordre d'arrêter Garibaldi est venu de Paris et de Biarritz, et, plus que jamais, on y exalte les avantages de l'alliance prussienne.

L'arrestation de Garibaldi, l'émotion qui en est résultée en Italie, la protestation que l'on dit avoir été signée par les députés de la gauche, et notamment par M. Crispi, sont encore les principaux objets des discussions politiques.

On s'attend à une crise ministérielle en Italie; les plus avancés annoncent une révolution à Rome, et, à l'ardeur qu'excite cette affaire dans nos conciliabules républicains, on peut juger des espérances que faisaient naître les complications prévues à Rome et dans la Péninsule.

On se préoccupe aussi de nouveau des affaires d'Allemagne et de l'article que la *Correspondance provinciale* de Berlin vient de publier au sujet de la situation générale de l'Europe. Cet article est considéré comme très-agressif, et le bruit courait même hier qu'au sein du Parlement prussien M. de Bismark se serait exprimé

avec aigreur au sujet de la France. On parlait de
mots injurieux, et l'on assurait qu'une réponse énergique allait inévitablement paraître dans *le Moniteur*.
Quoi qu'il en soit de ces rumeurs, il est certain que les
esprits sont à la guerre, que l'on croit à son imminence
et qu'on la préférerait même à un état d'incertitude qui
entretient la stagnation des affaires.

Il se répète que des procès vont s'engager qui révé-
leront à la charge de MM. Pereire les faits les plus
graves; on dit que le comptable désigné par M. de
Germiny pour *débrouiller* les comptes déclare tout haut
« n'avoir jamais vu un tel amas d'irrégularités et de
« fraudes. »

On parle de puissants patronages, de connivences
coupables, et l'on rappelle la condamnation prononcée
il y a quelques années contre un chroniqueur financier
qui dénonçait cette situation. Le public est péniblement
impressionné par les violences injurieuses de la presse;
hier encore, deux journaux ont particulièrement attiré
l'attention par l'audace de leurs agressions.

L'un, *la Gazette de France*, publie en feuilleton un
article qui dénigre l'Empereur Napoléon Ier et le représente sous les couleurs les plus fausses et les plus
odieuses. On ne citera ici qu'un seul passage de cet article, d'où il serait facile d'en extraire de tout aussi
calomnieux.

« Ambitieux, ingrat, changeant, doux aux forts, rude
« aux vaincus, tel s'annonçait le maître futur des desti-
« nées françaises. Esprit souple et cœur sec, il pouvait
« prévoir sa fortune, n'ayant ni faiblesse qui pût le per-
« dre, ni scrupule qui pût l'arrêter. »

L'autre journal signalé plus haut, *le Nain jaune*, donne sous ce titre : *les Deux frères d'Alep*, un article où tout le monde a vu une allusion très-évidente à la crise du Crédit mobilier. Dans les cercles politiques, comme à la Bourse, on se passait de main en main et l'on y commentait surtout les deux passages suivants :

« Haroun laisse les deux frères continuer leur com-
« merce. On dit même que plus d'une fois il eut re-
« cours à eux pour satisfaire ses goûts de magnificence.
« Bien souvent, à la veille de donner une fête splendide,
« son premier trésorier vint lui dire d'un air effaré :
« Seigneur, les coffres sont vides... Haroun alors sou-
« riait d'un air singulier, fixait sur le grand trésorier
« ses yeux sans regard, étirait sa longue moustache,
« et, de sa voix sourde et vibrante, lui ordonnait de
« dépêcher des courriers de Bagdad à Alep. La fête avait
« lieu, et les frères Isaem recevaient des cimeterres
« d'honneur...

« ... On dut se taire; les Isaem continuèrent à vivre
« paisiblement dans les splendeurs de leur palais et
« dans l'intimité du calife, et l'hiver qui suivit, le pain
« étant cher à Alep, quelques boulangers furent déva-
« lisés. On rechercha les coupables, et ils eurent la tête
« tranchée sous les fenêtres du somptueux palais que
« les deux frères louèrent aux sultanes favorites pour
« quelques milliers de sequins d'or. »

Ces audaces de la presse émeuvent d'autant plus, que l'on sent la répression fort difficile, et que le dernier procès du *Courrier français* a prouvé le peu d'efficacité des condamnations judiciaires. M. Vermorel dit lui-même que la décision des juges prouve l'impuissance

de l'autorité. « Quand un gouvernement est fort, ajou-
« tait-il, la loi est appliquée dans toute sa sévérité ; la
« répression est molle lorsque le pouvoir est faible. »

Le pain se vend aujourd'hui presque partout 1 franc
le double kilogr. et l'on prévoit même qu'il va tomber
à 95 centimes. Les boulangers des quartiers populeux
ont conservé plus longtemps que les autres le prix de
1 fr. 05. Cela tient à la dépendance dans laquelle ils
tiennent leur clientèle par le crédit qu'ils lui font. On
n'a relevé hier qu'une seule inscription séditieuse. Elle
était dans le xvi⁰ arrondissement et portait : « Mort aux
« riches. »

La baisse du pain a amené dans les dispositions de
nos ouvriers une amélioration très-sensible.

Il y a eu hier un seul décès cholérique (un enfant en
bas âge).

Le Préfet de police,

J.-M. PIETRI.

4

CABINET
DU
PRÉFET DE POLICE.

NOTE POUR L'EMPEREUR.

Paris, le 30 septembre 1867.

Depuis quelque temps, la tâche quotidienne qu'impose la préparation de ce rapport est des plus pénibles.
A quelques sources que l'on s'adresse, quel que soit le
correspondant que l'on consulte, quelques renseignements que l'on recueille, la situation actuelle appa-

raît toujours comme peu satisfaisante ; de quelque
côté que l'on regarde, on se heurte à des inquiétudes
sincères ou à des défiances qu'inspirent des hostilités
ardentes.

On est ainsi condamné à présenter à l'Empereur des
appréciations qui peuvent sembler pessimistes ; elles
ne font cependant que reproduire les impressions reçues ; elles les atténuent plutôt qu'elles ne les exagè-
rent, mais le sentiment du devoir et un religieux dévouement aux institutions impériales ne permettent pas
de les dissimuler, si amère que soit l'obligation d'en
être l'écho fidèle.

La portion agissante de la société, celle qui s'occupe
le plus de politique, qui aime les discussions, critique
les gouvernements, accentue plus que jamais son opposition radicale et systématique. Elle seconde activement les hommes de parti, elle se complaît dans les
attaques de la presse, elle va répétant que l'Empire est
atteint dans son prestige extérieur, dans la prospérité
matérielle du pays, qu'il avait ramenée, dans les garanties mêmes qu'il donnait à l'ordre social et aux intérêts conservateurs.

Et pourtant les masses ne sont pas gagnées par cette
défiance et cette désaffection. Elles restent attachées à
l'Empereur et à sa dynastie ; elles aiment sa personne ;
elles comptent toujours sur sa sagesse ; mais ne faut-il
pas craindre que, mobiles et impressionnables, elles
ne risquent, dans un moment donné, de suivre l'en-
traînement des classes dirigeantes, et de leur prêter
pour une œuvre révolutionnaire le concours qu'elles ne
paraissent nullement disposées à lui donner aujourd'hui ?

Ces populations, qui constituent le nombre et la force, ne se demandent-elles pas elles-mêmes quelle est la volonté de l'Empereur? quelle est son action? quel est le but poursuivi par son gouvernement?

Est-ce la guerre avec les entraînements du patriotisme, avec les chances heureuses que promettrait l'héroïsme de nos soldats?

Est-ce la paix avec sa sécurité, la réduction des dépenses militaires, celle des contingents annuels et l'abandon d'un projet de réorganisation de l'armée resté peu populaire?

Est-ce une nouvelle évolution libérale telle que l'annonçait la lettre du 19 janvier?

Est-ce, au contraire, une plus grande force rendue, dans l'intérêt du pays, à l'action gouvernementale?

Voilà les questions que l'on se pose partout avec anxiété.

Le choix à faire est grave et difficile; tout le monde sent aussi que, dans l'état d'incertitude et d'engourdissement où se trouve le pays, une affirmation nette et résolue de la politique et de l'action impériales s'impose avec une urgence chaque jour plus grande à la prévoyance et à la sagesse du gouvernement.

Plus qu'aucun autre pays, la France, où se conservent tant de germes révolutionnaires, a besoin d'être gouvernée et conduite.

A cette condition seulement les masses reprendront dans l'avenir leur confiance tout entière.

5

CABINET
DU
PRÉFET DE POLICE.

Paris, le 24 novembre 1867.

LONDRES.

. . . .
. . . .

La loge *les Amitiés* de Lyon vient d'envoyer à celle
des *Philadelphes* de Londres son dernier procès-verbal,
duquel il résulte qu'il aurait été résolu de chercher à
recruter le plus grand nombre possible de militaires,
afin de les gagner à la cause démocratique. Le parti
n'est pas satisfait de l'esprit de l'armée; il espérait que
la nouvelle expédition de Rome soulèverait des résistances de la part des soldats et aboutirait même à un
refus d'obéissance.

SUISSE.

Les hommes politiques, en Suisse, discutent s'il con-
vient à la République de prendre part au congrès sur
la question romaine.

La majorité paraît résolue à décliner l'invitation, en
se fondant sur la neutralité de la Suisse et sur les dispositions formelles de l'article 2 de la constitution fé-
dérale de 1848.

PARIS.

La Bourse a monté hier, par suite de l'impression
résultant de la partie de l'exposé de la situation de
l'Empire qui traite de nos finances. On croit à l'ajour-
nement d'un emprunt et à la possibilité de suffire aux
besoins avec les ressources ordinaires de la trésorerie.

De là une hausse sur la rente française, et les autres
valeurs en subissent l'influence.

Cette hausse serait bien plus sensible sans les graves préoccupations qui pèsent sur l'opinion publique.

On est toujours soucieux de l'Italie. Les inquiétudes qui naguère tenaient aux complications allemandes sont aujourd'hui entretenues par les affaires de Rome.

Mais, si vives que soient ces préoccupations, elles le sont moins encore peut-être que celles résultant des dispositions de l'esprit public.

On ne peut, en effet, qu'en être vivement frappé.

Partout c'est un débordement de critiques amères, de défiances injustes, d'appréhensions inquiètes.

Si l'Empereur a conservé son autorité auprès des masses, on ne saurait nier que, dans les classes dirigeantes, on lui fait une guerre aussi acharnée qu'imprévoyante.

Le respect de l'autorité est affaibli, la calomnie s'attaque à tout.

L'Empereur et l'Impératrice sont le but principal vers lequel sont dirigés les traits les plus empoisonnés de la faction orléaniste.

Il y a à Bruxelles des sicaires de mensonge et de calomnie qui, chaque jour, reçoivent d'agents orléanistes le salaire de leur lâcheté.

Le ton de la petite presse a passé dans les conversations et dans les mœurs; la chronique scandaleuse défraye les cercles et les salons; les forces conservatrices se divisent et s'abandonnent, et l'on sent au-dessus d'elles les appétits excités, les passions qui fermentent, et une soif immodérée de bien-être et de jouissances matérielles.

L'œuvre des libres penseurs et de la morale indépendante se poursuit au grand jour; il suffit de vouloir mourir sans prêtre et être inhumé sans aucune céré-

monie du culte pour être exalté par certaines feuilles
publiques.

Tout récemment, à Bourges, une femme du peuple,
à Orange, un docteur en médecine, ont ainsi obtenu
les éloges de la presse dite *libérale* et occasionné des
manifestations dont le caractère anarchique, en dehors
même de toute conviction religieuse, effraye les uns et
démoralise les autres.

Dans la réunion qui a eu lieu chez M. Marie, on s'est
surtout occupé de l'attitude que devait prendre l'opposition de gauche au prochain renouvellement du Corps
législatif.

Il a été posé en principe que l'on devait s'appliquer
à faire prévaloir les idées de conciliation.

C'est sur cette base que l'on discutera dans la pro-
chaine réunion la composition même de la liste.

On paraît disposé à appuyer à Paris la candidature
de M. Thiers et celle de M. É. Ollivier.

Un seul des députés de Paris, M. Darimon, serait
exclu.

Hier de douloureux accidents se sont produits à l'Exposition universelle.

Un homme d'équipe a été broyé sous le poids d'une
caisse, deux autres ont été blessés assez grièvement.

Les fourneaux du Prince Impérial ont débité hier
34,430 portions, dont 19,798 rations de pain.

Le Préfet de police,

J.-M. Pietri.

6

Paris, le 28 novembre 1869.

PARIS.

Au passage de l'Opéra, on escomptait hier en hausse
le discours de l'Empereur et les déclarations libérales
qu'il doit contenir, d'après tous les bruits qui circulent
à ce sujet.

D'un autre côté, il paraît certain que tout projet de
manifestation est abandonné pour le 29 novembre, et
l'on s'accorde même à croire que le lendemain sera
fort calme. On se demande toutefois avec anxiété ce que
va faire la Chambre et quelle sera l'attitude, quelle sera
la force de la majorité. A entendre la plupart des députés, ceux au moins, et c'est le plus grand nombre,
qui n'ont point de préoccupations personnelles et d'arrière-pensée ambitieuse, le besoin de rétablir l'union et
de marcher d'accord, malgré des dissentiments réels
sur des questions particulières, est généralement senti.
En présence des périls qui menacent l'ordre social, on
s'excite à les dominer par une loyale et patriotique
entente.

Mais sur les questions de personnes les préférences et
les répugnances s'accusent et persistent à s'affirmer. Ce
que les journaux disent des réunions particulières des
membres du Corps législatif, les détails, plus circon-
stanciés encore, que colportent les chroniqueurs des salons et des journaux, jettent une triste lumière sur ces
hésitations et sur ces rivalités.

On espère toutefois que la majorité conservatrice issue
du dernier scrutin ne sera pas réduite à l'impuissance,

et qu'elle ne rendra pas inévitable une dissolution qui pourrait amener de graves événements.

La gauche parlementaire, quoique moins nombreuse, n'échappe pas à ces divisions intestines, et dans les réunions, qui se succèdent, l'opposition des vues et des principes amène des discussions prolongées qui n'aboutissent toujours pas à une entente. MM. Favre et Picard restent à la tête d'un groupe nettement opposé à la politique du radicalisme.

Les partisans de Blanqui, Tridon et ses amis, continuent leurs préparatifs révolutionnaires. Les meneurs assurent que l'organisation est complète et que le jour de l'action n'est pas éloigné.

Le Rappel a vu baisser de moitié son tirage, *le Réveil* a augmenté le sien d'un tiers, mais la situation financière de ce journal est toujours précaire.

Le comité électoral de M. Gent, ayant 2,000 francs de dettes, a obtenu que MM. Bancel, Pelletan et Esquiros feraient à son profit des conférences.

Les réunions privées se multiplient, et, au dire de ceux qui les organisent et les fréquentent, elles produisent tous les effets des anciennes sociétés secrètes, et fournissent les *mêmes moyens d'action*.

On joint ici un compte rendu des deux réunions électorales tenues rue Saint-Martin et boulevard de la Chapelle.

Dans la première, M. Glais-Bizoin, vivement interpellé, n'a point catégoriquement répondu aux questions qui lui étaient faites sur son radicalisme. On lui a demandé l'engagement de donner sa démission au bout de deux ou trois ans pour remédier à la trop longue durée du mandat. Ces sommations embarrassaient beaucoup le candidat, à qui la patience a fini par échapper et qui a déclaré qu'il serait un trait d'union entre les

16.

diverses nuances de la gauche, qu'il irait s'asseoir près de M. Picard. « M. Picard a trahi, » ont crié de nombreuses voix, « et nous ne voulons pas d'un député qui « lui ressemble. »

La séance a été marquée par un incident orageux. Le président ayant aperçu deux assistants qui prenaient des notes les a mandés au bureau, où ils ont été traînés. Un sieur Nathan a prétendu les reconnaître pour des agents de la préfecture. L'un d'eux a justifié d'une carte d'électeur, l'autre n'a pu en produire, et le président, en le fouillant, a sorti de sa poche un casse-tête. On crie alors de tous côtés : « Tuez-le, étranglez-le. » Le tumulte est à son comble. L'individu donne au président son nom et son adresse. Le commissaire de police saisit l'arme et dresse contre le délinquant un procès-verbal, qui va être transmis à la justice. Le calme se rétablit enfin, et l'assemblée se sépare à l'heure accoutumée.

On a déjà parlé, dans les rapports antérieurs, de l'agitation qui se produit dans le département du Nord, des passions politiques qui se mêlent aux récriminations intéressées des fabricants et à celles des ouvriers qu'ils excitent. On a signalé l'envoi d'émissaires que le comité belge de l'Association internationale a chargés d'exploiter cette situation. Voici les passages les plus saillants d'une lettre qu'écrit à ce sujet un correspondant, qui subit évidemment l'impression du milieu dont il est entouré, et qui présente les choses comme il les voit et la situation comme il la juge :

« Je suis navré de ce que je vois, de ce que j'entends « autour de moi. La méfiance et la désaffection croissent « d'heure en heure dans ce pays, et l'on y parle de la « chute de l'Empire comme d'un fait nécessaire, im- « minent. Qu'on vous le dise, d'ailleurs, ou qu'on vous « le cache, tenez le fait pour certain.

« Tout le monde dit que M. Leroux a eu la main
« forcée par M. Rouher dans cette fatale mesure de la
« composition de la commission d'enquête. Lui-même
« l'a dit; aussi M. Rouher est-il l'objet des plus vio-
« lentes attaques dans notre presse. Un journal ultra-
« impérialiste de Roubaix le traite aujourd'hui de « Po-
« lignac de l'Empire. » Vous avez lu sans doute la lettre
« de la Chambre de commerce de Roubaix, si insolente
« et si menaçante pour le gouvernement.

« Une coalition formidable s'organise, contre l'Em-
« pire, entre les haines politiques et les haines écono-
« miques.

« Il y a quelques jours à peine, dans un restaurant
« de Paris, M. de Persigny (je crois pouvoir garantir
« le fait) mettait sa main dans celle de Glais-Bizoin.
« L'un contre l'Empire, l'autre contre M. Rouher, je le
« veux bien ; mais M. de Persigny s'exprimait sur la
« situation dans les termes les plus alarmants. — N'est-ce
« point un signe du temps? »

Le Préfet de police,
J.-M. PIETRI.

XLIII

LETTRE DE M. WALEWSKI, MINISTRE DES AFFAIRES ÉTRANGÈRES,
A M. BILLAULT, MINISTRE DE L'INTÉRIEUR.

30 janvier 1856.

MON CHER COLLÈGUE,

Le sieur Garibaldi, que j'ai connu très-particulière-
ment dans la Plata, s'adresse à moi pour me supplier de
lui faire obtenir la permission de traverser la France

aûn de se rendre en Angleterre, où il a un fils qui est à la mort. Il me donne sa parole d'honneur que son voyage n'a pas d'autre motif, et il s'engage à ne s'arrêter nulle part en France.

Quoique Garibaldi soit une mauvaise tête, je n'hésite pas à vous assurer que c'est un homme d'honneur; je crois donc qu'on pourrait, sans inconvénient, lui accorder ce qu'il demande. Si vous n'avez pas de raison très-sérieuse pour vous opposer à ce que je lui fasse donner un passe-port à l'effet de se rendre en Angleterre, je tiendrais à ne pas le lui refuser. Il propose lui-même de ne pas voyager sous son nom, mais sous le nom qu'on voudra mettre sur le titre de voyage qui lui sera délivré par notre Consul à Nice.

Veuillez, mon cher Collègue, me répondre un mot sans délai, car le fils de Garibaldi n'a, dit-on, que quelques jours à vivre.

Agréez, etc.

XLIV

LETTRE DE M. LE COMTE DE LAPEYROUSE, PRÉFET DU DOUBS, AU MINISTRE DE L'INTÉRIEUR.

MONSIEUR LE MINISTRE,

Votre Excellence m'a prié de lui faire connaître les fonctionnaires qui m'ont activement secondé pendant les dernières élections et ceux dont le concours m'a fait défaut.

Le rapport que j'ai l'honneur de lui adresser concerne exclusivement MM. les sous-préfets. Je le compléterai par un second travail où j'examinerai la conduite des fonctionnaires des divers ordres.

Je crois devoir, tout d'abord, signaler à Votre Excellence comme ayant fait preuve d'un zèle et d'un dévouement remarquables M. de Bony, sous-préfet de Pontarlier. Déjà, au sujet des affaires de Neuchâtel, j'avais eu l'occasion de reconnaître sa vigilance et son initiative personnelle, mais dans cette circonstance M. de Bony s'est vraiment surpassé; son arrondissement a voté d'une manière exceptionnelle. J'ose donc, Monsieur le Ministre, recommander ce fonctionnaire à votre bienveillante sollicitude. M. de Bony, qui se trouve depuis cinq ans dans une des sous-préfectures les moins favorisées de France, désire un avancement que Votre Excellence ne peut que trouver juste et mérité.

M. Champin, sous-préfet de Baume, a fait preuve, lui aussi, de beaucoup d'activité; il a parfaitement réussi, je dois lui rendre ce témoignage; mais je ne saurais oublier ce que je mandais à Votre Excellence, le 10 janvier 1856 : M. Champin a très-peu de tenue. . . . . . et il résulte de cet ensemble mille bruits fâcheux qui portent atteinte à la considération de l'administration. Dans mon opinion, M. Champin a fait son temps à Baume; il y a rendu des services réels, et je n'hésite pas à proposer à Votre Excellence son déplacement, mais avec avancement.

M. le sous-préfet de Montbéliard a été battu dans trois cantons sur sept, et cet échec, qui ne m'a pas surpris, eût été autrement considérable, si Votre Excellence n'avait eu la sage précaution de modifier sa circonscription. M. Boyer a manqué de sagacité et de jugement; son tort a été surtout de chercher ses inspirations partout ailleurs qu'auprès de son chef et de consulter ses désirs personnels plutôt que l'opinion de

ses administrés. C'est en vain que j'ai cherché à lui ouvrir les yeux.

Aujourd'hui l'arrondissement de Montbéliard est
très-divisé, et il n'est pas au pouvoir de ce sous-préfet,
qui a dû racheter son imprévoyance par beaucoup d'é-
nergie et de vigueur, de rétablir l'union dans les esprits.
M. Boyer ne se fait pas illusion sur les difficultés de sa
position, et il désire, autant par ce motif que pour celui
de sa santé, qui est très-délabrée, un changement que
je considère cemme d'absolue nécessité.

Je suis avec respect, Monsieur le Ministre, de Votre
Excellence, le très-humble et très-obéissant serviteur.

Cte DE LAPEYROUSE.

Niederbronn, le 11 juillet 1857.

XLV

FRAIS DE VOYAGE DU PRINCE JÉROME BONAPARTE, DE SAINT-NAZAIRE A NANTES.
LETTRE DE M. DE MENTQUE, PRÉFET DE LA LOIRE-INFÉRIEURE,
AU MINISTRE DE L'INTÉRIEUR.

Nantes, le   août 1852.

MONSIEUR LE MINISTRE,

A la date du 6 août, j'ai reçu de Votre Excellence
une dépêche télégraphique ainsi conçu :

« Le prince Jérôme arrive, selon toute probabilité,
« demain samedi, 7 courant, à Saint-Nazaire.

« Veuillez prendre immédiatement les dispositions
« nécessaires *pour assurer convenablement le transport*
« *de Son Altesse et de sa suite* de Saint-Nazaire à
« Nantes.

« Mon département se chargera des frais. »

Par une autre dépêche, Votre Excellence me recommandait de recevoir S. A. le Prince Jérôme avec tout l'éclat dû à son rang.

Je pris mes dispositions ; un bateau à vapeur fut frété à prix débattu. Je fis marché avec un restaurateur pour que le Prince et sa suite trouvassent à bord un dîner convenable.

Désirant que la présence du Prince fût environnée d'un certain éclat, comme vous l'aviez ordonné, j'ai fait un arrangement avec un chef d'orchestre pour que vingt musiciens fussent placés sur le bateau ; enfin, j'ai fait élever des arcs de triomphe sur plusieurs points.

Le total de ces dépenses, faites *uniquement pour le voyage du Prince, de Saint-Nazaire à Nantes, s'est élevé à la somme de 1,828 francs*, que j'ai soldée aux différents fournisseurs.

J'ose espérer, Monsieur le Ministre, que vous voudrez bien m'en faire tenir le montant.

Ci-joint les quittances, sauf celles relatives aux arcs de triomphe, qui se répartissent sur un trop grand nombre d'individus.

Je suis avec un profond respect, Monsieur le Ministre, de Votre Excellence le très-humble et très-obéissant serviteur.

Le Préfet de la Loire-Inférieure,

E. DE MENTQUE.

P. S. Votre Excellence voudra bien remarquer qu'il ne s'agit ici que des dépenses du voyage du Prince, de Saint-Nazaire à Nantes, selon les prescriptions de la dépêche télégraphique.

Quant à la réception qui a eu lieu à la préfecture,

il ne peut en être question ici ; c'est un grand honneur,
dont je resterai toujours profondément reconnaissant.

DE SAINT-NAZAIRE A NANTES.

(En exécution de la dépêche télégraphique du Ministre de l'intérieur
du 6 août 1852).

	Nantes, le	185 .
Location d'un bateau à vapeur.		500 fr.
Ornementation de ce bateau par le tapissier.		125
Orchestre sur le bateau.		380
Au maître de poste de Guérande, pour chevaux conservés pour le Prince. . . .		31
Au sous-préfet de Paimbœuf, chargé d'une mission pour le Prince, déboursé en frais de poste.		87
Plusieurs arcs de triomphe élevés sur les deux rives du fleuve.		355
Repas de vingt personnes, à bord du bateau à vapeur, pour le Prince et sa suite. . .		350
Total.		1,828

I. *Fac-simile* d'une Lettre de Joséphine Bonaparte, au citoyen Botot, secrétaire de Barras, publiée page 1.

ce 23 floréal. an 6

Jay ecrit avant hier citoyen
au directeur barras pour luy
demander une lettre de recom
mandation auprès du ministre
de la marine pour mon mary,
il lattend avec impatiance
pour ce présenter chez luy je
vous prie en grace de me
rendre le service de luy en parler,
ma niece ma chargé de vous lire
une depeche salué il luy on a bien
coutté de partir sons lavoir ac-
quitté, je ne desire que davoir la
facilité de vous lire ses intentions

11. *Fac-simile* d'une Lettre de Joséphine Bonaparte, au citoyen Botot,
publiée page 2.

une lettre du directeur, qui dise
simplement qu'il grand intervat
a Nous et tout ce qu'il nous
faut
Salut et meilleur santé

Lapiagerie beauharvois

Me S. honore Ma vis la
Caserne des Grenadier de
la Convention

Elysée National le 26 avril 1851.

Je reconnais avoir reçu aujourd'hui de M. le Maréchal Duc de Valence la somme de cinq cent mille francs que je lui rembourserai avec intérêts de cinq pour cent l'an, payables par semestres dans un délai de cinq ans et par cinquième d'année en année, si je n'ai pu le lui rembourser plus tôt.

Louis Napoléon Bonaparte

III. *Fac-simile* de la Reconnaissance d'une somme de 500,000 francs, prêtée par le duc de Valence au prince Louis Napoléon Bonaparte, publiée page 3.

Paris, le 6, avril 1869

[texte manuscrit]

de Forcade

IV. *Fac-simile* du Récépissé d'une somme de 500,000 francs, remise à M. de Forcade, pour dépense secrète, publié page 28.